空の時代の『中論』について

清水高志

IAAB EDIT

【特別寄稿】『空の時代の『中論』について』に寄せて

落合 陽一

本書『空の時代の『中論』について』において清水氏が展開される思索の現代的意味として、「空」の概念を現代社会における技術革新や情報理論の視点から再度問い直すという観点で大変意義深いと私は考える。とりわけ、西洋近代に端を発する自然と人工の二項対立や、人間中心的な価値観が大きく変容しつつある今日にあって、ナーガールジュナ（龍樹）の『中論（Madhyamaka-kārikā）』を下敷きとした「空」の思想は、デジタル技術によって生じる新たな自然観――いわゆる「計算機自然（デジタルネイチャー）」と――呼応的に再構築される可能性を秘めている。

もともと「空」とは、単なる虚無や否定を意味するわけではない。「色即是空、空即是色」が示すように、存在するもの（色）と存在しないもの（空）は、互いが相互依存的な生成・消滅を繰り返すプロセスの中にある。つまり、何らかの本質を固定的に想定するのではなく、絶えず変化する諸要素の縁起によって仮に立ち現れ、また消え去っていくという世界観が根底にある。このような非実体性・相互依存性の思想は、西洋近代的な「自然＝客観的対象」という固定観点とは異質であるが、実は情報理論や計算機科学、さらにメディアアートの先端においても再評価されつつある。

私自身が提唱する「デジタルネイチャー」は、自然と人工、物質と情報、人間と機械といった境界を相対化する試みである。たとえば、デジタル上で生成されたシンボルが物理空間に実装され（3Dプリンティングやホログラムなど）、その結果がまたセンサやフィードバックループを介してデジタルへ還流していく。この不断の循環は、自然界が本来持つ生成力や変容のダイナミズムと通底するばかりか、「空」と密接に繋がる相互依存性を実装的に体現しているとも言える。言い換えれば、自然は人間中心的な利用対象として固定されるのではなく、情報やデータの流れを通じて「絶えず形を変えながら生成されるプロセスそのもの」へと拡張されつつある。そこでは、自然と人工、主体と客体といった近代的区分が次第に曖昧化し、多様な存在と知性が循環と縁起のネットワークを形成する。

清水氏が取り上げる『中論』の思想は、こうした生成と循環のパラダイムに理論的な射程を与える。ナーガールジュナの中観思想は「テトラレンマ」などに象徴されるように、「ある」「ない」を単純な両極として扱わず、その間にある「どちらでもある／どちらでもない」という曖昧領域を体系的に扱っていく。これは、ＡＩやジェネレーティブモデルの興隆によって、知的生産や価値創造の主体が人間に限られなくなった社会状況に対しても、実践的な示唆を与えると考えられる。デジタル技術を活用する現代のメディアアートや研究開発現場でも、自然と人工・計算と物質の循環ループが作り出す新たなリアリティや創造性を、どのような認識論・存在論の枠組みで捉えるかという問いが不可欠になっている。

さらに、近年私が展開している論として、従来の農耕社会的な制御原理や近代的監視のメカニズムが加速する一方で、狩猟採集的感覚や辺縁部に生まれる「マタギ的」知性こそが、未来の価値発見の源泉となるのではないかという問題意識を掲げている。実際、中心部・メインストリームの論理が支配する社会では看過されがちな、周縁部の生成的で再帰的なアイデアや文化的実践こそが、新たな価値や倫理をもたらすケースは歴史上枚挙にいとまがない。『中論』の視点に立てば、固定的な中心と周縁という二項対立さえも解け合い、循環する無数のプロセスの総体が「空」のなかに網の目のごとく連なっていると捉えられる。この広がりは、デジタルネイチャーの思想と合流する形で、もはや人間だけを特権的主体としない「脱人間中心的」な知性論へとつながる可能性を開く。

私が「NULLから生まれ、NULLに帰る」という循環構造を想定するのも、同様の思考実験である。何もない〈ヌル〉状態から新たな創造が生まれ、生成を経てまた〈ヌル〉へと回帰していく。そこでは、初めから実体や目的が固定されているのではなく、縁起的なプロセスを辿ることで、様々な属性やシンボルが一時的に現れては消えていく。そのダイナミズムは、まさに「空」の思想が伝える無自性・相互依存と呼応し、デジタル計算の演算過程やジェネレーティブアートの非線形な発現形態とも重なっている。

こうした背景を踏まえ、本書『空の時代の『中論』について』で示される思考は、従来の学術領域ではあまり交わらなかった仏教哲学と情報技術、自然科学、社会科学、そしてアートの横断を促すものとなろう。デジタルネイチャーの観点からも、古代インドの『中論』が提示する「実体なき世界の縁起性」は、脱近代的あるいはポストヒューマン的な思想の理解を深める最良の手がかりとなり得る。本書の議論は、一見すると仏教哲学の再解釈にとどまるように見えるかもしれないが、実はそこにこそ、人間が自然をどう捉え、何を生成の主体と見なし、どのような倫理と責任のもとで新たな世界を構築していくのかという、大きな問いが含まれている。

未来において、ＡＩやジェネレーティブモデルが進化し、自然と人工の境界がさらに溶融していくなかで、「空」という東洋思想の核心的概念を活用する意義は増す一方だと私は考える。清水氏が本書で展開する議論は、その意義を学術的・社会的に照らし出すものとして大いに期待される。従来の自然観や人間観を揺さぶる「デジタルネイチャー」の可能性が、古典仏教哲学における『中論』の深奥と交わりながら、いかに新たな価値論や存在論を切り拓いていくのか——その道筋が本書を通じて示されることを、私自身楽しみにしている。

読者の皆様には、本書が単なる仏教哲学の研究書にとどまらず、21世紀における自然や技術、そして人間の在り方を問い直す多角的なテクストとして機能することを願ってやまない。デジタルネイチャーと『中論』が交錯する思考実験を体感していただきながら、「空の時代」とは何を意味し、我々がそこにどのような未来を紡ぎ出していくべきかを、共に考える手がかりとなれば幸いである。

目次

【特別寄稿】

第一回大会

弥彦温泉 みのや講義
『中論』第一章・第二章講読

資料編

講義録

第二回大会

越後長野温泉 嵐渓荘講義
『中論』第三章から第一六章講読

資料編

【事前確認事項その3 意外に凄かった説一切有部の思想、「三世実有法体恒有」】

第三回大会

蓬平温泉 和泉屋講義
『中論』第一七章から第二七章講読

資料編

講義録

第一回大会

弥彦温泉 みのや講義
『中論』第一章・第二章講読

はじめに（1） みのや大会開催の顛末と後日譚

IAAB編集長 齋木 浩一郎

本書は、アイアムアブディスト編集部、通称IAAB（アイ・エー・エー・ビー）が、フランス現代哲学研究者で仏教にも造詣が深い清水高志先生を新潟県の弥彦温泉みのやにお招きし、「五夜連続ZOOM飲み会―真冬の大クイズ大会―」というイベントの「第二夜」のゲストとして講義いただいた内容を文字起こしし、資料と割註を加えて再編集（EDIT）したものである（はずであった）。

講義は二〇二三年一二月一六日、一七日と二日間に亘《わた》り、特に龍樹（ナーガールジュナ）の四句分別《しくふんべつ》（テトラレンマ）について絞って、まのあたりに、なるべく長時間、徹底的に語ってもらおうということで開催した。

経緯を簡単に記す。

われわれ、アイアムアブディスト編集部は新潟県の真宗大谷派僧侶有志を中心に、フリーペーパーの作成と週に一回程度のZOOM飲み会を中心に活動をしている。

特に新型ウイルス感染症流行下の緊張感の中で作成された『アイアムアブディスト』(magazine for local buddhist) 二〇二〇年「新型ウイルス特別号」、二〇二一年「続―新型ウイルス特別号」、二〇二二年「ＴＨＥ ＱＵＩＺＭＡＳＴＥＲ特別号」という三部作では、世界の分断とその背後にある二項対立を明らかにし、それを仏教、特に中観派、龍樹の四句分別で解きほぐそうと試みた。

そしてそれを現実の具体的な問題に落とし込むためのイベントが、五夜連続ＺＯＯＭ飲み会―真冬の大クイズ大会―だったのである。

しかし龍樹の思想は特に難解であるために、まず四句分別の考え方を基礎から徹底的に学ぼうということで、清水高志先生の二〇二三年の最新刊『空海論／仏教論』を踏まえ、浄土真宗を学ぶわれわれが、『中論』の本文も読みながら、徹底的に学ぶという趣旨で、「第二夜」は企画された。

清水先生にお願いしたことは、第一に講義の時間の確保とともに、懇親会・座談会の時間を設け、お酒を交えながらも、徹底的に座談をしたいということであった。

そして、お願いしたことの第二は、大クイズ大会にちなんで「私たちはどこから来てどこへ行くのか？」というわれわれを悩ませる最大の難問（ＱＵＩＺ）をテーマとすることであった。

そんな清水先生には学務超多忙な年末の時期に、私たちの無理な要望に対しご快諾いただき、深夜から明け方に及ぶ（！）座談会にもつきあっていただいた。本当にありがとうございました（と感じていた）。

これはある意味、われわれ真宗門徒と清水先生の知と知をぶつけあう異種格闘技戦であり、そこで見出された事実（結節点）は講義にも登場する「想起説」であり、「我々はそれを驚きと共に発見した」が、「実は始めからから知っていた」のかもしれない。

……しかし、二〇二五年一月現在、事態は紆余曲折を経て経て経て……、冬から春へ、春から夏へ、夏から秋へ、そして、また冬が深まりつつある現在、まったく驚くべき場所に来てしまった。私たちの眼前には思いがけない風景が広がっている。詳しくは、後に開催されてしまった「第二回大会」「第三回大会」開催の顛末を読んでほしい。私たちは、こんなことになろうとはまさか思ってもみなかった。だがしかし、それでも「実は始めから知っていた」のである。

資料編

Le chemin de l'accumlation ——ナーガールジュナにであうための準備（IAAB編集部）

【講師およびテキスト】

清水 高志

東洋大学教授。専門はフランス現代哲学。代表的な著書に『空海論／仏教論』（以文社、二〇二三年）、『実在への殺到』（水声社、二〇一七年）、『ミシェル・セール　普遍学からアクター・ネットワークまで』（白水社、二〇一三年）、共著に『今日のアニミズム』（奥野克巳との共著、二〇二一年）、『脱近代宣言』（落合陽一・上妻世海との共著、二〇一八年）、訳書にミシェル・セール『作家、学者、哲学者は世界を旅する』（水声社、二〇一六年）などがある。

▼基礎テキスト　『中論』帰敬序、第一章、第二章（清水高志訳）

本書の『中論』テキストは著者自身による現代日本語で意味の把握できる新訳である。

▼サブテキスト①　清水高志『空海論／仏教論』（以文社、二〇二三年）

▼サブテキスト②　中村元『龍樹』所収の『中論』（講談社学術文庫、二〇〇二年、人類の知的遺産13『ナーガールジュナ』一九八〇年が底本）。『中論』のテキストは種々あるが（たとえば最近

では桂紹隆・五島清隆訳『龍樹『根本中頌』を読む』（春秋社、二〇一六年）等）、中村元訳が原語から過剰な解釈を施さずに逐語訳してあるということで適宜参照された。同書一二七頁では『中論』第二章は西洋の学者が考えるような運動否定ではなく「法有」を否定したのだと明確に記している。

【智慧の海に迷わないための概略地図】

第一回大会は「四句分別」を中心にということであったが、必然的な展開として、以下の流れで講義がすすんだ。文脈がわからなくなった際は、ここに立ち戻ってもらいたい。

「四句分別」とは、仏教やインド哲学に特有の論理であり、西洋では①「Aである」という命題に対し②「非Aである」という否定命題だけを想定するが、③「Aかつ非A」④「AでなくAでもない」という四つの命題を列挙する。この講義ではこれらを順に「第一レンマ」、「第二レンマ」、「第三レンマ」、「第四レンマ」と呼び、仏教思想におけるそれらの意義を考察している。

①龍樹の縁起と離二辺の中道（四句分別（テトラレンマ）・八不（不生不滅・不常不断・不同不異・不来不去））。縁起は「原因は何か？」という問いかけに「どこにもない」という第四レンマを出すこと、離二辺の中道は「ぐるりと回って原因がどこにも帰せられない構造」で井上円

了（著者の研究対象の一人）の言葉では「循化《じゅんか》」とされる。
②八不《はっぷ》＝『中論』において、テトラレンマの第四レンマが肯定される例は実は四種類しかない。「不常不断」（常にあるのでも、断滅するのでもない）、「不来不去」（第二章で議論されるが、「去る者」が「去る」ということはあり得ない）、「不生不滅」（生じるのでも、滅するのでもない）、「不同不異」（同じでも、異なっているのでもない）の四つであり、一つの命題につき「生」と「滅」のように二つの事柄が否定されるので「八不」と呼ばれる。『中論』の議論の最大の謎でありまた鍵概念であり要注意！
③相依性＝一と異の縁起（吉蔵）
④相依性＝主客インタラクションの唯識、「Aがあるから非Aがあり、非AがあるからAがある」というループする関係を「相依性《そうえしょう》」と呼ぶが、これはそもそもループする状態以前に「A」、「非A」があらかじめ独立して存在していないことの表現である。
⑤「主客インタラクション」×「一と多の重々無尽の法界縁起」の華厳。これは井上円了の言葉では「相含」とされる、
⑥「相応渉入」の空海の密教。龍樹・唯識・華厳が取り入れられている。

なお、講義は「龍樹の四句分別は何を否定しようとしているのか」ということから始められ、現代哲学との連関から、以下の前提から丁寧に話していただいた。

⓪-1　西洋近代初期の単純な「近代的機械論」西洋中世の「素朴目的論」をライプニッツが否定したことと、四句分別の否定対象は重なる。ライプニッツはボトムアップ的機械論でなく、全体から部分を考える思考法であった。

⓪-2　第三レンマから第四レンマまでの流れは、レヴィ＝ストロースの『野生の思考』から『神話論理』で語られる内容に通ずる。

⓪-3　レヴィ＝ストロースの構造主義はプラトン（そこに登場するイオニアの自然哲学者など四大元素等を説く哲学者たち）に源流がある。さらに遡ると古代インドではウッダーラカ・アールニが「三分結合説」を説いている。これは「野生の思考」と呼べるものである。同様に、ライプニッツはプラトンの「想起説」、「魂の不死」を意識してモナドロジーを語っている。

【事前確認事項その1　唯識三性説と清水説】

ヴァスバンドゥの三自性説はたとえば、

①遍計所執《へんげしょしゅう》（自）性《しょう》……縁によって分別された事物。

②依他起《えたき》（自）性《しょう》……縁より生じた分別。

③円成実《えんじょうじつ》（自）性《しょう》……依他起（自）性が遍計所執（自）性を遠離していること。

〔三枝充悳／横山紘一『世親』（講談社学術文庫、二〇〇四、人類の知的遺産14『ヴァスバンドゥ』

一九八三年が底本）一五一頁による〕

と説明される。

清水説では①が素朴目的論、②が無限遡及・近代的機械論（他の因のドミノ的連鎖）、③が構造主義の神話論的世界に対応するという斬新な説がとられる。特に①、②を明確に否定して③にいたるということである。ナーガールジュナ以前の仏教は①、②の否定が理論的に徹底してなされておらず、アトミズム的なボトムアップ的思考に陥る可能性がある。なお、講義の中でアトミズムに対置されるのがモナドロジーである。従来、三性説をめぐっては中観派と唯識派が争ったり、現代では長尾雅人と上田義文の論争がある等、紛糾するところであるが、清水説はかなり独特であり、従来の読みに刷新を迫る可能性があるので前もって特記した。三性説の語句説明も三枝／横山の説明が弥勒・無著の三性説を列記してあり、内容を考察できるので使用した。

そして③はプラトンの『メノン』における「想起説」、『パイドン』における「魂の不死」、ライプニッツの「予定調和説」と関連して理解する。

【事前確認事項その２　十二支縁起】

無明・行・識・名色・六処・触・受・愛・取・有・生・老死

詳細な語義は省略するが、清水説ではこの十二支が循環して（一と他の十一がAがあるとき非Aがあるという縁起関係で）執着と情念の増大を招き、苦しみが生じる。そしてこれは老死からまた無明に戻る循環構造でもあるとする。この情念を増大するものを順観、Aがなければ非Aがないと逆回しするものを逆観（還滅門）という。

清水説では十二支縁起と縁起がまったく同じ文脈で理解できるし、迷い（順観）が循環で無始無終であり悟り（還滅門）も循環で無始無終であることも理解できるということも断新である。

【事前確認事項その3　プラトンの著作年代区分および著作順】

★は講義・座談に登場した著作。

初期著作　ソクラテス的「対話篇」（三〇歳頃〜四〇／四五歳頃）

『エウテュプロン』★『ソクラテスの弁明』『クリトン』『カルミデス』『ラケス』『リュシス』

『エウテュデモス』『プロタゴラス』『ヒッピアス（大）』『ヒッピアス（小）』など

『ゴルギアス』★『メノン』『クラテュロス』

中期著作　イデア論的「対話篇」（四〇／四五歳頃〜五五歳頃）

『饗宴』★『パイドン』『国家』『パイドロス』

後期著作（五五歳〜八〇歳）
★『パルメニデス』『テアイテトス』
〔六〇歳〜六五歳頃、シケリア事件により著作中断か〕
★『ソピステス』★『ポリティコス（政治家）』★『ティマイオス』『クリティアス』『ピレボス』『法律』『エピノミス（法律後篇）』
〔内山勝利編『プラトンを学ぶ人のために』（世界思想社、二〇一四年）二〇頁参照。〕

【事前確認事項その四　アリストテレスの四原因論】

「苦の原因は何か？」という今回のテーマの前提になる問いであるが、仏教徒としては耳慣れないが哲学的にはアリストテレスの四原因は西洋的な思考の基礎になっているので確認する。

質料因（物質的原因、材料）
形相因（本質、定義）
起成因（運動変化の原因）近代の機械論的世界観で重視される。
目的因（存在し、運動変化する目的）古代から中世の素朴目的論的世界観で重視される。

——やっかいな「素朴目的論」「近代機械論」概説、『中論』第一章・第二章講読

▼二〇二三年一二月一六日　一五：〇〇から一八：〇〇
▼テーマ：ナーガールジュナの『中論』を紐解き「四句分別」及び「八不」に挑戦する
［編集部］　齋木 浩一郎　DJパクマン（森尻 唯心）　TOMOER
［一般参加］　安原 陽二　井上 知法　高橋 隆　野口 了英　光井 証吾　松浦 寿公　丸山 房江　丸山 紀子　丸山 煌正　有坂 次郎　原 泰雄　柏原 雅史　福井 智弘
［配信］　大竹 啓五　吉田 岳史　谷 俊　山本 明

【私たちはどこから来て どこへ行くのか？生死の問題を考える　導入】

皆さんはじめまして、清水高志と申します。僕は東洋大学の教授なんですけれども、現代哲学の研究者でずっとやってきました。ところがですね、実は仏教に対して非常に幼い頃から興味が深くて、一一歳一二歳の頃から仏教にすごく惹かれているんです。この本（『空海論／仏教論』）にも書いたのですけれども、大変インドの文化が好きで、インドの二大叙事詩の一つである『ラーマーヤナ』を小学校六年生の時に、阿部知二さんの訳で読んで、本当に諳んじるぐらい惹かれたんですね。ラーマ王子がうまれたイクシュヴァーク王朝の王様の名

前を一人ひとり言えるくらいに好きになって、夢に見る位好きだったんです。

また同時に、仏教的・哲学的に世界の構造を解き明かしたいという思いが当時からあったんです。それが自分に与えられた義務だとその頃から考えていました。たとえば経済学者で経済学的にすべてを考える人、医学者で医学的にすべてを考える人がいますが、僕はたとえば幸福になりたいんだったら、幸福観を仏教に根ざしてつくりたいし、世界観もそういう風に哲学的に考えるべきだと思っていましたが、あまりにも若かったので、異常な子みたいになってしまって浮いてしまうので（笑）、少しずつ軌道修正しまして、だんだんドイツの哲学とかをショーペンハウアーあたりから読んでいった。僕は寺の生まれではないので、西洋哲学に寄せないと「この人何を言っているんだろう？ 少しおかしい人なのか？」と認識されてしまうし、誰にも理解されないという思いがありました。

そのように紆余曲折があって、二〇歳ぐらいからミシェル・セールという南仏出身の現代哲学者、これは博覧強記の人でライプニッツ哲学の研究から来ている人なんですけれども、文学と哲学と自然科学とがごちゃ混ぜになったような人です。その人を研究し始めました。

やがて研究者になろうと二一歳の頃に思って、一人で原書でも読み始めました。しかしこういうのはマイナーな研究なので潰されてしまうことがほとんどなんですけれども、なぜかしぶとく生き残りましてですね（笑）、それでその後、そこそこ名前も知られるようになり、著書も沢山刊行しています。

さらに、実は二一世紀になってまた新しい哲学の動向があって、それが僕の研究対象のミシェル・セールの弟子筋くらいから発展してきたので、文化人類学の最新動向と哲学の最新動向をミックスして、オリジナルの哲学を日本人として作ろうと試みるようにもなりました。だいたい人類学というものは、昔の「構造主義」といわれる一九六〇年代の学問が栄えた時期もそうだったんですが、たびたび西洋中心の社会観をひっくり返すような価値観を出してくる。その先駆けとなることが多いんですね。今回もやはりそうであって、それで僕は人類学者たちとのコラボレーションを何年もやりました。それは立教大学の奥野克巳さんたちなのですけれども……なかなか仏教の話に入れなくて申し訳ない。

その研究の中で明らかになってきたのは、二〇世紀の学問と二一世紀の学問で、何がもっとも世界観が変わって来たのかというと、昔は「文化相対主義」とか「多文化主義」というものが平成いっぱい、みんなの価値観でした。ポストモダンの時代がそういう時代であり、この時代の人は誰も、「人って皆それぞれだよね」とか、「考え方が人によって違うからさ」みたいなことを口をそろえて言う。これが大体デフォルトでした。強い絶対的な価値観というものは成立しなかった。ところが二一世紀になってきて、どうにも雲行きが変わってきた。価値観はそれぞれ微妙に違っていても、たとえば中国にしてもロシアにしてもだんだん民主化され経済的合理性のある社会に向かっていくのかと思っていたが、どうもそうではない。プーチンが見ている世界はまったく別の世界ではないのか。また情報化が進むにつれて誰もが、ばらばらの世界を見ているような有様になってきた。そもそも人類学は、文化相対主義の立場を採ったら学問自体それで終わりになってしまう。そこでまず彼らが大変苦闘して新しいものを出してきました。それはどういうものかというと「文化が多様なだけではなくて、世界そのものが多様なのではないか」という考え方です。「単自然」というか、単一の客観的な自然というものがあるわけではなくて、多様なもの全然別なものとしての世界をお互いに見ている。そしてそれが被っているだけではないのか、という概念が人類学で出てきたんですね（「多自然」）。

人類学的には、たとえばアマゾンの人たちがジャガーの見ている世界と人間が見ている世界はまったく違う、というようなことを主張するのは、真面目に考えるとどういう意味があるのかということを問うようになってきました。多自然的な状況に自覚的な文化があり、むしろ「客観的で単一の自然がある」という西洋的な考え方のほうが例外的であるということが次第に明らかになってきた。多自然的で、マルチパースペクティブな世界というものが、われわれにとってもリアルになってきたんです。そこで僕はそれをモナドロジーとか、ライプニッツとか多元論哲学と絡める形でがっちり哲学として作ろうという仕事を二〇一七年ぐらいに行ったわけです。ところがそうした仕事を発表してみて、一番反響があったところは何かというと、実は仏教界なんです。

仏教界の人は、今世紀に人類学や哲学で出てきた多自然論は、「畜生道とか餓鬼道とか、いろいろなものがある」とか「しかもお互いに見る世界は違っているけれどもそれらが被っている」というわれわれの世界観とよく似ているというんです。仏教では「一水四見」なんていう言い方をしますね。一つの水を人間が見ているのと、魚が見ているのと、天人が見ているのと、鬼が見ているのとでは、全然違っていて、瓔珞《ようらく》と見るものもあれば膿血《のうけつ》のようなものとも見るといいます。また仏教で語られるのは器世界《きせかい》、器の世界ですね。多重にいろんな世界があって、ブッダの毛穴の中にもまた仏世界がいくつもあるとか、そういう複数の世界が入れ子になっている世界観というのが仏教なんだということを、『空海論／仏教論』という本で僕が鼎談《ていだん》している師茂樹さんも語られていて、「ああ、なるほどそうだな」と思い、そこから仏教にだんだんと戻ってきました。

それで、かなり時間をかけて道元ばかり読んでいた時もあったのですけれども、そもそも僕は最初に惹かれた時から、仏教は本来まったく理論的に筋が通っていると思っていて、たとえば「仏教は超論理である」という考え方を完全に否定しています。信仰の問題ではもちろんあるけれども、世界観としてすごく正しいという思いがあって、この場でもそれをいろんな風に考えていきたいと思うのです。

今回のテーマでもある龍樹、ナーガールジュナの話ですね。ナーガールジュナの『中論』という書物は、ご存知のとおり全人類が知る限り合理的にもっとも理解しがたい本の一つですが、これについてどう考えるかということですね。

【大乗非仏説はナーガールジュナ（離二辺の中道と縁起）を理解できていない】

仏教について僕がまず強調したいのは「大乗非仏説」〔編註：江戸時代の富永仲基の論は有名で古くから各国で論ぜられる〕というものがありますよね。大乗仏教とブッダ（釈尊）が説いたものは相当にかけ離れてしまっていて、全然違った後から作られたものであるという考え方です。これはヨーロッパの仏教学者はそう考えるでしょう。キリスト教は聖典が決まっていてとにかく内容が動かないのが当たり前だと思っていますから。ところが二〇一〇年頃から日本でも色々な本が出て、「上座部仏教以外は仏教ではない」という圧力が妙にかかっている。アカデミズムの人がそれに弱くて、初期仏教から大乗仏教まで「ちゃんと筋が通ってない」と考えてしまう。それでやたらと上座部仏教の人を呼んできてですね、東南アジアの僧侶に瞑想を習うとか、そんなことばかりになってきて、何かおかしな雲行きです。

日本には聖徳太子とか、仏教を導入した最初期の頃から大乗仏教を重視してきたという長い歴史があり、そこから開花した濃厚な文化があります。その豊かな蓄積をすべて文字通り台無しにしている。もちろん親鸞なども、みんな大乗仏教の流れです。そんななかで仏教を一貫したものとして捉えようというのは非常に重要な課題です。

これがキリスト教であれば、ある公会議で正統（orthodox）と異端（heresy）の判定が行なわれたとか、カトリックとプロテスタントがどのような見解の違いによって分かれたとか、そういう決定的なモメントがすべて明らかになっている。どこでどう変化したか、また一貫している部分はどこなのか。これに対し仏教学者の人は、たとえば、最初ブッダが悟った後に語った『華厳経』を、弟子たちがわからずに悶絶してしまったので、簡単なことから説き始めたという古代に作られた苦し紛れの説を温存しているところがどこかにまだあるんですね。そうでなければ、初期仏教と大乗は違うものですねとあっさり認めてしまって、核心部分の一貫性があまり剔出《てきしゅつ》できていない。この点は仏教にとって本来死活問題ですよ。そこを僕はなんとかしたいということなんです。

僕の考えは、まず「離二辺の中道」という、要するに「世界は恒常的でもないし、断滅していくものでもない」という中道ですね。「Aでもないし非Aでもない」という第四レンマの考え方。あの考え方はブッダ以前からあるし、初期仏典の『相応部』にもすでに現われている。これをまず仏教の一つの根本命題として見るというのと、あと一つは「縁起説」ですね。この二つの要素が深いレベルで結びついて、何回か縁起説の解釈がバージョンアップしてゆき、ブッダが洞察したことに対する理解が深まっていくことによって、大乗仏教が開花してきたというのが僕の考えなんです。

ナーガールジュナはその一つのモメント、非常に大きなモメントで、あそこから大乗仏教が出てきた。それと唯識ですね。そこからはもう、一気呵成に華厳になったり、密教になったりするのはもうだいたい看て取れるんです。スライドを進めて欲しいのですけれども、ここにまず唯識についての図がありますね。（図1‐1）

【定性的な自然記述（目的論）と機械論的世界観（他因論）】

これはちょっと変な話なんですけれども、実は「因果」というか「因縁」というか、「原因があって結果がある」という見方はヨーロッパでも当然あるんです。そして「物事には必ず原因があって、それによって結果がもたらされる」という考えをめぐっては、実は何段階かのステップがあるんですよ。ヨーロッパでも、最初ガリレオ・ガリレイ（一五六四‐一六四二）が自然科学の考え方を生み出していくときに、何が起こったのかをここで少し振り返ってみましょう〔編註：何を批判したのか〕。

たとえば「石」というものは、これは「落ちる」という性質を持っていて、「落ちたい」という目的因がある、種

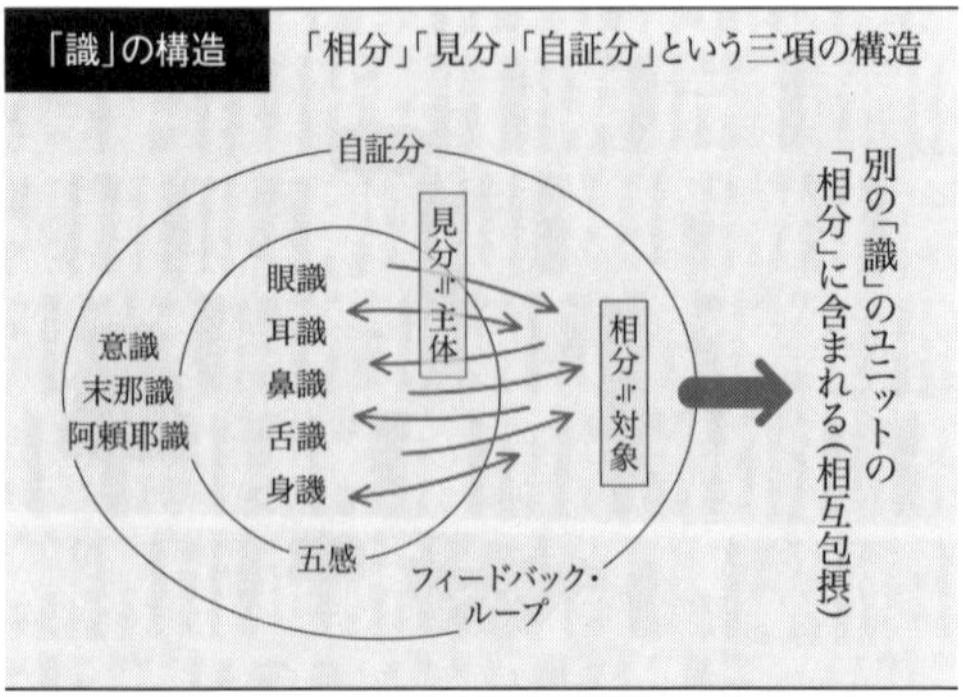

図 1-1

が育って「木になる」という目的因を持っているように、石は落ち着くべきところに落ちたくて落ちる、火は上に昇りたいという性質を持っていて上に上がっていく、こういうものは中世スコラ的な考え方です。（図）

そしてこれが何かおかしいと思ったから、ガリレオが何をやったかというと、ピサの斜塔から鉄球と木の球を同時に落として、「重たい鉄球の方が落ちる気満々で早く落ちそうなのに、そうはならない」ということを示したんです。近代科学の黎明期にはそんなことをやっていた。これに対し中世の素朴目的論は、仏教的にいうとそういうものの誤った捉え方、つまり「迷い」のうちにあるのだということになります。これは『中論』と被ってくるので、後で話します。三性説で言うと「遍計《へんげ》所執性《しょしゅうしょう》」ですよね。実体のある現れがあると、その現れをそれ自身の原因として立てるわけです。火そのものが火がこうなる原因であって、その目的性を持っているという考え方（迷い①）です。次のスライドをお願いします。（図2）

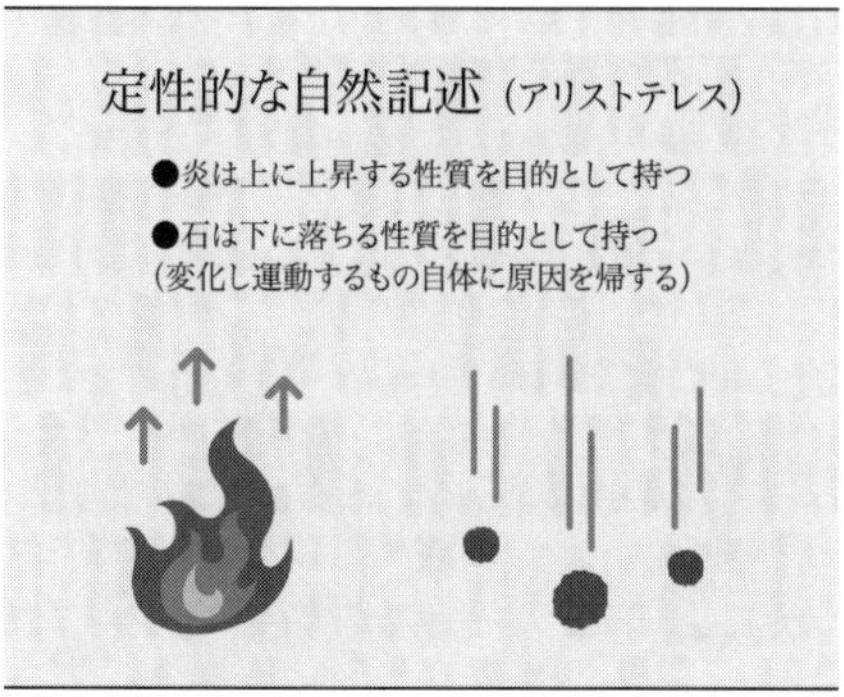

図2

さっきの図は定性的な性質に注目して、その性質がだんだん延長してくる、という発想で昔は自然記述をしていたというものです。

それが次第に近代になってくると、いや原因が自分自身というのはおかしいだろう、原因は他にあるんだという機械論的世界観が発達してくるんですね。（図3）これは仏教（三性説）で言うと「依他起性《えたきしょう》」というものです。「他」に「依存して」「起こる」と書くものです。こういうものによって世界を説明できるとする（迷い②）。

これは一見すると非常に正しくて、サイエンスの考え方って全部これかなと思うじゃないですか。ところが実際にはそんな風ではないんですよ。自然科学が実際どのように進んでいくかというと、この発想はこの時期（近代初期）までなんですよね。近代初期の科学や技術は、たとえば機械でいうと歯車がなんらかの力を伝動していくとか、滑車や水車が動きを伝えていくとか、おもにそういったも

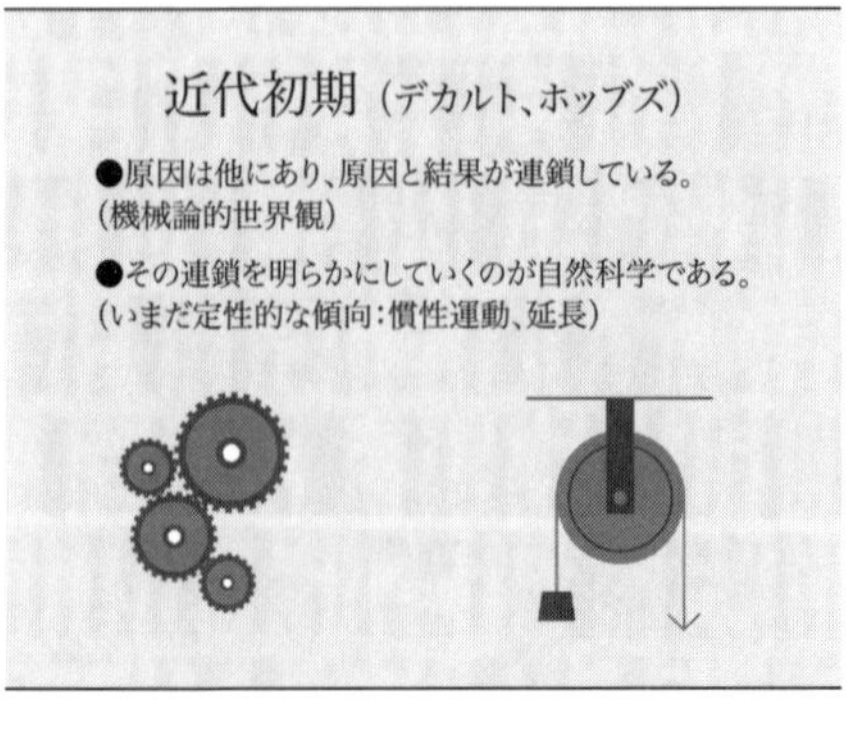

図3

のですね。そういうものを基準に考えていると、どうしてもある運動があって、それがどんどん拡張して先へ伸びていくというような動きばかり扱うことになるわけです。近代初期だとホッブズもデカルトも機械論ですが、たとえば運動にしても彼らは慣性運動しか扱えません。同じ運動が慣性的に進展していくプロセス。実体としての物質の性質は何かというと、デカルトは「延長」だという。ただ伸びていくということだけが相変わらずかろうじて思考可能なわけです。

【ライプニッツの定量的な自然記述】

ところがライプニッツ（一六四六－一七一六）がデカルト（一五九六－一六五〇）の五〇年後に出てきます。彼は定量的な自然の記述というものを、先人より深く直観したんです。ただ性質に注目した描写じゃなくて「質の変化」を捉えなければならない。そのためには「量」に着目することが肝要だ。つまり「定量的な自然記述」というのを彼は考えている。量的・代数的に記述することによって、自然の微妙な変化のモメントを捉えるわけです。加速度として捉えるのであれば、等速でなく加速があるのなら、その記述は数直線上をまっすぐ引き伸ばしていくようなものではなくて、微分の考え方を使ってまず速度がカーブを描いて変化しているところの接点を数理的に記述していく。

ライプニッツは量的な世界観というものを考えたのですが、それは全体から部分を絞っていくものなんです。考え方が逆になりました。全体との関係から部分が絞られ確定されていくのが量化の考え方なんだけれど……、近代初期の人たちは、なかなかそれを、直観しきれていなかった。

もう一つの特徴は、全体から部分を規定していくというのは、代数もそうなんです。数式なんかでもxとかaがあって、その関係の中で部分の意味が確定されていく。そうして自然が記述されていく。

そんな風に考えて、じゃあサイエンスは原因から結果への話をずっとしているのかと思うと、実は案外そうでもないんですよ。たとえば万有引力というものを見出します。そうすると引力の原因は何でしょうと、遡らないんですよ。ニュートンでも、ある現象に対してAならばB、BならばAという風に定義づけて、量的に記述して、実験的に正しければその法則も支持されるという形を採っている。因果関係を遡行するというよりは、量化を加味したインタラクションなんです。

このあたりをもうちょっと突っ込みます。要するに、定性的な自然描写と定量的な自然描写があって、最初の機械論のときには素朴な目的因というものをものすごく否定したんですよ。火はこれは上にあがる性質を持っているとか。この話は『中論』に非常に関わってきます。けれどもここからライプニッツはもう一度機械論ではない基準を、大胆にも導き入れるわけです。

それはどういうものかというと、目的論、機械論だと推移や影響関係を一つ一つたどっていかねばならないんですが、今風に言うと「定量的な自然記述を最も多様な形で可能にする世界を神が選んだ」と彼は先に宣言した。神に投げてしまって、偏ったような世界だけではなくて、「最も多様な記述を可能にする世界が選ばれているはずである」（最善律）というメタ基準を持ってきて、量化革命の進展の目安を導入した。機械論的にはつながっていないし、特定の定性的な傾向を引き延ばしたものでもない。そういう目的論的な基準を新しいかたちで導入したわけです。

考えてみたら、別に神様を持ち出さなくても、確かにそうした世界こそが実在的であるに違いない。これはすごいことですよ。神を前提にしなくてもそうであろうということが、逆に神の存在証明になっている。

彼はこうした発想から、「予定調和」とか色々なことを言った。すいません、西洋哲学の話ばっかりして（笑）。でも三〇〇年以上も前の人であるので、言葉がどうしても稚拙になったわけです。目的論をライプニッツは特定の傾向にそのまま進むというあり方から完全に脱色したかたちで復活させて、他のものとの関係で全体がもっとも多様性をもって調和するように世界はできているはずだと直感したんですが、それは当時はうまく言えなかった。だけれども、進化論とかのちの分子生物学とか現代の科学とかはむしろ全部そうなんですよ。機械論的じゃないんです。そしてラマルク（一七四四－一八二九）説のように素朴目的論でもない。この両方を回避しながらいかに多様なものの創発と共存を考えるかということが、これらの学問でも課題になっている。「調和が後から生じてくる」とライプニッツは実際言うべきだったんです。ですが、彼が中世の素朴目的論も初期近代の機械論もともに回避した、その問題意識と同じものが実は『中論』や仏教にもあるんです。定量化という概念なくしてナーガールジュナは全くそのことを考えていると言えると思うんですよね。それでは『中論』をみてみましょう。まずは「帰敬序」です。

【『中論』帰敬序――八不の謎】

帰敬序《ききょうじょ》

もろもろのダルマ（諸法）は、不生であり、不滅であり、恒常不変でもなく、断滅するのでもなく、同じでもなく、異なっているのでもなく、来るのでもなく、去るのでもない。あらゆる戯論《けろん》が寂滅したこの吉祥なる縁起を説きたもうた仏陀、もろもろの説教者のうちの最上の方に稽首礼《けいしゅらい》したてまつる。

『中論』を読んでいて、まず一番僕がわからなかったのは不生不滅とか、命題として「A」があり「非A」があり「Aかつ非A」があり「Aでも非Aでもない」というのが列挙される、四句分別、テトラレンマと呼ばれるインド独特の論理がありますよね。そのうち第四レンマの「Aでも非Aでもない」というのは、「不生不滅」とか「不常不断」とか、いわばメタレベルの安定した世界観、理想的な結論について語られるのですけれども、実際には「不生不滅」のように第四レンマが肯定されることはほとんどなく、あらゆるもの、ニルヴァーナ（涅槃）ですら第四レンマまで『中論』の中で徹底的に否定されているんですよ。明らかに意図的に、徹底してそうなっています。これがわからない。

第四レンマを認めているのは四種類だけになっています（「帰敬序」の八不、不生不滅、不断不常、不同不異、不来不去）。それがあまりにも不思議で、ずっと考えていたんです。なおかつそう言っておいて、「あらゆる戯論《けろん》が寂滅したこの吉祥なる縁起を説きたもうた仏陀」と、第四レンマのその独特の扱いを「縁起説」に結びつけて、「縁起説を完全に完成させたのがブッダである」とナーガールジュナは言わんばかりなんです。これはなんだろうなと思うわけですよね。そこから僕は『中論』の議論にのめり込んで行ったんです。

まずは、第一章を見て行きましょう。

【第一章　原因の考察――「事物の原因は何か？」という問いと「原因はどこにも無かった」という驚くべき結論】

第一章　因縁の考察

一．もろもろのダルマ（諸法）はいずれも、いずこにおいても、自己原因によっても、他因によっても、それらの両方によっても生じることがなく、無原因に生じることもない。

二．四種の縁（pratyaya、原因）とは何か？　因縁（直接的な他因と補助因）、所縁縁《しょえんねん》（知覚の対象として知覚主体を生じさせる縁）、等無間縁《とうむけんえん》（知覚の主体としての心が次々連続してゆく縁）、増上縁《ぞうじょうえん》（それらの縁が果を生じるのをさまたげないで助力する縁）であり、第五の縁は存在しない。

三．もろもろのダルマ（諸法）を、そのようなものとしてあらしめる自己原因（自性《じしょう》）は、もろもろの縁のうちには存在しない。自性が存在しないのならば、（他のものの自性としての）他性《たしょう》も存在しない。

四．作用（はたらき）は縁（原因）を必要とするのでもなく、必要としないのでもない。

縁（原因）は作用（はたらき）を必要とするのでもなく、必要としないのでもない。

五．これらの縁（A）によって結果（B）が生じるから、これらは〔結果Bの〕縁（原因A）であると言われる。しかし結果が生じていない限り、それらは縁ではない。

六．結果としてのものがいまだ存在しないにせよ、すでに存在するにせよ、縁を想定するのはおかしい。いまだ存在しないのであれば、縁は何の縁なのか？　すでに存在するのであれば、縁に何の必要があるであろうか？

七．ものは、すでに存在するにせよ、いまだ存在しないにせよ生起しないし、〔同時に〕存在しかつ存在しないものとしても生起しない。こうした場合に、「結果を生ぜしめる原因」がどうして成立するであろうか？

八．すでに存在しているダルマは、拠りどころとしての縁をもたない（無所縁）と説かれているが、もし拠りどころとしての縁を持たないのであれば、どうして所縁縁が成立しうるであろうか。

九．〔結果としての〕もろもろのダルマ（諸法）がいまだ生じていないとき、〔原因が〕滅しているということはありえない。それゆえ〔もろもろのダルマが生じる直前に〕無間縁が滅するというのは不合理である。またすでに無間縁が滅しているとき、何がもろもろのダルマが生じる縁（原因）となるであろうか？

一〇．自性のないものには有性がない。それゆえ「このものがあるとき、かのものがある」ということはあり得ない。

一一．もろもろの縁のおのおののうちにも、もろもろの縁がすべて合したうちにも結果は存在しない。もろもろの縁のうちに存在しないものが、どうしてそれらの縁によって生じることがあろうか？

一二．もし結果が、もろもろの縁のうちに存在しないけれども、それらの縁によって生じるというのであれば、縁でないものによってもどうして結果が生じてこないのであろうか？

一三．結果はもろもろの縁からなるものであるが、その縁はみずからによってなるものではない。みずからによってなるわけではない縁によって結果となるのであれば、その結果はどうして縁によってなるものであると言えるだろうか？

一四．それゆえ、結果はもろもろの縁からなるものでも、もろもろの縁でないものからなるものでもあり得ない。結果がないのであるから、「もろもろの縁」も「もろもろの縁でないもの」もどうしてあり得ようか？


まず第一章は「因縁の考察」ですね。「縁」には四種類（因縁、所縁縁、等無間縁、増上縁）あって、①「因縁」と、認識の対象としての縁②「所縁縁」というものがあり、さらに親所縁縁と疎所縁縁と呼ばれるものがある。ごちゃごちゃしていますがいずれも認識にまつわるものですね。また③「等無間縁」と④「増上縁」というものもありますが、それら各々の意味については訳のところを参照してください。

【一‐一】、最初に、いかなるものであれ事物（法・ダルマ）は「自己原因によっても、他因によっても、それらの両方によっても生じることがなく、無原因に生じることもない」と語られているのが印象的です。

ここでは縁起に関して、いきなり第四レンマまで否定していますね。最初の「自己原因によって」。これは先ほど述べた「火は燃えるもの」とか「石は落ちるもの」であるとかの「素朴目的論」（遍計所執性）ですよ。これがまず否定されました。そして第二に「他のものによって」というのも否定してしまいます。「依他起性」つまり他因で、それがどんどんつながっていくというものも否定するわけです。スライドを見てください。（図4）

三論教学を大成した学僧である吉蔵が、このあたりをすごくうまくまとめていまして、ものが他から生じるという

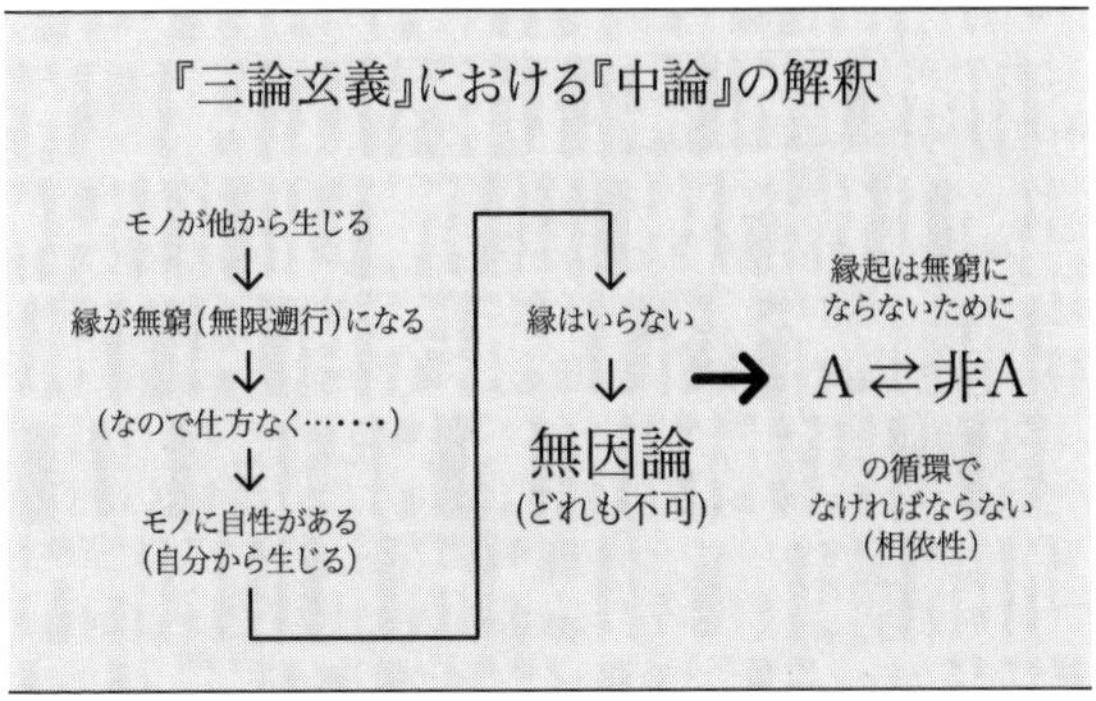

図4

のは、「依他起性」の考え方ですよね。これは永遠に無限遡行できるので、それによって最終的な定義はできないと指摘しています。初期近代の世界観〔編註：機械論〕は拍子抜けするくらいあっさりと否定されてしまいました。

では仕方がないから、逆にものに自性（自己原因性）があると考えるとする。これがさっきの第一レンマで、中世スコラの「素朴目的論」〔編註：遍計所執性〕のような実在論ですよね。これはそもそも縁がいらないことになるから成立しない。縁がいらないので、無因論（無原因）になってしまうので不可だという。他因と自己原因を組み合わせるにしても、その他因そのものに自己原因性があるか、無限遡行になるかなので、それら両方によってあらゆるものが生じるというのも成立しない。もちろんただ無原因にものが生じるというのも論外である。

そうするとどうなるかというと、縁起というものが成立するのであれば、これは十二支だったり八支だったり、たんなる局所的な状況における縁起だったりが考えられますが、畢竟するところAと非A（これは十一あるのかもしれないですけれど）がループ（循環）する形にならないとおかしいではないか、吉蔵の説明からは確かにそういう考え方が導かれざるを得ません。この「Aと非A」のループ（循環）する関係は、相依性《そうえしょう》とも呼ばれます。この先具体的に見ていきますが、ナーガールジュナは、ものに自性がないこと、そしてこの相依性の関係によってあらゆるものが成立していることを徹底的に解き明かしていきます。

〔編註：若し四縁より諸法を生ずと言わば、誰か復た四縁を生じたるや。若し四縁は更に他より生ぜば、則ち他は復た他より生ずべし。是の如く無窮なり。若し其の四縁は自然にして有り、他より生ぜずとすれば、万物も亦た応に四縁に由らざるべし。当に無因に堕すべし。故に従えば則ち無窮なり、窮すれば則ち無因なり。此の二門に由りて則ち因果を信ぜず。故に久しく毘曇を学べば邪見を成ずるなり。〔書き下しは三枝充悳『三論玄義』（仏典講座27）〕による。仏典講座の章立てでは、第一章破邪の第三節　毘曇を折く（アビダルマ仏教を批判する）の七番目にでてくる〕

こうしたループする構造でないと、縁起は成立しないし、逆にそれを語っているのが縁起である。これが第一の見解で、ここではまず因縁についての一般的な捉え方を攪乱するようにして、一方的に原因があって結果がもたらされるわけではないということが改めて指摘されます。いま述べたループする構造を、ナーガールジュナは『中論』の全編で、原因と結果の関係、「はたらきかけ」と「はたらきかけられるもの」の関係、「認知の主体」と「認知の対象」の関係など、さまざまな題材を扱いながら徹底的に考察します。後ほど詳しく見ていきましょう。

【自性とは目的因である】

さて、まずは第一章です。ここで何が問題になっているのか？　たとえば『中論』【一－

三】をみてみましょう。

三、もろもろのダルマ（諸法）を、そのようなものとしてあらしめる自己原因（自性《じしょう》）は、もろもろの縁のうちには存在しない。自性が存在しないのならば、〔他のものの自性としての〕他性《たしょう》も存在しない。

自性というものについて。自己目的性（自己原因性）というものは存在しない、縁の中にある一つの項として、そういうものが存在しているのではないと述べていますね。まあ、これはそうだろうなと思います。

さて、スライドを参照してください。（図5）ここで「自性」と呼ばれているのは、定性的に記述されたそのものの「あり方」から逆に立てられた「主語」〔編註：第二章で登場する「去る者」（去者）のような〕であり、ヨーロッパ的には中世の素朴目的論における「目的因」にあたるものです（遍計所執性の否定）。

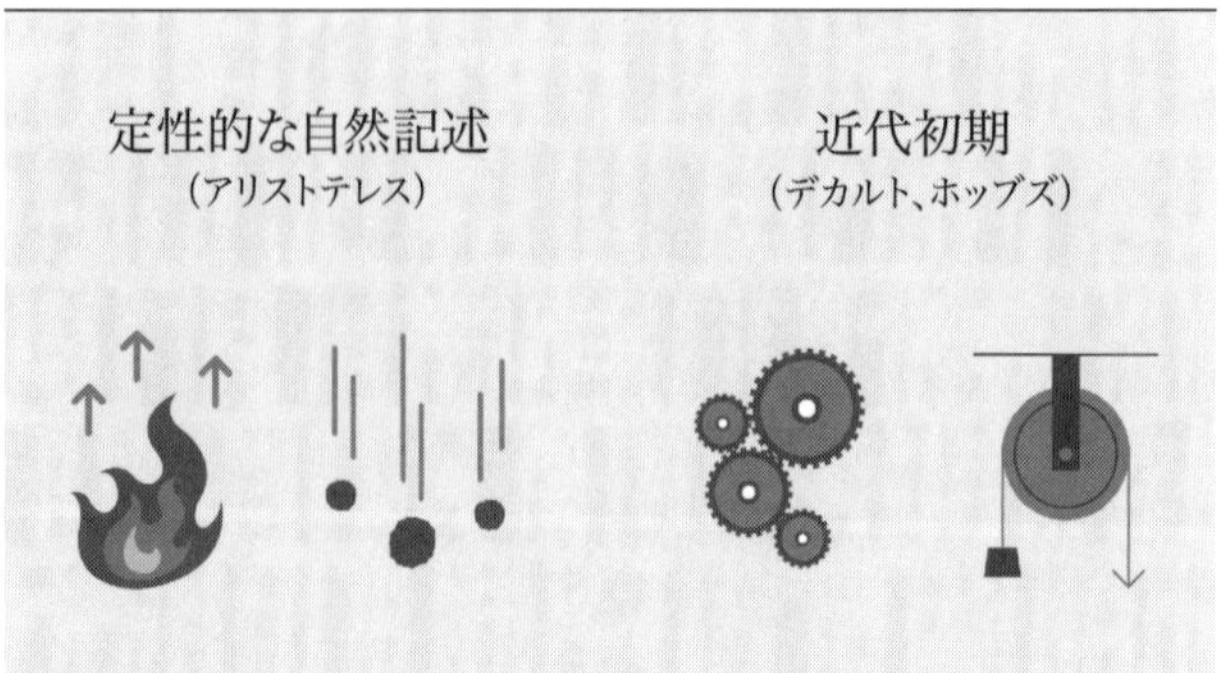

図5

『中論』第二章では、「去る者が去るのはおかしい」というような議論が展開されます。何を言ってるんだ、と思うかもしれませんが、「去っているもの」がある、これは「去る者」という目的性を持った主体だから去っているのである、という主張がある。それに異を唱えているわけです。ここは運動否定だと思ったら絶対にわからないですね。『中論』は、この目的性（素朴目的論）の話をまず徹底して否定している。仏教的に言うと、「遍計所執性」というものがあって、なんらかの「あり方」があるとそれが「実体としてある」ものだと思う迷いだという風に説明されます。

このような考え方を機械論的に否定したのが、ヨーロッパの文明を築き上げた近代的な考え方でもあるんですが、そうした考え方を科学的に発達させるのではなくて、仏教はまたいで行ってしまうんです。まさにそんな感じですね。仏教はまたいでしまうと言ったんですが、たとえばライプニッツみたいにサイエンスを考えた人も、他のものと共存し合うように、個物というものが、もっとも多様なあり方でネットワークのようになっている世界観を提示したんですが、それに近いことを先に仏教が世界観として直観してしまうわけなんですね。要するにたとえば相依性というのは「構造」であって、そもそも縁起というのも一個一個積み上って ボトムアップで原因から結果が一方向的にできていくのではなくて、無明から老死に行くと、それがまた輪廻するわけです。無明に戻るわけですよ。それも順観（流転門）・逆観（還滅門）というものがあって、執着が増大していくターンで考えるものと、滅していくターンで考えるものと両方あります。

これによって何が語られているかと言うと、ちょっと暫定的な結論を先回りして言うと、それこそがテトラレンマの構造的な考えなんですね。インド人の独特の論法テトラレンマの第四レンマは「Aでもなく、非Aでもない」というものでしたが、このロジックが当てはまると、間違いなく「答えがどこにもない」という懐疑に突き落とされるはずです。ところで縁起説というのは「苦の原因」を問うたわけですが、これは「原因はどこにもない」という第四レンマの洞察にいたるための帰謬法的な思索だったと思うんです。たとえばブッダの時代の六師外道の一人サンジャヤは第四レンマをとことん駆使した懐疑論者でした。有名な仏弟子サーリプッタもモッガラーナもその高弟でしたが、釈迦に出会うとサンジャヤの弟子二五〇人を連れて帰依します。周知のように、彼らはブッダの十大弟子の筆頭となります。これは何を意味しているのか？　まさしくブッダが当然テトラレンマも意識しつつ、縁起の思想によって「苦の原因」という答えを問うて、「苦の原因はどこにもない」という、構造的かつ肯定的な洞察に逢着したからこそ、そんなことが起こるわけです。たとえばヨーロッパでもそうですが、構造的に考えると言うのは全体から部分を確定していく考え方です。こうした発想は実は昔から問題になっていて、僕はプラトンが好きで最近よく読むんですけれども、ソクラテスが何回も何回も蒸し返す議論があるんです。それは何かと言うと「僕たちはスペル（綴り）を覚える時にどうやって覚えたんだろう」というものです。

これは全対話篇で六回・七回出てくるんですよ。何を言おうとしているかというと、綴りのお手本（パラディグマ）みたいなものがあって、そこに出てくる文字の組み合わせのパターンや変化をまず覚えるという、表音文字の問題。表音文字というのはBOUとか、GAとか、有限な子音と母音の組み合わせでさまざまな言葉を表現します。たとえば子音の発明ということを考えると、BAとかMAとかそういうものがあると、子音というものは一文字だけでは発音できません。つまり母音と結びついた複合体とそのヴァリエーションから部分が確定されていくんです。

実際に人間はそういう風に認知をしていて、色も音もそのように識別している。そもそも何かの性質や「度合い」というものは、「熱い」に対する「冷たい」のように、反対のもののあいだで決まっていて、あるもの（基体、ダルミン）には複数種の「度合い」、つまり性質（ダルマ）が属している。そしてもの（基体、ダルミン）どうしの関係も、「遠い」とか「近い」のような二項対立のあいだの「度合い」で認知される。数や量化はこの「度合い」を厳密にしたものですが、そこまでする以前にわれわれはそうしたさまざまな「度合い」（性質、ダルマ）のなかで生きている。さまざまなダルマの相依性の世界を本能的に漂っているわけです。これは何もレシピ通りに数値を合わせなくても、経験で料理をする人がいるようなものです。実際にはさまざまな二項対立的な特徴と、それらの組み合わせの変化によって世界の多様性を人間は認知しているし、たとえば神話的に世界を人間が語る時もそういう風に、そうした二項対立性が単一でなく複数重ね合わされて、そしてその組み合わせが変化していくことで、特定の始点に還元されるのではない、世界の構造が物語られたりします。たとえば神話の世界の中だと男というものがいると女というものが対比的に出てくる。すると次には第三レンマ的に両方の性質をもった両性具有者というのが語られ、さらにそれとは違う無性者という性別のないものが出てきたり、いろんな風にヴァリエーションが展開される。複数の二項対立が組み合わさることでそうした操作が可能になってくるんですが、これについては後で詳しく述べましょう。

こうした操作によって何が起こっているかというと、先にも述べたように、ボトムアップでなくて、全体から部分が抽出されて、部分と部分の関係とその変化が意味を持ってくるということなんですよね。総合的な思考と、解析（analyse）的な思考というのが科学にもあって、近代以降後者が発展していきますが、知覚も神話も言語も、もとより解析的なんです。そして有徴・無徴の有限の要素の組み合わせによって無限の多様性が生まれてくるというのは、生物のＤＮＡや身体の各要素もそうで、だんだん進化論や分子生物学が発展してくると、まさにそういう考え方をしますよね。

これらは全部シンクロしていて、サイエンスが進んでゆくにつれて全体から部分を考える方法が洗練される。あるいは「言語」もそうなっている。「認知」もそうなっている。色なども もともとは三原色なんだけれど、その組み合わせとニュアンスによってあらゆる多様性が出現する。そして「神話的思考」も世界をそういうふうに弁別している。しかし、そもそも全体から部分へと進む思考は単線的なものではなく、繰り返し行きつ戻りつするものなのに、知識が増えると人類は却ってそうした吟味の態度を見失いがちなんです。

プラトン・ソクラテスが一番批判するのは「ドクサ」(δόξα)というもので、ある考えがあると、それをどんどんどんどん拡張し適用していく。「ドクサ」は「思いなし」という意味です。そうじゃないものが人間の正しい知なんだとソクラテスは言いますね。二人で対話していて壁に当たって、どちらも解答が出せない難問(アポリア)にぶつかる。たとえばそんな風でも「ドクサ」よりははるかに良い、というのが彼らの考え方なんですが、実際そうして出てきた難問が何世紀にもわたって考察され続けることになるわけです。少し話が混みいってきましたので、それではちょっと『中論』に戻りましょう。

【一‐四】のところですね。

四．作用(はたらき)は縁(原因)を必要とするのでもなく、必要としないのでもない。
縁(原因)は作用(はたらき)を必要とするのでもなく、必要としないのでもない。

というところがありますね。これははたらきと縁について語っているもので、これらも全体が、「依他起性」の批判としてあると思いますね。
そして、【一－五】の部分。

五．これらの縁（A）によって結果（B）が生じるから、これらは〔結果Bの〕縁〔原因A〕であると言われる。しかし結果が生じていない限り、それらは縁ではない。

これも同じパターンですね。結果があるところから逆算して原因を立てたのに、原因があるから結果が来たという設定にすり替えているから、変なループになっている。そういうことがありえないと言ってるんですよ。そしてAならAという起点からボトムアップでは考えられないということを、ずっと語っている。

原因が結果に先立ってあり、因果関係が一方向的であるのは当たり前のようですが、実際には科学でも、たとえばニュートンの運動の第二法則などは、「加速度×質量が力である」と定義するんですけれど、別に力と加速度×質量というのは数式的に自然記述としてはイコールだけれども、どちらが原因っていうこともないんです。仏教では「起点となる原因がある」、という漠然とした前提を疑い、相依性的な構造の読解がこんな風に帰謬法的に延々と続いていくのですね。

【唯識的な識の構造でのループ】

そして【一－八】です。

八．すでに存在しているダルマは、拠りどころとしての縁をもたない（無所縁）と説かれているが、もし拠りどころとしての縁を持たないのであれば、どうして所縁縁が成立しうるであろうか。

これも一見分からないように思うんですが、「現象（もののありよう）から原因へ」というループではなくて、これは唯識で言えば相分と見分という識の構造の中で、対象世界の表れ（相分）として現れるものについて一般的に語ったものだと思うんです。いわゆる親所縁縁《しんしょえんねん》〔編註：所縁縁のうち、認識対象として直接現れるもの〕ですね。これと「見分」とのインタラクションを通じて徐々に出てくるのが、疎所縁縁《そしょえんねん》〔編註：所縁縁のうち、認識対象として間接的に現れてくるもの〕であるという風にも考えられる。先ほどの図1をごらん下さい。識の構造というものを、唯識ではこう考えていますけれど、識の中には主体と対象にほぼ相当するもの（見分と相分）がそれぞれあって、現象の対象的な現れ（相分）に、主体（見分）の側の五感がこういう風に関与してくると。そしてこれらは別に統合されてはいません。インタラクションがこういう風に多重にあると、それによって「これは確かなものであるらしい」となる。これは対象一つにいろんなアプローチがあって、競合してつつきあっていると対象もリアルになってゆくというモデルです。さらにこうした関係を俯瞰的に自覚している「自証分《じしょうぶん》」というものがあって、識が成立している。（図1－2）

仏教でいう識の構造というのが大体こうなっていますけれども、これが唯識の議論では見分、相分、自証分の三項構造になっていて、さらに全体がまた別の識の相分の中に入るということが考えられる。唯識ではそこまで考えていて、さらに共相種子《ぐうそうしゅうじ》〔編註：複数の衆生の見分にまたがって認識対象となり、またそれぞれの行為の原因となるもの〕とかいろんなものも語られますが、おのずと相互包摂的であり、「一即多」の華厳に発展していく。単独の識の内部では自分の思い込みと執着を増強するようにぐるぐると情念

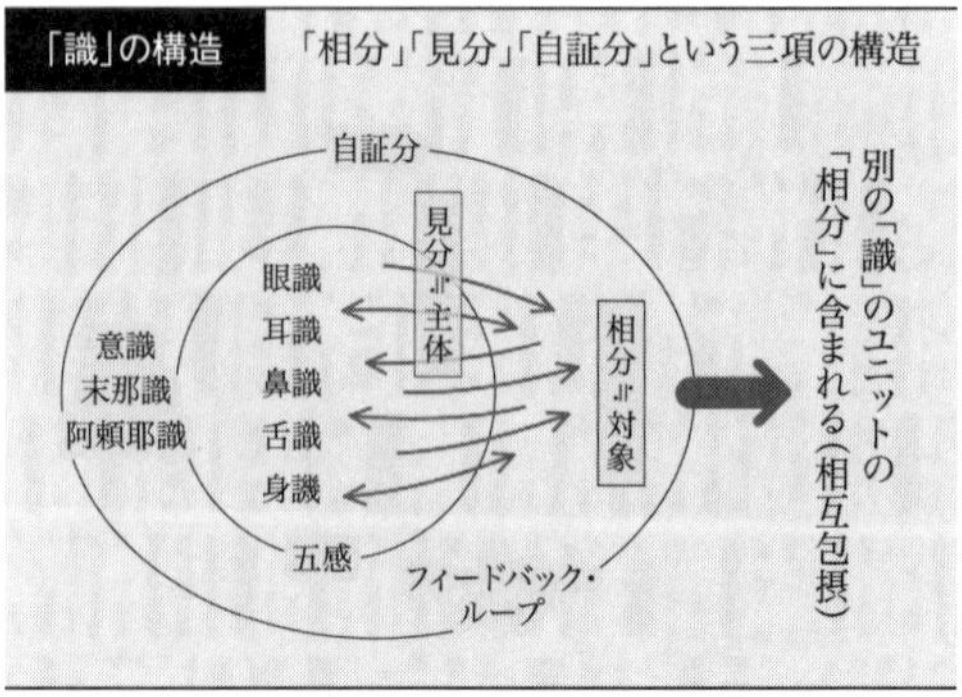

図 1-2

が増大しているかもしれないんですが、それもまた別の識の相分に入ったりするから、ある意味では、情念が全体的に散っていくモデルというのも仏教では考えられていて、そこまで予期しているのが仏教だと思うんですね。

十二支縁起や、単独の識だけだとショートサーキット・ループのようになってしまうから、「一と多」という二項対立においてもテトラレンマが成立するということを、なるだけ早く打ち出した方がいい。それでだんだんと相互包摂的になっていくと、今度は「一即多」の世界になって、個物どうしが互いに無礙《むげ》に調和的にあるという感じの世界観になる。そうするとそれはもう「華厳」ですよね。もちろん、『中論』ではすでに不同不異の構造が語られているし、差異の問題についても考察していて、閉鎖的な循環の世界観ではなく、あくまでもとらわれから解放されるということが目指されています。たとえば『スッタニパータ』に出てくる古い偈頌ですら、「覆い被さるものを自分は取り払った」といった感動に満ちていますから、最初から仏教はそういうことを考えている。さてここまでで華厳までの流れは見えたものの、華厳の中にある「一」と言っているものだって、もともとは「識」なのだから対象的でマテリアルなものの相（相分）も主体（見分）も入っているので、そこまで復活させて識大と五大の相互包摂関係をリアルに考えようというのが、密教であろうと。理論的には仏教はそういうことを考えている。

ちなみに五大というのは地水風火の四大に空大を加えたものですが、この四大はギリシャでもエンペドクレスが語ったことで有名です。これはなかなか馬鹿にならないんですよね。ところで戦国時代に日本に布教に来たイエズス会の宣教師らは、キリスト教の教理が素朴なのを高度に発達した仏教の世界観になじんでいた日本人たちに馬鹿にされていましたが、日本人がギリシャ哲学で言われる四大元素をなぜか知っていることに驚愕したそうです（笑）。アリストテレスはその著『形而上学』のなかで、「エンペドクレスは火と水とか、地と風とか、反対のもの（二項対立）を複数持ってきて、それらのあいだの「度合い」や性質の変化について考えているはずなのに、それらを起点としての「元素」のように語っているのはおかしい」という批判をしています。これらも、実際には乾（火と土を兼ねる）湿（土と水を兼ねる）冷（水と風を兼ねる）熱（火と風を兼ねる）という変化する具体的な性質として捉えられ、循環的・構造的に全体が結びついているはずだからです。（図6－1）

要するに「現象のあらわれからその原因をたてて主語化

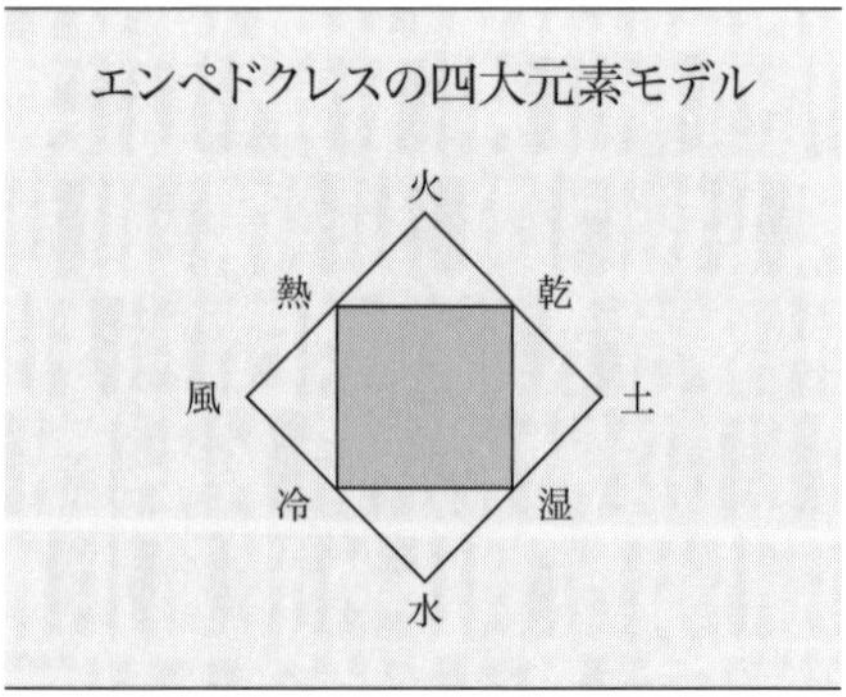

図 6-1

するそのループ〔編註：循環参照〕」の構造の分析から、「主客関係のループ」という一般的な議論に行き、多様な相依性を認めるオントロジーに進んでいるのがこの【一－八】なんですよね。この世界にあるのはあくまでもインタラクション構造だけであって、一方的に何かが原因で状況が生じているのではないということを再び語っています。認知の主体も対象も単独では成立していないということです。

それでですね、たとえば【一－一〇】の所なんかすごいです。

一〇．自性のないものには有性がない。それゆえ「このものがあるとき、かのものがある」ということはあり得ない。

これは縁起そのものをまったく否定しているように見えるんですけれども、「縁起のなんらかの項を起点としたボトムアップではなく関係なんだ」ということが説いてあるということです。これ〔編註：ボトムアップでないこと〕こそが「縁起なんだな」ということに気がついて、そうでないと論理破綻になるから、あえて縁起というものを語ったのだろうというのが、ナーガールジュナの洞察だったと思うんです。

そしてたとえば【一－一一】です。

一一・もろもろの縁のおののうちにも、もろもろの縁がすべて合したうちにも結果は存在しない。もろもろの縁のうちに存在しないものが、どうしてそれらの縁によって生じることがあろうか？

これも訳がわからないと思うんですけれども、そもそも「空」も「相依性」も「結果」ではないんです。縁起のそれぞれの項によって構成される「総和」でもない。そうした「結果」ではないので、だからこういう言葉が出てくるわけです。

【二項対立ではない、全体から部分の、野生の思考、構造的・神話的思考】

そもそも「二項対立」の問題をこの会合でしっかり考えようということですので、二項対立問題について、先ほどから述べている、全体から部分を考える複合的な考え方とか神話が、どんな風に物事を捉えているかを見ていきましょう。クラインの四元群のスライドを参照してください。（図7）

二項対立というものがあるときに、たとえばよく言われること、黒と白があるというときによく主張されるのは、そうした二項対立は結局、黒なり白なりの一極に問題を単純化することになるのでよくない。複雑で微妙な思考というものは「グレーという中間にある」ということです。だけど、それってすごく単純な考え方で、そうじゃないのではないかということをたとえば、レヴィ＝ストロースとかヤコブソンとか、構造主義の時代の人がすでに語っているんですね。構造主義の時代の人は、たとえばプラトンの「パラディグマ〔編註：本書四七頁を参照〕」の発想から影響を受けたり、同時代にフランスがメッカだった分子生物学の影響も受けながら、多様性というものは、複数の二項対立の組み合わせとその変化によって表現されるのだという視点から、たとえば神話を読んでいった。

レヴィ＝ストロースによると、「火で炙ったものは食べられる。炙ってないものは食べられない」という命題〔編註：二項対立〕があるとすると、いわゆる先住民たちが神話の中で器用に、「蜜」は炙っていないけれど食べられる。また「煙草」は炙っているけど食べられないという具合に、二項対立の第三項に当たるものを見つけ出すことに気がついた。こうした第三項を経由することで、神話は多種

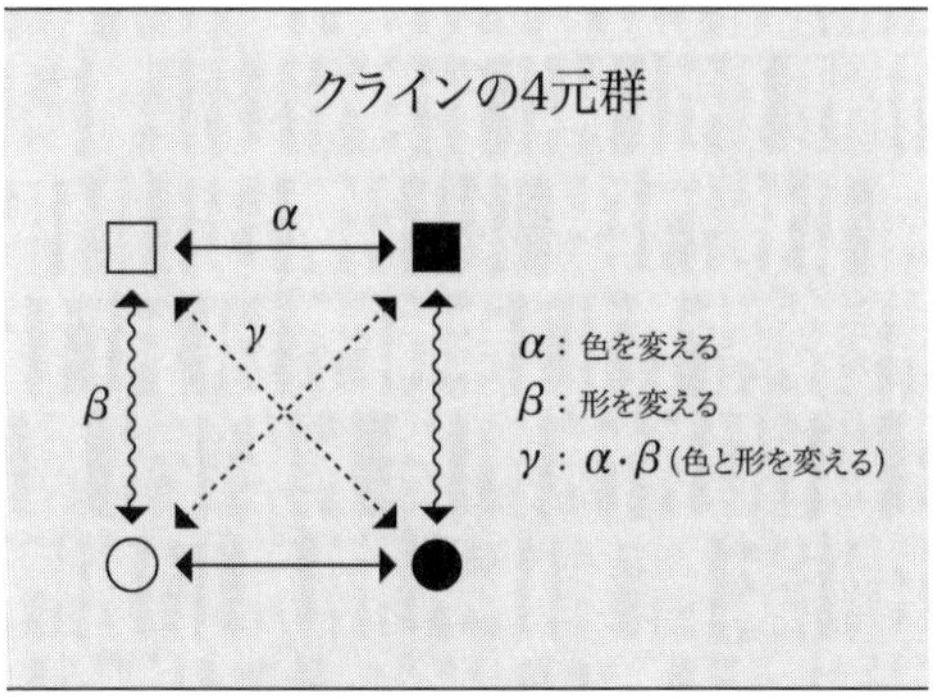

図7

多様なヴァリエーションを生みだしながら複雑に織りなされていくんです。

さまざまな二項対立や「度合い」（性質、ダルマ）が重なり合い、その関係が移ろい変化する世界に私たちが漂っている、というのは先に述べたとおりです。こういう二項対立の設定は最初は恣意的なものでも、それらが組み合わさってさらにその関係を変化させることで、複雑微妙で多様な世界の記述になります。表音文字のアルファベットがどんな形をしていても、それらの組み合わせでどんな単語でも記述できるようになるようにです。神話も世界を複雑に分節して、ややこしい構造を描くので、レヴィ＝ストロースの『神話論理』のような大著はかなりやっかいです。

しかし初期にいわゆる「カリエラ型婚姻規定」のような、部族の婚姻の法則を分析していた頃に、彼はそれが数学的にこのクラインの四元群をモデルに考えられることに気づいたと言います。このモデルが一番簡単で理解しやすい。たとえば丸と四角という二項対立があって、白と黒という二項対立があったときに、それらを掛け合わせるとする。すると、黒を軸とした場合には、黒は四角でも丸でもあり得る。四角を軸とした時は、四角は白でも黒でもあり得る。二項対立は別の二項対立とくっつけて、それをツイストさせたときに、たとえば黒や四角形になるのですが、一つの項が反対側の二項対立を超えるための「媒介」にそれぞれなり得るんです。（☞図7）

神話の思考というのはまさにそういう風になっていて、「火で炙ったもの」と「炙っていないもの」のような二項対立に対して、第三項として「蜜」が出てくると、さらにそれと対をなす「煙草」が登場するというように展開する。何か具体的なものが、二項対立的な性質を兼ねるとき、それは第三項の役割を果たすのですが、さまざまなものがその第三項の役割を果たしあって循環するようになったとき、この世に満ちたさまざまな性質（ダルマ）が最高度に複雑に描きだされる。そもそも世界の認知そのものがそのように働いている。

現在では人間の脳のニューラル・ネットワークを模してコンピュータ上でディープ・ラーニングを実践したりしますが、あれだって複数の要素が縦に並んだ「入力層」と「出力層」の間に「隠れ層」というものがあって、ここではノード（結節点）と呼ばれるものに幾つもの入力された情報がひも付けられるんですが、それは何らかの性質を（1,0）のバイナリーで振り分けるものです。そしてそこからさらに「出力層」に出てくるものは、複数の性質が（1,0）で特徴づけられたものが複合したものですね。

これはたとえば子音の表記を発明する前に、NA、NOのような母音と子音が合わさった複数の音から出発しなければ、始まりの感じがよく似た違う音が幾つかあることにも気づかない、というのと同じです。この世界において、二項対立とその間にある「度合い」、性質（ダルマ）は重なり合っているし、結びつきを変えるし、相依性のなかにある。

こうした無始無終の世界のなかで、テトラレンマが成立します。「Aかつ非A」と呼んでいたものというのは、クラインの四元群モデルのそれぞれの項が「第三レンマ」になったようなものです。これが具体的で感性的な世界です。そしてこの第三レンマの位置を、一巡させる構造を神話は描いていて、レヴィ＝ストロースによると、「媒介」（第三レンマ）の役回りはぐるりと循環して「縮約」を作るというんですね。そうやって一巡したときに、「原因は何か？」ということを機械論とか素朴目的論は問題にしていたが、「原因というものはどちらにもない」という風になる。このどちらにも偏さない変化が第四レンマなんだと〔編註：「縮約」が「第四レンマ」である〕。

このように、原因をどこにも還元しないモデル、循環・縮約モデルというものを神話は持っていたが、縁起の洞察で人生の苦の原因は何かを問うたときに、そこにまさに第四レンマを見いだしたのがブッダの直観であった〔編註：還元モデルから循環モデルへ〕。そしてそもそも縁起が構造的なものだ、ということを深く理解し、ボトムアップの思考を徹底的に帰謬法によって論破していったのがナーガールジュナだったのではないか。そうやってブッダの悟りの核心を直覚しなおして考えていったのではないですかね。

その直前の仏教というのは、さまざまな煩悩や情念が増大する局面はどんなものだろうかと、情念の心理学を精緻に探究していたんですが、それ自体身動き取れないほど膨大な教理体系になっていた。このとき思いがけぬやり方で相依性とか、無自性にして空とか、ナーガールジュナが仏教のど真ん中の部分を次々と鮮やかに剔出《てきしゅつ》していった。

唯識は唯識で、ああいう形（主客インタラクション）で華厳にも繋がる世界観を展開した。

そうすると自己原因どころか、無数の識全体の相依性の中でのあり方とか、文字どおり万法《ばんぽう》（あらゆるダルマ）が、最大限に多様で複雑なものとして互いにどこまでも無礙であるというヴィジョンのほうが、はるかに現実味を持ってくる。そのような世界こそが現実的であり、肯定されているんだと。

ライプニッツは、その最善律の思想において、これに近い世界観を直観したのですが、「神による最善の世界の選択」とか「予定調和」とかいう言い方をしたために、一見間が抜けた感じになってしまった。とはいえ天の摂理みたいなもの、そういうものを何よりわれわれは信じるべきなのではないかと近年ますます思うようになりました。

ここで信仰というものが出てくる。個を超えた大きな力によって導かれる多元的な世界こそがあり、それによってわれわれもあるのだという思いが。それは浄土真宗ならば「救済」の文脈で語られて、「法蔵菩薩の物語」になっていくのですけれども、オントロジーとか世界観として展開するならば、全く科学とは矛盾しない形で、非常に早い段階から本質的で深い直観を仏教はすでに持っていたし、それは完全に正しいのではないかというのが僕の考えなんです。

【第二章「去る者」と「去るはたらき」を巡る考察――「ありよう」を「主語化」して「目的因」とする問題、つまり「石は落ちるものである、火は燃え上がるものである、去るものは去る」を批判する】

第二章「去る者」と「去るはたらき」を巡る考察

一．まず、「すでに去った者（已去）」は去らない。「いまだ去らない者（未去）」も去らない。「すでに去った者（已去）」でも「いまだ去らない者（未去）」でもない、「今去りつつある者（去時）」が去るということもない。

二．【反論】動きのあるところに「去るはたらき」がある。そしてその動きは、「すでに去った者（已去）」にも「いまだ去らない者（未去）」にもなく、「今去りつつある者（去時）」に去るはたらきがある。

三．【答え】「今去りつつある者（去時）」のうちにどうして「去るはたらき」があるであろうか？　「今去りつつある者（去時）」のうちに二つの「去るはたらき」はあり得ないのに。

四．「今去りつつある者（去時）」に「去るはたらき」があると主張するなら、「去るはたらき」がないのに〔まず〕「今去りつつある者（去時）」があり、〔その〕「今去りつつある者（去時）」が去る、ということになる。

五．「今去りつつある者（去時）」に「去るはたらき」があるのだとすると、二重に「去るはたらき」があることになってしまう。「今去りつつある者（去時）」をあらしめる「去るはたらき」と、〔その〕「今去りつつある者（去時）」〔を原因とする〕「去るはたらき」とである。

六．二つの「去るはたらき」があるのであれば、二つの「去る者」があることになる。というのも、「去る者」を離れて「去るはたらき」はあり得ないのだから。

七．もし「去る者」なしに「去るはたらき」がないのだとすると、「去るはたらき」がないときに、どうして「去る者」があり得るであろうか？

八．まず「去る者」が〔さらに〕去ることはない。「去らない者」が去ることもない。「去る者」でも「去らない者」でもない、異なるいかなる第三者が去るというのであろうか？

九．まず「去る者が〔さらに〕去る」ということが、どうして成り立つであろうか。「去るはたらき」なくして「去る者」は〔そもそも〕成り立たないのに。

一〇．「去る者が〔さらに〕去る」と主張する人には、「去るはたらき」がなくても「去る者」がある、という誤りがともなうことになる。というのも〔「去るはたらき」を離れた〕「去る者」が単独で「去る」ことになるからである。

一一．もしも「去る者が〔さらに〕去る」というならば、二つの「去るはたらき」があることになってしまう。それによって「去る者」と呼ばれることになる「去るはたらき」と、「去る者」である人がさらに行なう「去るはたらき」の二種である。

一二．すでに去ったところに去ることはなされ得ない。いまだ去らないところにも去ることはなされ得ない。今去りつつあるところにも去ることはなされ得ない。どこにおいて去ることがなされるというのだろうか？

一三．「去るはたらき」がはじまる以前には、「今去りつつある者」は存在しない。また「すでに去った者」も存在しない。それら「今去りつつある者」や「すでに去った者」においてこそ、「去るはたらき」があるはずであるのに。「いまだ去らない者」のうちに、「去るはたらき」がどうしてあるであろうか？

一四．「すでに去った者」のうちにも、「今去りつつあるもの」のうちにも、「いまだ去らない者」のうちにも、「去るはたらき」の始まりが認められないのであれば、「すでに去った者」と「今去りつつある者」と「いまだ去らない者」は、いかにして区別されるのだろうか？

一五．まず「去る者」という存在が維持されることはない。また「去らない者」という存在が維持されることもない。「去る者」でも「去らない者」でもない、異なるいかなる第三者が維持されるというのであろうか？

一六．「去るはたらき」がなければ「去る者」が成立しないのに、まず「去る者という存在が維持される」ということがどうして成立し得ようか？

一七．〔「去る者」は、〕「今去りつつあるところ」に維持されるのではない。また「すでに去ったところ」に維持されるのでもない。また「いまだ去らないところ」に維持されるのでもない。「維持されるもの」から見た「去るはたらき」と「そのはじまり」、「その終わり」もまた、同じように解されるのでなければならない。

一八．「去るはたらき」が、「去る者」と同じであるというのは正しくない。また「去る者」が、「去るはたらき」と異なっているというのも正しくない。

一九．もし「去るはたらき」が、「去る者」と同じであるならば、「業を作る者」と「作られる業」が一体となってしまう。

二〇．また、もし「去る者」が「去るはたらき」と異なっているとするならば、「去る者」がなくても「去るはたらき」があることになってしまう。また「去るはたらき」がなくても「去る者」があることになってしまうであろう。

二一．同じであるとしても異なっているとしても成立しない、この「去るはたらき」と「去る者」の二つはどうして成立するのだろうか？

二二．「去るはたらき」によって「去る者」と呼ばれるのであるならば、その「去る者」

は、その〔みずからを「去る者」にした同じ〕「去るはたらき」を去ることはあり得ない。というのも「去る者」は「去るはたらき」よりも以前には成立していないのだから。何が何を去るというのだろうか？

二三．「去るはたらき」によって「去る者」と呼ばれるのであるならば、その「去る者」は、〔みずからを「去る者」にしたのと〕異なった他の「去るはたらき」を去ることはあり得ない。一人の「去る者」が去るときに、二つの「去るはたらき」は成立し得ないからである。

二四．「去る者」が実在する場合、〔過去、現在、未来の三時において〕実在する「去るはたらき」、実在しない「去るはたらき」、〔ときに〕実在しまた実在しない「去るはたらき」の、いずれをも去ることがない。また「去る者」が実在しない場合にも、すでに述べた三種の「去るはたらき」のいずれをも去ることがない。

二五．また「去る者」が〔ときに〕実在しまた実在しないものであるとしても、すでに述べた三種の「去るはたらき」のいずれをも去ることができない。それゆえ「去るはたらき」と「去る者」と「去られるところ」は存在しない。

次に見ていきますが、『中論』第二章には「「去る者」と「去るはたらき」の考察」があります。これは「去るはたらき」という性質と、それが属しているとされる主語「去る者」のループする関係を前提に読んでください。先ほども言いましたが、これは「ゼノンのパラドックス〔編註：いわゆるアキレスと亀〕」のような運動否定の議論だと考えると絶対にわからないんです。プラトンの対話編『パルメニデス』では、パルメニデスの弟子ゼノンが登場し、師匠のパルメニデスと共にとんでもなく奇妙な議論を繰り広げます。あれはまともに考えると頭が爆発する位難しいんですけど（笑）。

【二－一】から見てみましょう。

一．まず、「すでに去った者（已去）」は去らない。「いまだ去らない者（未去）」も去らない。「すでに去った者（已去）」でも「いまだ去らない者（未去）」でもない、「今去りつつある者（去時）」が去るということもない。

「去る者」とか「去った者（已去）」、これは「状態」から立てられた「主語」であり、「去った者（已去）」が「去らない」となぜ言うかというと、「已去」とか「未去」とかそもそもそんなものを主語化してみせる必要がない。「未去」とか「已去」は、それぞれ「去るはたらき（去法）」を潜在させているか、現わしてしまったかですが、そういう風にそれらを主語化し、実体化すると、その時点では「去らない」という風にしか言えない。

そうするとむろん、「今去りつつあるもの（去時）」というのは去るのだ、という反論が起こってくる。
それが【二－二】です。

二．【反論】動きのあるところに「去るはたらき」がある。そしてその動きは、「すでに去った者（已去）」にも「いまだ去らない者（未去）」にもなく、「今去りつつある者（去時）」に去るはたらきがある。

反対者が言うには、「今去りつつあるもの（去時）」に、状態としての「去るというはたらき」がある、これは当然といえば当然の指摘ですよね。しかし「已去」や「未去」について先に述べたことがナーガールジュナによる前振りとして効いてきます。
この反論に対しての応答が【二－三】です。

三．【答え】「今去りつつある者（去時）」のうちにどうして「去るはたらき」があるであろうか？「今去りつつある者（去時）」のうちに二つの「去るはたらき」はあり得ないのに。

ここでナーガールジュナは「今去りつつあるもの（去時）」の中に、二つの「去るはたらき」はありえないという。これはループ〔編註：循環参照の意味で悪い意味〕するように二重になっているのがおかしいよということを言っているんです。「結果（ありよう）」から「原因（主語）」を作ったのに、〔編註：それを「目的因」として〕原因（主語）から結果（ありよう）が出てきたという風にひっくり返して主張しているのだから、それは二重になっているじゃないか。「去るはたらき」は原因として主語の側にあるのか、結果としてありようの側にあるのか。これを「二つになる」と言っている。じつにもっともな議論だと思います。ようするにあるありように対して、その述語から主語を立ててそれを「目的因」にする。こういう考え方は破綻するんですが、案外東西を問わずそうした考え方に陥りやすい。すでに触れたようにアリストテレスも「エンペドクレスは実際は生成変化の問題を考えているのに、それを起点としての四大元素という問題にして語っているのがおかしい」とか、「ピュタゴラス学派は数をそのまま実体化している」と批判します。恣意的に起点が立てられているものについては否定しますが、可能態とか目的因とか、未来の側に原因があるものについては肯定したので、それが「火は上がるもの」的な定性的な素朴目的論にまで引きずられてしまった。

もののありようを自己原因にして主語化すると、そのありようをただ単線的に肯定するだけになってしまう。仏教的に言えばそれはものに自性を認めるという誤りです。相依性や空はそれをずらしていく考え方だった。大事なのは複数の二項対立や「度合い」、性質（ダルマ）が、重なり合ってうごめく無始無終の世界に撞着《どうちゃく》することで、唯識の識も単独で相分・

見分のインタラクションや循環を語っているだけでは、ショートサーキット・ループに陥ってしまう。そこで速やかに二項対立、からのテトラレンマを、「一と多」という問題について語っておく必要がある。華厳以後の展開はそうしたものだし、ライプニッツが最善律からさらに、共‐可能的（com-possible）な無数のモナドが織りなすネットワークとしてのモナドロジーという世界観を打ち出したのもそのためです。晩年の西田幾多郎は、この両方からもっとも大きな影響を受けていました。それまで含めて、仏教的なるものの開花だと言えるでしょうね。

第二章の主題は一貫していて、次の【二‐五】はものすごく親切です。

五．「今去りつつある者（去時）」に「去るはたらき」があるのだとすると、二重に「去るはたらき」があることになってしまう。「今去りつつある者（去時）」をあらしめる「去るはたらき」と、〔その〕「今去りつつある者（去時）」〔を原因とする〕「去るはたらき」とである。

「去りつつあるもの」をあらしめる（去りつつあるものたらしめている）「去るはたらき」（①）とそれがまた結果として去る、「去りつつあるもの」における「去るはたらき」（②）との二種があることになる、とこれまで言われていた二種を具体的に言い切っている。【二‐三】

では否定形だったので、こちらのほうが分かりやすいですね。

要するに状態から主語を作ったのに、主語が原因だと言ってしまうと分裂してしまう。結果と主語が分裂してしまっているので、これでは駄目だという議論です。

続いて【二－七】を見てみましょう。

七．もし「去る者」なしに「去るはたらき」がないのだとすると、「去るはたらき」がないときに、どうして「去る者」があり得るであろうか？
八．まず「去る者」が〔さらに〕去ることはない。「去らない者」が去ることもない。「去る者」でも「去らない者」でもない、異なるいかなる第三者が去るというのであろうか？

ここではっきり出てきたのが、「自性がある」ことの否定。「相依性」という考え方です。つまりは「空」ということです。これでやっと中観の空思想が出てくるわけですが、これも「主語化」と「もののありよう」の循環的な構造のうちに、「どちらでもない」というテトラレンマを見いだしているわけです。とはいえまだ先ほど言った「一と多」のテトラレンマのような大きな構造は語られていないですね。

ここで思い出しておくべきなのは、「縁起」のもろもろの要素と「第四レンマ」がどういう関係だったかということなんです。これは最初の大きな疑問だったのですが、なぜナーガールジュナはテトラレンマをたった四種類（八不）に絞ってしまったのか。ここで結論を言うと第四レンマは、「構造的に大きなこと」についてのみ語られれば充分なものだったのです。

「八不」に実際に戻っていただくと、まず「不生不滅」ですよね〔編註：第一章の結論でAが生じることの原因は、Aと非Aのどこにも無く循環の中にしかないという第四レンマが見出された〕。これはどこかで生じたとか滅したとかいうのではないということです。その間しかないという構造です。

「不常不断」というのは、これも「有」と「無」の間の大きな構造ですから、「不常不断」をここで言ってしまったが故に、何があるとか何がないとかいう「何」を主語化して命題を作るのは蒸し返しになって意味がない、もう成立しないということで、第一章の一〇（前述）では、普通の縁起の捉え方〔編註：ボトムアップ的縁起〕をみんな否定してしまいました。

そして「不一（同）不異」というものがありました。ここから「一《いち》異《い》門破《もんぱ》」というナーガールジュナ独特のロジックが出てきます。一異門破というのは、「主語」と「ありよう」が全然別だとは言えないし、別でないとも言えないような状況になっている、「相依性」としか言いようがないということを暴いていくものです。そしてそこから、一（同）と異そのものという普遍的な二項対立の、そのテトラレンマが語られるわけですから、今述べた「一と多」のテトラレンマとかなり近いものが現われていると言えます。
そして「不来不去」ですね。この四つ目ではなぜ、「来る」という具体的な運動が用いられているのかというと、要するに第二章でものの運動の状態が、「去る」という例でたまま出てきたので、そこで「もののありようを主語化してはいけない」（自性、遍計所執性の否定）という構造を示す例としてそれを代表化してテトラレンマの形で残したものなのです。
かくしてこれら「一番大きなテトラレンマの構造」四つだけを残して、『中論』ではたとえばニルヴァーナはある、ニルヴァーナはない、ニルヴァーナはありかつない、ニルヴァーナはあるのでもないのでもない、なども全部却下されてしまいます。「大きな構造」で真実が語られたら、余計なものを主語化することはナンセンスだと見做したということですね。ナーガールジュナは大略こんな風に大鉈を振るい、それが後に大乗仏教を起爆させることになります。

【二ー一〇】も見ましょう。

一〇．「去る者が〔さらに〕去る」と主張する人には、「去るはたらき」がなくても「去る者」がある、という誤りがともなうことになる。というのも〔「去るはたらき」を離れた〕「去る者」が単独で「去る」ことになるからである。

これは結構パンチが効いてますよね。これがむしろ先にでてくればよかったかなとも思います。ともあれ非常に執拗だけれども、この辺になると納得できてくるわけです。

こうやってナーガールジュナのように考えて行くと、苦の原因を問う縁起というものを、たとえばアビダルマまでは「何があるから何がある」という風にボトムアップで考えていたが、それだと論理的に破綻していることが分かる。またそもそもテトラレンマと縁起が両方深い意味を持つようにならない。むしろ縁起を帰謬法的な推論として扱い、徹底的に吟味すると幾つかの重要な逆説が大きな構造として言えるようになる（八不）。そしてそれは離二辺の中道にも適っているし、仏教的に見てこれこそが救済であるという命題を導ける。ブッダが言いたいのもこれだったんだ、という風にナーガールジュナは洞見した。そんな風に僕は考えていますね。

〔編者考察：「不生不滅」は無因論、他因論を否定し、「不断不常」は他因論・機械論的世界観を否定し、「不一不異」（この直後の【二－一八、一九、二〇】で登場する）は縁起（相互包摂の意味をはらむ）を示し、「不来不去」は説一切有部の主語化による無因論を否定している。これですべての「有る・無い」の議論は否定されたから、この四つの第四レンマを残し、あとは涅槃（ニルヴァーナ）の有無であろうが第四レンマまで徹底的に否定する〕

ここまでだとまだ終わらないので、二章の最後の方まで見ていきましょうか。これは最後になるほどやり方がわかってきますね。

【二-一九】です。さて、ここからが本格的な一異門破です。

一九．もし「去るはたらき」が、「去る者」と同じであるならば、「業を作る者」と「作られる業」が一体となってしまう。

ここでは「業を作る者」と「作られる業」ということが言われていて、もはや「去る」とか「来る」とか「来ない」とか、そもそもそういう話ではないということが明らかにされている。「作用の主体」と「作用そのもの」という風に一般化することで、これまで述べてきたループ構造そのものが問題視されていることが疑問の余地なく伝わってきます。ここまで読めば勘付かないといけないんですが、どうしても「ゼノンのパラドックス」みたいな運動の成立にまつわる謎のパラドクスを提示しているだけなんだとヨーロッパ人は思い込んでしまいがちなんですよね。

【二-二〇】です。

二〇．また、もし「去る者」が「去るはたらき」と異なっているとするならば、「去る者」がなくても「去るはたらき」があることになってしまう。また「去るはたらき」がなくても「去る者」があることになってしまうであろう。

そしてこの一九と二〇で、去る主体とはたらきとが「一緒である説」を否定したのが一九で、そして「異なっている説」、これも否定したのが二〇です。そのどちらでもないというテトラレンマの構造が抽出されました。これで「一異門破」が言えたということになります。

【二一－二二】もそうですね。

二一．同じであるとしても異なっているとしても成立しない、この「去るはたらき」と「去る者」の二つはどうして成立するのだろうか？

これもこれまでの洞察を踏まえ、確認するように不同不異の問題を一つの言葉によって言い切った形ですね。

【二－二二】です。

二二．「去るはたらき」によって「去る者」と呼ばれるのであるならば、その「去る者」は、その〔みずからを「去る者」にした同じ〕「去るはたらき」を去ることはあり得ない。というのも「去る者」は「去るはたらき」よりも以前には成立していないのだから。何が何を去るというのだろうか？

これもまた執拗に繰り返していますが、一異門破によって「去る者」と「去るはたらき」は完全に分離しないということを言っていますね。同じものを去るわけではないということが【二－二二】で述べられ、異なるものが去るのではないというのが次の【二－二三】で述べられる、これは言わなければならないことでしょう。

二三．「去るはたらき」によって「去る者」と呼ばれるのであるならば、その「去る者」は、〔みずからを「去る者」にしたのと〕異なった他の「去るはたらき」を去ることはあり得ない。一人の「去る者」が去るときに、二つの「去るはたらき」は成立し得ないからである。

【二―二四】です。ここからややこしくなるんですけれどね。

二四．「去る者」が実在する場合、〔過去、現在、未来の三時において〕実在する「去るはたらき」、実在しない「去るはたらき」、〔ときに〕実在しまた実在しない「去るはたらき」の、いずれをも去ることがない。また「去る者」が実在しない場合にも、すでに述べた三種の「去るはたらき」のいずれをも去ることがない。

結構ごちゃごちゃしましたね。これは第三レンマまで行って、それを去るわけではないと説明しています。【二―五】では「去る者」をあらしめる「去るはたらき」と、「去る者」が去るという「去るはたらき」が二重にあるのは間違っているということを指摘していたし、【二―一〇】では「去るはたらき」がないとき、「去る者」が実在しているのはおかしい、ともすでに述べていましたが、ここまでで「去るはたらき」が実在しているという第一レンマ、実在していないという第二レンマ。それに加えて第三レンマまで挙げて否定していきます。八不の「不来不去」として大きな構造を語るぶんには第四レンマまで成立しますが、ここでは「去る主体」という主語をわざわざ立てて実在と非実在の議論を蒸し返していますから、当然第四レンマまですべて否定されることになる。それをまず第三レンマまでここでは否定しました。

二四．「去る者」が実在する場合、〔過去、現在、未来の三時において〕実在する「去るはたらき」、実在しない「去るはたらき」、〔ときに〕実在しまた実在しない「去るはたらき」の、いずれをも去ることがない。また「去る者」が実在しない場合にも、すでに述べた三種の「去るはたらき」のいずれをも去ることがない。

そして「去る者」が実在しているという仮定から議論が始まっていたので、実在しないという仮定でも議論を進めてみますが、そもそも実在していなければ前述の第三レンマのいずれからも去ることはあり得ません。

【二一－二五】です。

二五．また「去る者」が〔ときに〕実在しまた実在しないものであるとしても、すでに述べた三種の「去るはたらき」のいずれをも去ることができない。それゆえ「去るはたらき」と「去る者」と「去られるところ」は存在しない。

「去る者」の実在について、第一レンマと第二レンマが挙げられたので、当然「あるときは実在し、あるときは実在しない」という第三レンマも出てきますが、実在と非実在についてはすでに「不常不断」で語られてしまっているので、いかなるかたちであれ別の主語を立てて繰り返すのは無意味です。「去る者」が二重に去ると仮定するのと同じで、結論まで行った問題を蒸し返すことになるので無効となる。そして語られるべきは、もはやなんらかの主体や主語ではなく「不来不去」という構造である、ということになる。ここまでの議論はややこしいですが、超論理じゃないですよと何度も言ってきたのですが、できたじゃないですか。仏教が。

ナーガールジュナだけでなく唯識も、ループ（循環）する構造にまず着目して、原因も終わりもない、無始無終の世界というものを洞見している。この集まりは「どこから来てどこへ行くのか」というテーマで開かれていますが、八不の「不生不滅」もそうですが、「生まれて死んで」というふうに一方向的なベクトルがあるだけではない、というのが重要なのです。

一方向的なベクトルがあるだけでない、というのは「循環」の構造もそうですが、さらに「一と多」の間での相互包摂の関係、そこで生じているテトラレンマ的構造も重要で、この二つの観点が最重要であることが分かると仏教そのものがすっかり見えてくる。空海だとこの二つが「相応・渉入《しょうにゅう》」という言葉で表現されています。「渉入」は一と多の相互包摂。たとえば「識」と別の「識」が互いに出たり、入ったりし合って華厳の一即多の世界が生まれるようなもの。「相応」は、見分、相分による主客のインタラクションの循環的なもの。これらが組み合わされると、ショートサーキット・ループとしてではなく、どちらにも始まりのない構造が、安定的に現れることになるんですよ。

【井上円了の「循化」と「相含」】

先日うちの大学（東洋大学）の学祖・井上円了（一八五八－一九一九）についての講演をしたんですが、円了の思想で重要なのも、「循化（輪化）」という、世界に起こるさまざまな事象は円環をなすように巡っているのだという考えと、一と多の「相含《そうがん》」、つまり相互包摂という考えなんです。（図8）

「一と多」というのは、これもまったく仏教から来ていて、「真如（一）と万法（多）〔編註：森羅万象〕」という風に言い換えたりもしていますが、「循化」と「相含」で彼は全部仏教を説明するんです。この二つのモメントが、『中論』をよく読んでいくとやはりでて来ますよね。

円了の循化・相含思想

●最極に至ればその本に復するは、論理のもとより許すところならざるべからず。例えば甲の定義に乙を用い、乙の定義に丙を用い、ないし幾千万回に至らば、その終極必ず初点に復せざるを得ず、これ物心両界の相含なるによる。故にこの相含の理は、古今数千年における論争の乱麻を一刀の下に断じ去るを得べし。（『哲学新案』）

図8

彼が論じているのは仏教自体の自己内省によって生まれた、いわば仏教の核心部分なんですが、それが後の大乗仏教のさまざまな発展に全部つながっているということを詳論している。そもそもすでに見たように「縁起〔編註：＝循化〕」と「離二辺の中道〔編註：＝一異門破＝一と多の相含〕」が説かれただけで、仏教はもう成立しているとも言えるんですが、救済とか、ある種の人間個人の自力を超えたものについての直観も、そこからおのずと導かれるわけですね〔編註：「循化」と「相含」については井上円了の後期の思想に説かれる。図8の『哲学新案』は明治42（一九〇九）年。真如と万法の関係については『大乗起信論』を典拠とする天台宗（現実の事物の中に絶対を見る立場）と、華厳宗（相対と絶対を相互に呼応・反響する立場）の展開を関係づけることが後期にいたるまでの課題であった。竹村牧男『井上円了―その哲学・思想』（春秋社、二〇一七年）参照〕。

循環している、相互に含み合っているという見かたは重要で、学問の発展とか歴史観においても、この双方の観点が実は不可欠なんです。どうしても直線的な進歩ということを学問の歴史そのものにも私たちは想定してしまいがちになるんですが、これも物事をボトムアップで考えていくのと同じ誤りで、その誤りが歴史観に投影されたものなんですね。たとえば幾何学のように一番理論的で合理的なものから、応用的で具体的なものを扱うように学問は進んでいく、というような価値観がある。これはオーギュスト・コント（一七九八―一八五七）が実証主義の思想において主張したことですが、実際にはそうはなっていない。ミシェル・セールもそういうことを詳しく論じています。

実際には理論が導かれたところから、応用的な技術が開花する場合もあれば、既存の応用的な技術を寄せ集めて、理論を引き出してくることもあるといったように、ジグザグになっているんですね。素粒子や宇宙の謎について純粋な理論を引き出すために、スーパーカミオカンデのような応用的な道具立てを動員したり、たとえば細胞のDNAを分離するのに電気泳動法という技術を使ったりしたんですが、この技術も別にDNAを弄るために作られたものではないんですよ。応用から理論、理論から応用という風に行き来するのが科学であって、またさまざまなアプローチの結節点としていろいろな科学の対象もあるわけです。そしてそれぞれの結節点は、理論として、また応用技術として、お互いを参照しあっている。つまりこれらも相依性においてあるわけです。

たとえば唯識だと五感がめいめいアプローチする結節点のように、相分があるのと同じですよ。ですからこういう世界観をライプニッツは「モナドロジー」というかたちで提示したんですね。「モナド複合体」ではなくて、結節点はまず「一なるもの」としてあって、ボトムアップではなくそれらが相互包摂している。そういうものとしてあらゆる学問のネットワークがあると。

そこまで話を膨らまさなくても、私たちが今置かれている世界には、情報技術を通じたさまざまなインタラクションがあります。閲覧履歴からあなたはこのニュースにきっと関心があるでしょうとか、ネットで買い物をすると関連商品をいろいろ勧めてくるとか、色々な反応が返ってくるけれど、たとえば同じ商品をまた別の人が買ったとしても、インタラクションは微妙に違っているでしょう。同じ商品や情報に、複数の別種のパースペクティブが被っているわけです。

現在の世界は、そういう意味ですでに「多自然的」になっているのがデフォルトなわけですが、僕からするとそれは「仏教がもう語っていた」ものです。

余談ですが僕らが若い頃、文学青年はみんな「私小説」を書いたんですよ。「俺」が主人公の世界を見せてやろうという。今の若い人たちは小説を書こうとすると、大体「自分が主人公になれる世界に転生しました」みたいな書き方をしますね。あれって「安易だなぁ(笑)」と呆れるようなものじゃなくて、今日の世界が「俺が主人公の世界もあるよ」という相対主義から、多自然に本当になってしまっているから、ああなるんだと思うんですね。

ここらで今回の講義の結論を述べると、ナーガールジュナの『中論』は一見非常に不可解な書物ですが、要点を押さえて読めば主張はきわめてはっきりしている。一異門破も八不も、テトラレンマを駆使して縁起の説を一見破壊したように見えながら、これ以外は考えられないというかたちで完成させている。今回の講義はそれをテキストに即して吟味したものでした。ナーガールジュナも仏教も超論理、非論理を主張しているのではなく、初期から一貫している。そして、仏教で説かれること自体、哲学的にもサイエンス的にもテクノロジーのレベルでわれわれが置かれている状況から見ても、むしろ非常に理に適っている。

西洋文明とそのサイエンスも、量化革命を推し進めてデジタル革命まで進んだのですが、僕の見るところ、たとえば数年前のパンデミックの折にコンピュータを使って将来の状況を統計学者などが頻繁に予測したがまるであたらなかった。技術を発展させた末に、人間そのものがむしろかえって定性的な世界観に陥っていく危険を孕んでいるように思いますね。その意味で、われわれはどんどん危うい状況に引き込まれてきているとも言える。

だいぶ話したので、この辺で質疑応答的なものをやっていきたいと思います。何か、今出た話とか『中論』とか、この本（『空海論／仏教論』）の話でもいいです。

あるいは自分の仏教をめぐる哲学とかそういう人生観とか、そういう遍歴に関わるようなことでも投げてきてくださったらお応えします。また単純に言ってることがわからないぞということがあればお願いします。

【質疑応答】

齋木：先生からお話しいただきましたけれど、なかなか難しい話だと思うので、聞きたいことがあれば皆さんお願いします。

まず、私からいいですか？　今回は特に龍樹の『中論』本文に即してお話しいただきたいということでお願いしていましたので、最初に四種類の「八不」つまり「不生不滅、不断不常、不一不異、不来不去」のことからです。まず、「不生不滅」と「不断不常」、この違いというのは、どこにあるのでしょうか？

清水：「不生不滅」と「不常不断」だと、後者はもう成立しているものが滅ぶか恒常的かということになろうかと思うんです。いわゆる「断見と常見」の話だと思います。

それと不生不滅ということは滅とは言っているけれども、生じるという「生成」の問題だと思います。不常不断はあんまり生成論的ではなくて、もっと実在の「有」と「無」の問題。

そして、「不生不滅と言ってしまうのは不合理だ」という考えもあるにはあると思うんです。たとえばある原因から結果があるという方向性を、道元だって認めていた。薪から灰になるという方向があるというのは確かですよね。しかし彼が言うには、薪の中にも先があって後がある。灰の中にも先があって後がある。そしてそれらが全部ボトムアップで継ぎ足されて薪から灰へと行くかというと、そうではないと言うんです。先と後があるんだけれど、それらの時間と時間は相互に入れ子になっていて、単一の絶対時間というようなものに一方的に回収されているわけではないとするんですね。多自然論や相含を時間に当てはめれば確かにそうなりますね。だから薪には薪の「法位」があって、灰には灰の「法位」があるという風に語る。そして生と死もそうであると言うんです。それらも相含で入り組んでいて、一方向的ではない。不生不滅というのもそういう観点から考える必要があるでしょうね。

逆に今回のテーマ「どこから来てどこへ行く」も、これを文字通り始点と目的地の話だと考えると、単線的になってあまりよろしくない。むしろ非線形で内部が入り組んでいるのがこの世界のあり方ではないか。この世界の複雑さについて直観するためには、「非線形性」や「カオス」というものを考えてみると良いかもしれません。

カントの思想だと人間の精神というのは悟性（Verstand）やら構想力（Einbildungskraft）があっていろんな現象を整合していくものなのですが、その外部に「物自体」があると想定しますね。そんな風に整合された秩序の外部にカオスがある、と考えがちなんですが、こういうのが典型的な近代西洋的な二元論です。

最近になって浅田彰の『構造と力』〔編註：一九八三年初版。京都大学人文科学研究所助手時代のベストセラー。中沢新一らと「ニュー・アカデミズム」の旗手として注目された〕が文庫化されました。話題になっているので読み返してみると、「象徴秩序とその外部のカオス」とか「構造から差異へ」みたいな議論をしていて懐かしいなと思ったんですが、そもそもカオスってそういうものじゃないんです。うどんやパイの生地みたいなものにマジックで一つ黒い点をつけて繰り返し折り畳むようにしてこねていくと、黒い点はパイ生地のなかを非線形的に動き回ります。こういうのが典型的な「カオス」的な動きです。

複雑さってそういうものなんです。単線的な拡張ではなく、全体から部分に、全体から部分に行く、そして不確定さが増していく。複雑さは何よりも内部にある。そして始まりと終わりはない。

どうもしゃべりすぎてすみません。ライプニッツはかつてデカルトのように自説を展開する人より、レーウェンフックのように光学顕微鏡を作って色々な観察をした人の方がありがたいということを言ったんです。これは何が言いたかったのかというと、顕微鏡の中にこそ複雑なものがあるんです。

ご質問にあったのは、「不生不滅」と「不断不常」でした。齋木さんもなかなか鋭い指摘で、これは要するに八不でなくて六不でいいんじゃないかということですかね。

齋木：今回のテーマは特に「私たちはどこから来てどこへ行くのか」という問題で、今回は特に私たちは仏教徒として「生まれてそして死んでいく」という生死の問題を考えたい。「どこから来てどこへ行くのか」と言うと、まず時間の概念で考えてしまうんですけれど、そういう意味では、「不生不滅」ということは考えたいなと思っていた時に、まず生死の問題を考えると死んだら「無（断見）」になるとか、そういう問題と不生不滅という問題とが似ているというか、被ってきて、どういう風に考えたらいいんだろうなということでまず尋ねました。

また先生の話を聞くと、「ベクトルがあるわけではない（ボトムアップではない）」と言われましたけれど、どうしても時間ということを考えるとそれはベクトル以外ではなかなか考えられない。どういう風にこれは考えたらいいんだろうというところです。

さらに続けますと、「不来不去」、これを先生が言われたのは、「私たちはどこから来てどこへ行くのか」という問題と直接には関係ないということですかね。この第四レンマは。

清水：「去る」ということ自体はそんなに重要なものではないということです。「はたらき」から「主語」化をしてそれを原因に置くのは誤りであるということを指摘したくて、何らかの「はたらき」を挙げなければいけなかったので、当時インド人の議論によく登場した「来る」と「去る」を出してきた。別の言葉でも良かったし、実際『中論』の【二－一九】では「作るはたらき」とも言い換えられていますね。

もちろん「去る」ということを生死の問題と結びつけて考えることもまぁできますよ。しかしそれだと八不すべてを同じように見てしまうことになってしまいますね。僕は「不来不去」というテトラレンマからは主語化の問題が洞察出来るし、「不常不断」は「むやみに新たに主語を立てて議論を蒸し返してはいけない」という観点を導く前提として活きていると思うんです。八不それぞれが独自の働きをし、有機的に繋がっており、無駄な主語化を排除することで大きな構造的なヴィジョンを打ち出すことに成功している。

仏教では、時間も識も器世界も互いに入れ子になっている。モナドが複合に先立つ「一なるもの」であったように、すべてが「時」ではあるが、そのおのおのが別の「時」が継ぎ足されて出来たようなものではない、道元はそれをそれぞれの「法位」にある、と表現していた。

道元は『正法眼蔵』の「有時」で「松も時なり、竹も時なり、時は飛去《ひご》するとのみ解会《げえ》すべからず」（松も時である。竹も時である。時は過ぎ去るとばかり思っていてはいけない）とも言っています。

以前僕が驚いたのはミシェル・セールが、「自分が生まれたとき、私はそれを知らなかった。死ぬ時も、そんなふうにありたい」と彼のドキュメンタリー映画で語っていたんです。これは安楽死の肯定でもあるので意外でもあったのですが、実は西郷隆盛も同じことを言っているんですね。西郷南洲が「死生の説」で、「只今生まれたりと云うことを知って来たものではない」から、「死というものも同じだからそう思っていれば、自分たちは天命に反する事はないいんだ」という風に語っている。

「不生不滅」というのは、つまるところ完全な死の極点とか誕生の極点がないところにわれわれがいるということじゃないかと一つには思うんです。両端はぼんやりしていていい

〔編註：「たとえば「木は生まれたところで死ぬ」なんてことも岩田（慶治）はよく言いますよね。始まりがあって終わりがあるのではなくて、ひとつの全体があって、そこでは始まりがそのまま終わりである」清水高志×奥野克巳『今日のアニミズム』一一四頁〕。

もう一つは一人の人間の生ということを考えたときに、さっきの「相応・渉入」じゃないですけれど、先ほどの唯識の図のように識の見分と相分のインタラクションで閉じてるわけではなくて、他の識の相分にお互いに渉入しあっている。それがものすごく多重化している。どんな風にかというと、その感じがおそらく文化史的に詩歌の世界につながるんです。つまり和歌の世界ですね。道元を読むようになってから、ここから西行（一一一八－一一九〇）まではまったく地続きだなという思いがあった。たとえば今日「トランスジェンダー」の問題がよく取り沙汰されます。身体と魂の違和を現代人が語るときに、「生まれたとき戸籍に記載された性別と身体がうまく一致していないんだ」というような話をする場合には、生まれてから死ぬまでそうだという違和感の話ですよね。

一方で和歌では、自他の関係も身心のあらわれももっと激しく移ろっている。たとえば「年たけてまた越ゆべきと思ひきや命なりけり小夜の中山」と西行が詠んだとします。そうすると他者の相分にある、身体のあらわれとしては、身をやつしてこんなに移ろったけれど、「命なりけり」という感慨がある。おのれの見分からすれば、魂そのものは一つである。だいたい「身体は多様」で「心が一つ」であるか、反対に「心が千々に乱れて」「身が一つ」になるかですね。「心から心に物を思はせて身を苦しむる我が身なりけり」とか、これも西行の歌ですけれど、一と多の様相と主客（私と他者・自然）の様相。それらがどちらかに軸足を置きながら組み合わせを変える。そうやって生まれる万華鏡が日本の和歌の世界ですね。「花の色はうつりけりないたずらに我が身世にふるながめせしまに」と小野小町は詠うけれど、心は一つなんです。「我こそは新島守よ隠岐の海の荒き波風心して吹け」〈編註：後鳥羽上皇が承久の乱（一二二一年）に敗れ隠岐に流された時の歌、ちなみに念仏弾圧の承元の法難は一二〇六年〉と詠って後鳥羽帝が流されていくとか、栄華から貴種流離の運命を辿るというのもあります。また第三者がそういうものに自分を簡単になぞらえて脱俗を気取ったりできるところも、日本人の不思議なところですね。日本文化のこういう機微はやはり仏教からきている。情念に翻弄されているようでありながら、他者へのあらわれとしては何重にも分散していくような。そしてまた自己に収斂していくような。そういう複雑な感情の屈曲をおそろしいほどに精細に辿っている。それは煩悩かもしれないけれど、われわれはそこにまた悟りを見ていると思うんですね。悟りというか、「自分を超えた何かの摂理」を見ている。

だんだん仏教がそんな風に深化し、空海とかの時代は九世紀ですけれど、そこからちょっと経つと、もう『源氏物語』みたいなものが生まれてきて、高度な文化が開花する。他者のあらわれにみずからを見立てて感じるという共感の仕方も独特なもので、たとえばこの近く（会場弥彦温泉みのや）にまで芭蕉が『奥の細道』で巡礼して来たりしていますよね。「荒海や佐渡によこたふ天の川」という、日本人なら誰でも知っている有名な句がこの辺で詠まれたといいますね。文化的に深く、「無数の他者が自分の中にいるし、他者の中にも自分の要素がある」ということを考えないと、やはり「不生不滅」とか「生死」の問題は感覚として納得できない。逆に納得できてくるとすごく納得できる。

齋木：もう一ついいですか？「不生不滅」と「不断不常」についてお聞きしたので、「不一不異」というのが主語とはたらきの関係だと先生はおっしゃられて……

清水：そうですね。それは一異門破のところで語ったように、『中論』では「主体とはたらき」の関係から出てきましたが、大きな構造として抽出された「不一不異」（不同不異）はもはや、ほぼ「一と多」の問題ですよね。プラトンを読んでいると、ギリシャ人たちも「同と異」は「一と多」の言い換えなのではないかとか、色々に議論している。哲学にとって重要な概念の二項対立というのは、いずれもそうやって根源的なものが吟味されて見いだされたものなのですが、要するに「哲学素」みたいなものを抽出して考えるんですよ。とはいえ僕は、不一不異は、かなり良いところまで行ってるんだけれど、重要な最小限の二項対立（哲学素）を抽出するという意味では、やや不徹底だったと思う。「(何かが) 同でも異でもない」ではなく、「同そのものでも異そのものでもない」ところまで議論を一般化するなら、「一と多」の問題にした方がよかった。そしてそれをやったのが「華厳」だったと思いますね。法相宗も華厳も、それらが出てきて、理論上の改良を行なったことで、仏教がまたクリアにさらに発展的に開花した。またそれらは縁起と離二辺の中道からすべて出てきたと思っています。

井上：「不来不去」は生死の事ではないということですか。

清水：ニュアンスはあると思いますよ。『般若心経』でも「掲諦掲諦〈ギャーテイ、ギャーテイ〉〔編註：『般若心経』の最後の陀羅尼。彼岸へ「行く（gate）」という意味だと解釈される〕」とも言うわけですから。それはあるんだけれど、「もののありよう」から「主語〔編註：目的因〕」を作るのはダメなんだという理論を語っていることを掴まないと、『中論』の中でしている議論自体が意味不明な運動否定論としか思えなくなる。『中論』第二章第一〇偈だと「去る」は関係なく明らかにそういうことしか語っていないですよね。

以前、師茂樹さんともお話したんですけれど、「来る」「去る」は仏教界の論争でよくそれが話題に出たので、ピックアップしたということではないでしょうか。説一切有部との論争の中で出てきたというんですね。もちろんそれを生死のことと重ねて読むことも全然ありだと思います。皆さんは八不のそれぞれにやはりこだわりがあるんですか？

齋木：私たちは仏教学の基本で龍樹が「八不中道」を説いたと教わります。八宗の祖師と言われますが浄土真宗も七高僧の第一を龍樹としています。「私たちはどこから来てどこへ行くのか？」という謎を課題としていますので、今回は表面的ではなく、何とか論理的に理解したいなということを中心に据えています。

最初に「不生不滅」と「不常不断」の関係を聞きましたが、それがぱっと見同じに見えるというか、そういうことがあります。今先生がおっしゃったのは、どちらかというと、「不来不去」というのは、「不一不異」との関係性の中で出てくるもの、「主語」と「ありよう」が異なるのでないし一でもないということでしょうか。

清水：どちらかに寄せるとおかしくなるということですよね。「不来不去」の中から「一異門破」が出てきたというのは先にも述べた通りです〔編註：第二章の去るものは去らないの議論を破するためにたとえば第一九偈、第二〇偈、第二一偈ででてきた〕。「一異門破」をテトラレンマで表現したのが「不一不異」です。それをもう少し格上げして「一と多」のバイナリーという哲学素にしてあげたほうがよくて、それをやっているのが「華厳」であろうと。

逆に言うと「不一不異」（不同不異）はまだ、一つのバイナリーの中間にはまりすぎているんですよ。「同そのものでも異そのものでもない」という大きな構造そのものが語られねばならないんですが、「（何かが）同でも異でもない」という、逆説としてこの命題が導き出されてきたときの個別の状況をまだ引きずっている感じがある。その「何かが」という主語はきれいになくしてしまった方が良い。そうすると「一と多」というバイナリーが必然的に出てくる。そうして華厳のヴィジョンが出てくるということになる。

〔編者考察：不一不異は「循環」（縁起）の要素が強く、それが本来はらんでいる外に向けて展開する「相互包摂（内と外）」としての意味を明確にだしたことによって一と多のバイナリーとなった〕

そして空海も四不生観という形で八不の問題（講義冒頭の謎）を語っている。縁起にからめて四句分別を全部否定しているのはなぜなのか、『吽字義』の中でまず触れているんです。裏を返せば、なぜ八不という四種類のテトラレンマだけが可能なのかということですが、やはり結構みんなここに鍵があるということに気づいているんですね。

明治以前の人が受けた教育による仏教のわかり方はストレートです。しかし近代以降のヨーロッパ人が自分たちの文化的土壌から考えて誤解した仏教に日本人は早い時期から汚染されてしまう。『中論』第二章を見て、すぐに「ゼノンのパラドックス」を連想してこれは運動否定なんだと言ってみたりする。

日本人はもともとそういう風には考えなかったと思うんですよ。パルメニデスやゼノンのパラドックスを思いつくのは、それはそれで大変なので。今回やったように「去者」はこうだと考えると矛盾する、と帰謬法的な思索を辿るしかない。

西洋人で、なおかつ西洋哲学の理解にも未熟な人が、東洋の仏教を中途半端に誤解している、その教義解釈がデフォルトになっているということが結構あります。

たとえばインドの論理学がおこなっている推論は「帰納」であるという。帰納と演繹の帰納です。しかし実際に見ると、むしろ「アブダクション」以外の何物でもない。これはパース（一八三九―一九一四、アメリカの哲学者、プラグマティズムの創始者とされる）が考えた、演繹でも帰納でもない推論です〔編註：「家から煙がでている」というイコンから「家が火事である」

と推論する可謬性を含めた仮説思考として『空海論／仏教論』では説明されている。同書八八頁参照〕。

先にも触れた西郷隆盛などもその言葉を読んでいると意外に、仏教を深くわかっていると思えることがあるし、案外本居宣長や契沖のような国学者でも、昔の教養ある人は儒学も仏教も全部身体に染みついているという感じがしますね。

野口：ウィリアム・ジェイムズ〔一八四二—一九一〇、パースやデューイと共にプラグマティストの代表とされる〕のストリーム・オブ・コンシャスネス〔意識の流れ〕というのがあって、「意識が存在するかどうか」どうも理解ができません。また、ずっと読んでいくと、「ヒューマン・イモータリティ」というのが出てきて、霊魂は不滅だと。あれは何を言っているのかがよくわからない。「魂」というか「ソウル」と言った場合と、「コンシャスネス」と言った場合と、彼が何を言ってるかがよくわからないんです。

清水：イモータリティはプラトンの『パイドン』にも出てきますね〔編註：岩波文庫の邦訳『パイドン』の副題は「魂の不死について」〕。プラトンも結局魂の不滅を言いたいんです。それでこの対話篇ではソクラテスが死ぬ前、毒杯を煽る前に議論するんです。そこでシミアスという若者が、死というのは肉体が腐って分解していく、それが死ということで、身体がうまく構成されて調和しているときに楽器がうまく調律されていると音が奏でられるように効果として出てくるのが魂であって、身体が滅ぶとそれはなくなってしまう、という説を言うんです。これは現代の大体の人がそう思っていることとですね。

ソクラテスはその時不思議なことを言うんです。それは「想起説」に反すると。そうすると「あ、想起説に反しますね」と言ってシミアスは引っ込めるんです。この謎のやりとりがあるんですけれど、想起説というのが実は、先ほどから何度も出てきた、「対象が一つあって競合するアプローチが複数ある」という状況で見いだされるものなんですね。

ウィリアム・ジェイムズもそういう考え方をします。経験というものは過去経験も複数あって、経験と経験が連接するのも経験だというのが彼の世界観。過去の経験と、その後の経験がうまく連接すると、過去の経験はその経験を「予期していた主体」と見なされ、後の経験はその「予期を充当する対象」と見なされるが、いずれも実は経験に過ぎない、というものです。そしてその連接の流れが「意識の流れ」なんですが、「予期を充当する対象」には別の主体の過去経験も連接しうるんです。彼の『純粋経験の哲学』第四章は「ふたつの精神はいかにしてひとつの物を認識しうるのか」と題して、対象一つに複数の精神のアプローチが競合するということについて考察しています。これはカントのモデルをひっくり返したような感じになっているんです。カントのように精神や主体はあくまでも諸現象を整合し統一するもので、対象世界に多様なものがある、という見方とは「主客」、「一と多」という二種類のバイナリーの結びつきが逆転しているんですね。（ジェイムズについては、『実在への殺到』という本で考察しました。興味があったら御覧下さい）

たとえばセールも好きな譬えですがラグビーのような集団競技で、一つのボールに対して多くの選手がいると、人間の数が多いのにかえって誰の自由にもならないものとしてボールが躍動するということがあるのですが、そんな状況において対象の存在感が輝いてくる。プラトンのいう「想起」もそうした局面で発見されるんです。

それはどんな風にしてかというと『メノン』の中でソクラテスが、メノンという男の少年奴隷と問答をする、それは、ここに一辺2ピエの正方形がある、その「倍の面積の正方形の辺を求めよ」というものです。少年奴隷はまず、2ピエを3ピエにしたらどうでしょうと答える。ソクラテスは「それだと大きすぎるね」と言う。その後も少年奴隷は一辺の長さを色々変えてみようとするんですが、うまくいかない。すると最後にソクラテスが、「一辺2ピエの正方形の対角線をとって対角線を辺にした四角形を作れば、倍になるよ、ほら」という風に示すんです〔編註：一辺2ピエの正方形を対角線で半分にした三角形が四つ分になる〕。ここで少年奴隷は、あくまでも算術的に考えて、正方形の一辺の長さを調整しようとしている。ソクラテスはそこに幾何学を持ってきたわけです。このとき彼が理解したのは、自分の幾何学的なアプローチと、少年奴隷の算術的なアプローチの「合流点」が、この四角形という問題系なのであって、この対象は自分が考えたものではないし、さらには別の人が別のアプローチを採りうるものとしてもあるのだということです。それぞれのアプローチより以前に、その対象が先在していたのを、われわれは手順を踏んで思い出しているのだ。学ぶというのは「想起」なのだ、というのがこの想起説です。さきに学問というものは、単線的なアプローチによる「ボトムアップ」ではなく、複数の競合するアプローチの「合流点」としてあると述べましたが、事物すべてがそれぞれそうなっている。それぞれが「ボトムアップな構成に先立つ一なる存在性」を持っていて、身体が構成されたり分解されたりするものだとすると魂はそれに先立つものだ、というのが先ほどの『パイドン』の議論だったわけです。またこの『メノン』で語られたことを、二〇〇〇年後に、サイエンスの世界でも探求し、多様な「一なるもの」の織りなす重々無尽の世界を『モナドロジー』のなかで語ったのがライプニッツだったんです。あれだけサイエンスに貢献したライプニッツも、三〇〇年以上前の人なので、当時としての中途半端に神学的な表現でしか思想を語れないところがあった。しかし今日見ると、古代から営々人類が問い続けてきたもので、現代になってかえって分かるということがある。ところが、そうやってやっと分かってくることを、仏教が先回りしてすでに語っていることが往々にしてある。たとえば知識が獲られるためのプロセスは「ボトムアップではない」ということや、時間には単一の方向があるだけでないということは、縁起や「不来不去」の問題ですでに執拗に考察されているとも言えるし、最終的に哲学がつねに問う「不生不滅」というものや、われわれの存在を救い上げるような「摂理」が働いているという直観を、いち早く掴んでいるのもすごいですね。

さきほど人類の「生物学的条件」と「言語学的条件」と「認知の条件」にまたがる話をし

ましたが、これはたとえば、構造主義の時代に、ヤコブソンのような言語学者がフランソワ・ジャコブみたいな分子生物学者から影響を受けたりしたことからも分かるんですが、これは仏教が古くから「身《しん》・口《く》・意《い》」と呼んでいる三種の階層のうちに、共通するあり方があるということをあらためて再発見しているのだとも言えます。

今回はもっぱら理論的な話でしたが、身体的な階層、言語の階層、認知や意識の階層のいずれにおいても、仏教の世界観が説くような構造があり、またそれを介して実践的に真理を体得するということもあるのだろう、そんな風にも近頃は考えるようになりましたね。

大竹：『空海論／仏教論』の『成唯識論』の「恒転如暴流《つねにてんずることぼるのごとし》」の説明で、「時は流れない」というイメージがでてきますが、分かりそうで分かりません。また、「暴流の如き変化を挟んで、なおもその上と下にある相依性として捉えている。それを業のレベルで語っているということです」と説明されている「業のレベル」というのが理解しづらいです。（『空海論／仏教論』六三頁参照）

清水：これはすごく深い質問ですよね。「暴流《ぼる》の如し」ですか。仏教の基底には唯識の主客の相互インタラクションのような世界と、そこから一と多の華厳のような世界に無辺際に展開するものがあって、それがたとえば井上円了だと「循化（輪化）」とか「相含」とかいう表現になる。始まりも終わりもない循化する状態が、一と多で展開すると「万法万象相含」という風になる。たとえばこれを道元ならどう表現するかというと、鳥が飛んで空と一体になっている、鳥は環境とのインタラクションによって空と一体化しているんだけど、このとき空そのものは無辺際に続いているから、鳥がどこからどこまで飛んだというのは意味がない、そんな風に言うんです。空自体が一と多で相含になっているのでそうなるわけです。これは局所的なインタラクションから全体に拡がっていく譬えですが、逆にそういう風に無辺際に拡がったところから、局所的なインタラクションに絞っていくような、そんな見方もできるのではないかと思うんですよね。「暴流」と言っているものは流れていっているように見えるんだけれど、実は同じところに留まっている。この「暴流」というのは、要するに乱流（turbulence）のことですね。業も情念もどんどん流れていくようで、実は留まって渦巻いている。これは、道元が「薪から灰」を、さらに「薪の先、薪の後」に絞っていくのと発想は同じです。

『成唯識論』を実際に読むと、流れの上と下が相互循環するように、「暴流」は相互循環するように語られていると言っていますね。全体としての一方向的な流れではなく、それに抵抗するように小さな乱流ができる。これは流体力学でも実際にそうで、水を流しても流速が大きいと自然に乱流ができてくる。セールも乱流は好きでよく語ります。

「暴流すなわち相依性ですね」と亀山隆彦さんがそういったのもすごくわかるんです。一方向的ではない、それで相依性ということを言ったわけですね。この暴流から世界が書き換えられる、という話を師茂樹さんはしていて、そこに僕が「世界の創造というものの極点に、ネットワークの結節点ひとつひとつがなる」という話をかぶせている。禅とか華厳とか、相依性とか色んな観点から皆語っていますが、それらを唯識に凝集するようなかたちでここでは語ろうとしていますね。実際に唯識がコンパクトに仏教の核心部分を体現していると。また「ボトムアップ」では無いから、創造の極点に一つ一つの結節点がなっている世界観だとも語っている。これは華厳的だけど、唯識の識だけからも語れるというのが師さんの指摘です。

「業のレベル」という表現は、主客のインタラクションや循化、それによる情念の増大をここでは「業」と呼んでいます。主客関係（循化）や一と多関係（相含）が全部組み合わさると、仏教ではショートサーキット・ループのなかに捕らわれたあり方、つまり煩悩と苦の世界にいるだけではなく、それらが分散するところまでが語られる。「執着」や「業」や「煩悩」もそのためのステップだったという風にも思える。暴流のなかにも、流れを留める働きや、水の中の生き物たちを調和させるような静謐さがすでにある。

大体そんなことを語っていると思って頂ければと思います。

齋木：先生もかなり難しい話を続けられているので、こちらで一回クールダウンして、懇親会及び深夜の座談会で、さらに理解を深められればと思います。

第二回大会

越後長野温泉 嵐渓荘講義
『中論』第三章から第一六章講読

はじめに（2）嵐渓荘《らんけいそう》大会開催の顛末

IAAB編集長　齋木 浩一郎

二〇二三年一二月一六日、一七日と二日間に亘《わた》り、折りしも初雪が舞う新潟県の弥彦温泉みのやで開催された清水高志先生による講義「私たちはどこから来てどこへ行くのか？」は、「近代的機械論」西洋中世の「素朴目的論」とそれを悠々と乗り越えていくライプニッツの思想、レヴィ＝ストロースの構造主義、その背景となるソクラテス・プラトンの哲学を前提としながら、新型ウイルス感染症によって分断された世界の二項対立の背後にある排中律〔編註：XはAであるか、非Aであるかのいずれかであり、どちらもであることはあり得ない〕を超えるものを指し示すために、龍樹の「離二辺の中道」から唯識・華厳・密教まで、『空海論／仏教論』をテキストにしながら語られ、その後は酒を交えながら、大きく脱線しながらもすすめられた。

講義は無事に終了し、文字起こしを進めていく中で、清水先生からせっかく『中論』第一章、第二章を読了したので、第二七章まで完走して読破してはどうかと提案をいただいた。これは先生からの挑戦状であり、私たちIAAB編集部は仏教徒として、その晴天の霹靂を受け止めた。

そうであれば第二回も温泉だということで、哲学をこよなく愛する主人の経営する三条市（旧下田村）の秘湯「嵐渓荘」で、二〇二四年六月八日、九日と第二回大会を開催した。帰路、清水先生と八木鼻という断崖絶壁の下でニホンザルの群れに遭遇した。まさに「サルものは去らない」はずであるが、カメラを向けられたサルは去っていった。しかし講義を終えた私たちには解っていた。去ったのは私たちで、先生は大宮へ、私は市内へ去り、ニホンザルは最初から最後まで山中にいたのだ。

『中論』最終章までを読破するという課題を与えられ、あたかも蜃気楼のごとくに目的地が遠ざかっていくようであり、地図の上では大きく進路変更したかのようであるが、私たちは最初からボトムアップではない方法で、サルが去った「空」という目的地へと向かっていたのではなかろうか。

資料編　Le chemin de l'accumlation——ナーガールジュナと議論するための準備

（ＩＡＡＢ編集部）

【清水先生による事前資料】

『中論』読解：資料——いかに読み解くか

清水　高志

まず、『中論』に頻出する典型的なロジック、議論の七つ道具をおさえ、また『中論』が反論しようとしているアビダルマ仏教の主張をそれによってどう解体していったかを見ていく必要がある。重要なのは「一異門破」という論法と、「三時門破（三世門破）」、「五求門破《ごぐもんは》」という論法である。

「一異門破」の構造

「一異門破」は、『中論』では第二章で最初に登場する。「去るはたらきなるものが、すなわち去る主体（去者）であるというのは正しくない。また、去る主体（去者）が、去るはたらきから異なっているというのも正しくない」という第一八偈において典型的に現われている。『中論』第二章では、「去るはたらき」から逆にそうしたはたらきを目的として持つ「去る主体」（去者）を主語的に立てて仮構し、はたらきの原因をその「去る主体」（去者）そのものに帰してしまうという、西洋中世にもあった素朴目的論的な思考（遍計所執性）が徹底的に批判されていました。結果としての「去るはたらき」から逆算して「去る主体」が立てられたのに、それがまた「去るはたらき」をもたらす出発点（原因）とされることから、「去る主体」の二重化（事実上「結果の結果」でありながら、「結果の原因」になっている）が起こっているとされたのです。

ここでは「去るはたらき」と「去る主体」とのあいだで理論上のループが生じています。とはいえ、この「去るはたらき」と「去る主体」は同じであると見ることもできないし、まったく異なっていると見ることもできない。同じであるとするならば原因と結果が同じであることになるし、異なっているとするならば「去る主体」がないのに「去るはたらき」があることになってしまう。ここに見いだされるのは「同じである」ことと「異なっている」ことの第四レンマなのです（不同不異）。ナーガールジュナは「去る主体」に自己原因性（自性）を認めないが、「無自性にして空なるもの」としてそれが作用していることは認めます。そしてさまざまな「はたらき」とその「はたらきの主体」のあいだに同様の構造を見いだし、それらが「無自性にして空なるもの」であることを次々論証していくのが「一異門破」

なのです。

「三時門破（三世門破）」の構造

これも『中論』の第二章にすでに出ていますが、「すでに去ったもの」（已去）は去らず、「いまだ去らないもの」（未去）は去らず、「今現在去りつつあるもの」（去時）も去らない、という風に「過去、現在、未来」の三種の時間についてナーガールジュナは「去ること」が成立しないといいます。「すでに去ったもの」と「いまだ去らないもの」について「去るはたらき」が見いだされないのは理解できますが、「今現在去りつつあるもの」になぜ「去るはたらき」が見いだされないのか、という疑問に対する答えが、さきほど述べた「二重化、ループが起こってしまう」という批判です。したがって「三時門破」は「一異門破」と組み合わさって機能するロジックでもあります。なぜ三種類の時のそれぞれの場合をひとつひとつ挙げて、そこではたらくものに自性がないことが説かれねばならないかというと、説一切有部の「三世《さんぜ》（過去、現在、未来）において実有《じつう》である法体《ほったい》は恒《つね》に有る」という説を否定するという意図があったためです。そのためこうした論証がさまざまな議論のシチュエーションで、繰り返し展開されることになったのです。

「五求門破」の構造

これも「一異門破」から派生的に導き出された論法で、やはり繰り返し登場します。「はたらき」と「はたらきの主体」のようなAとBとについて、①AはBと同じである（同一）②AはBと別異である（別異）③AはBを有する（具有）④AによってBがある（能持）⑤BによってAがある（所持）の五つの場合について検討し、そのいずれをも否定するというのがこの五求門破です。①と②を両方否定すると「一異門破」になるのはわかりますが、正直③と④との違いが訳によっては分かりにくい。『中論』第一〇章の火と薪についての考察第一四偈でも出てきますが、「火は薪を有するのではない」「火のうちに薪があるのではない」となっていて何が違うのか分かりません（「火において（火によって）薪がある」と訳した方が正解だと思います）。

おそらく③と④の違いは、西洋哲学で言うところの「十分条件」と「必要条件」の違いであろうと思われます。③は十分条件を語っていて、AならばBが同時にすでに言えてしまう。④は必要条件なのでBが成立するためにAが必要である、という関係であり、⑤ではBがAの必要条件になっているわけです。この「十分条件」と「必要条件」は実は西洋哲学でも隠れた非常に重要なテーマで、十分条件で考えられたものを必要条件で組み立て直そうとすると、たとえばゼノンのパラドックスのような絶体絶命のパラドックスに陥ってしまいます。十分条件は自己原因的であり、必要条件は他因の考え方です。これらの関係をすり替えるということを西洋哲学はしばしばやっており、実はデカルトもまたその一人です。

【智慧の海に迷わないための概略地図】（編集部作成資料）

第二回大会はナーガールジュナの『中論』第三章から第一六章までを通読していくということであるが、以下の流れで講義がすすんだ。文脈がわからなくなった際は、ここに立ち戻ってもらいたい。

①ナーガールジュナの代表的な論法「一異門破」「三時門破」「五求門破」の解説。基本になっていることは、一（同じ）でもなく異なるのでもないという一異門破。これらの技で『中論』第一章に解かれるような「自因≒素朴目的論」「他因≒近代的機械論」両者を破す。第二章では三時門破で「はたらき」の「主語化」を論破。

②主な対論者は説一切有部であり、その「三世《さんぜ》実有《じつう》法体《ほったい》恒有《ごうう》」というのは、「無我」を説明しながら「救済」を考える、かなり深淵な思想で巨大な敵であった。ナーガールジュナはかなり共感を抱いていて、むしろその欠点（素朴目的論に限りなく近づいてしまう）を補うために、「離二辺の中道」＝「縁起」の構造によって、ダルマを「自性をもたないものとして」

肯定しなおすことに成功した。

③縁起とは初期仏典に説かれる十二支縁起であり、第二六章に詳説されるが、十二支の支分の一つ一つを他の十一との一異門破で解釈し直すことで、時間的なイメージを「同時」とする解釈を可能にした。それが「唯識」という教義につながっていく。前回講義で一と異の縁起が、主客インタラクションの唯識に展開し、さらに一と多の重々無尽の法界縁起へと展開していく流れを解説した。識を中心とした十二支縁起については、今回講義の『中論』でも五蘊・十二処あるいは六大がそれぞれ存在根拠としては論破されていくが、それぞれ十二支縁起との関係で考えてみる必要がある。

④『中論』を通して十二支縁起の中で重要視されているものは「行」なのではないかというのが清水説である。行には「saṃskāra」（形成するはたらき）と「saṃskṛta dharma」（漢訳で有為法、形成されたもの）の二種の意味があり、後者は前者が対象世界にもたらすものである。無明と行の縁起が十二支縁起の最初にあることは、関係による量的な世界観から素朴目的論、近代的機械論へ堕ちていくイメージにつながるのではないか。

【事前確認事項その１　前提となる二項対立とその超克】

新型ウイルス感染症であぶりだされた「二項対立」について、「そもそも何が問題なのかわからない」という発言を聞くことがある。端的にいえば、二項対立しているものは火と水のごとく、同時に存在する限りにおいて相手を消滅するまで否定しつくす関係にある、ということであり（水をかければ火が消えるし、火が強ければ水は蒸発する）、換言すれば同時に存在できない。同時に存在（共在）するために、第三項の調停が必要であり、第三項が特権的な位置を占めないように第三項と対立するものも置くべきで、すべての項が第三項になればよいのだということが目標となってくる（前回講義の「構造主義」「四大元素説」「想起説」「予定調和説」等参照。

【事前確認事項その2　蘊・処・界等】

五蘊《ごうん》（色・受・想・行・識）
十二処《しょ》（六根、眼根・耳根・鼻根・舌根・身根・意根と六境（その対象）、色・声・香・味・触・法）
六根を内の六処（六入）、六境を外の六処（六入）とも言う。
十八界《かい》（十二処に眼識・耳識・鼻識・舌識・身識・意識を加えたもの）
十二支縁起（無明・行・識・名色・六処（六入）・触・受・愛・取・有・生・老死）

仏教では蘊・処・界で世界を全部説明してしまおうという思想があり（五蘊ですべてを説

明し、もう少し丁寧に十二処ですべてを説明し、さらに丁寧に十八界ですべてを説明する）、それは『中論』にも引き継がれていてそれぞれ単独の章をもって展開される（一見否定されているようにみえるが不一不異の構造の中で再び肯定されている）。ちなみに今回の第三章は「六根」の検討から始まり、第四章で五蘊を考察する。第五章では色蘊に属する四大（地大・水大・火大・風大）にも（そして空大・識大にも）言及される。前回講義では龍樹から唯識・華厳への流れを確認したが、原始仏教にも説かれる五蘊（色・受・想・行・識）の識蘊は唯識の「識」と同一である。清水説では時間的な展開にみえるものを一異門破で識とそれ以外の要素と同時に成立させてしまうため、そのまま唯識へ展開できる。実際に五蘊説は説一切有部の五位七十五法へと引き継がれ、そして唯識思想の五位百法へと展開していく。五蘊と五位の対応関係は師茂樹『『大乗五蘊論』を読む』に詳しい。

そして実践との関係でいうと十二支縁起の読み替えが第一六章で行われるという（第三回講義）。

【事前確認事項その３　意外に凄かった説一切有部の思想、「三世実有法体恒有」】

今回の講義の大テーマは「私たちはどこから来てどこへ行くのか」であるが、過去・現在・未来にわたって法体は恒に有るということは、前回講義にもでたソクラテス・プラトン以降、哲学者たちが主張し続けた「魂の不死（ヒューマン・イモータリティ）」という大きな解答と近似している。法の生起とはダルマが未来から現在に現れ出ることであり、法の消滅とはそれが現在から過去に去ることである。現在を見ると一瞬で現れ消えているように見えるダルマは、未来においてもあり、現在においてもあり、過去においてもあるのだ（！）と無我説を温存しつつも魂の不死への渇望に応える（そして私たちの課題にも応える）画期的な説だった。

しかしプラトンのイデア説でも毛髪や泥のイデアの存在が問われたごとく、肯定すべき法が際限なく生まれてしまうことになり（講義では説一切有部から派生した犢子部《とくしぶ》の説はプドガラが「うじゃうじゃいる」と表現される）、龍樹はそれを不一不異の構造の中で解消すると読み替えたのだというのが清水説である。説一切有部の思想は櫻部建・上山春平『存在の分析〈アビダルマ〉』（角川ソフィア文庫）に詳しい。

――ナーガールジュナの基本技「一異門破」「三時門破」「五求門破」概説、『中論』第三章から第一六章講読

▼二〇二四年六月八日　一五：〇〇から一八：〇〇
▼テーマ：『中論』第三章から第一六章まで、ナーガールジュナの技と対論者に注目して解読する

［編集部］　齋木浩一郎　DJパクマン（森尻唯心）　TOMOER
［一般参加］　安原陽二　松浦寿公　宇佐美基（撮影）　五十嵐政人（撮影）
安田裕孝　福田灯　福田恋　福田雛　大竹啓五（嵐渓荘主人）

【龍樹の屈強な論敵と奇妙な得意技を分析する　導入】

前回は第二章「「去る者」と「去るはたらき」を巡る考察」まで読み解きました。しかし、『中論』はこの後にもいろいろありまして、一冊まるごとの解説書というものはあるにはあるのですが、大体仏教界内の議論で閉じているような印象を受けます。

今回は、例えば「去るはたらき」から「去る主体」が生まれるのはおかしいだろう（第二章）だとかそういった議論が、どうしてここまで執拗に問われるのかということを考えて、

そこから『中論』全体を読み解いていかないといけないと思うのです。

前回に弥彦温泉みのやで講義をして以来、そのしばらく後ですね、結構発見することがいくつかありました。それで前回講義文字起こし資料には反映されているんですが、ちょっとおさらい的に確認すると、例えば「去るはたらき」から「去る主体」が生まれる。そういったことが『中論』では問題にされている。それは例えば、仏教学だと「遍計所執性《へんげしょしゅうしょう》」というような言い方をしますが、ある「あり方」〔編註：観察された結果〕から、逆にその「あり方の原因」というものを立ててしまっているというのは、実はヨーロッパでもそれは起こっているんですね〔編註：迷い①〕。思想的に、それは「素朴目的論」といわれるものであり、ヨーロッパではすごく強くて、例えば「石は落下する性質を持っている」と説明され、「落下の原因は石である」とか、「火は燃えて上がっていく性質を持っている」とか、そういう「自己原因」にしてしまうために、そのはたらきを見せているものを「主語化」する（「落ちるもの」、「上がるもの」）というのがあります。

これは中世においては非常に強力な世界観だったのですが、だんだん「それは違うだろう、他のはたらきが影響して、引っ張られたりするのだ」〔編註：迷い②〕とか、「作用がよそから来てそういう風になっていくのだ」という考え方になっていく。だんだん「機械論」の考え方がガリレオとか近代で出てくる。ところが他の原因であるということも、実はこの『中論』の最初の方でよく語られているんですね。他の原因によって起こるというのは、「原因の考察」でまず出ていますよね。それが「原因は他因である」というもの。しかし仏教でもそれは「依他起性《えたきしょう》」といって、結局のところ否定されてしまうわけなんです。

そして、実は近代科学においても他の原因でいろいろなものが起こっているという、説明が因果をたどっていくというのは、あまりうまくいかないんです。例えばニュートンが「万有引力の法則」を発見したと言いますが、「万有引力というのはなんですか？」といったら「いや、その原因は神が……」〔編註：究極の他因〕とか言い出して、たちまち終わってしまう。なので、それではあんまりうまく説明できていない〔編註：永遠に原因を遡るか、ストップ・ポイントを捏造してしまう〕。ガリレイ以降の自然科学者たちは、「ものが自ら落ちていく」という目的性を持っているんだという世界観を自然記述の「定性的な世界記述」として批判するようになってきます。それがいよいよ本格的に初期近代になってくると、すでに述べたような感じで「機械論的世界観」以外はあり得ない、となっていきます〔編註：デカルトやニュートンやホッブズも他因説によって定性的な世界記述を批判している〕。ただ、これもそんなにうまくはいかないので、ライプニッツは、「質」の変化を「量」で考える方向を推し進める。数化・記号化して性質を客観的に捉えて自然を解明するということが近代にでてくるのですが、これが上手く考えられていなかったため、ライプニッツは、この量化というものを例えばデカルトよりも発展させて考えたということがあります。

運動とモメント、例えば「加速度」は従来よく分からなかったのですが、変化のモメントというものを、例えば微積分の考え方を使って量化して捉える。この場合も「全体との関係の中で部分が確定される」というのがデフォルトです。それによって狭義の目的論を否定することに成功したのですけれども、ライプニッツは「定量的な自然記述を最も多様な形で可能にする世界を神は選んだ」〔最善律〕ということを宣言してそれによって目安を作っていきます。その目安は目的論的なものですが、それは起こっている現象（の原因）をそのままひき伸ばしていくものではなく、いわば脱色された目的因なんだという話は前回したと思います。そして、ナーガールジュナの『中論』が最初のあたりで批判していることも、おそらく似たものであろうということでした。現状のあり方を引き伸ばすようなものとして原因を立てることの忌避です。「自性」〔編註：≒素朴目的論〕であるとか、「遍計所執性」の否定というものを徹底的にやってますよね。これが第一章、第二章でやっていることですよ。そして「依他起性」〔編註：≒近代的機械論〕の否定もしてますね。これは「機械論的世界観」や決定論だけでは世界は説明できないということを主張しているということで、今回は第三章から先を講義したいと思います。

今までちょっとおさらいの話をしたのですが、第三章からナーガールジュナの言っていることを細かく突き詰めていくに当たって、「読解資料」なるものを作ってきたのでご覧いただきたいんですね。

例えば野球の試合だとかボクシングの試合だとかを見ていると、「ああ、内角低めの深いところを投げたんだ」とか、「スライダーが今決まった!」だとか、そういうのが分かるわけですよね。ボクシングだと「フックを入れた」とか「ワンツーで決めた!」とか、わかるわけですが、ナーガールジュナの議論は、奇妙極まりないものだけれども、無限に技を持ってるわけではないのですよ。いくつか「決め技」(笑)があるわけです。それをちょっと前もって押さえておいて、あと「何(誰)を敵として戦っているのか」が、同時代じゃないのでわかりにくいので、そこをもうちょっと詰めていきたい。

ナーガールジュナ一人だけを見ていると、謎のシャドー・ボクシングみたいのをやっているように見えるのだけれど、この敵の議論に対して攻めようとして、「ああ、今ワンツーが決まったよ」みたいな感じで見たら良いのではないか。それでこういう資料を作成してみました。そこには典型的なロジックがあって「議論の七つ道具」と名づけました。七つなかったんですけれど(笑)、それをまず押さえておこうということです。そして論敵になっているのは、主に「説一切有部」と「犢子部《とくしぶ》」と、「正量部《しょうりょうぶ》」ですね〔編註:そして「素朴目的論」と「近代機械論」も敵と考えていいだろう〕。

これを踏まえて読んでいくと、本当にそうなんだなと理解できますね。

先に言うと、犢子部〔編註:説一切有部から展開した部派仏教〕の議論に「プドガラ説」というものがあるんですけれど、ナーガールジュナはあれがどうも引っかかっているんですよ。

プドガラ説というのは、要するに輪廻する主体があるかないかというところで、「五蘊」

というものがありますよね。色・受・想・行・識の五蘊というものがあって、これと同じでもなければ、別のものでもない〔編註：五蘊と同一でも異なるのでもない〕、どこか中途半端な輪廻主体が存在してそれが輪廻するという説があり、それが「プドガラ」というものなんです。プドガラというのが、いかにもナーガールジュナからすると残念なテトラレンマに見えたんです。そんな残念な第四レンマを作らなくても、例えば、「一異門破」というロジックで、そこでいわれるような第四レンマの「構造」だけ言ってしまえば、「これもそうなってる。あれもそうなっている……」と主語化して立てなくても良いのではないか。それがナーガールジュナが一番ピーンとひらめいたところだったのだと思います。それが特に『中論』の前段第一六章までを読んだ僕の感想ですね。

順番に説明しますが、まず振り返っていくべきもので「一異門破」の構造というものがあります。

【清水先生資料①】

「一異門破」の構造

「一異門破」は、『中論』では第二章で最初に登場する。「去るはたらきなるものが、すなわち去る主体（去者）であるというのは正しくない。また、去る主体（去者）が、去るはたらきから異なっているというのも正しくない」という第一八偈において典型的に現われている。『中論』第二章では、「去るはたらき」から逆にそうしたはたらきを目的として持つ「去る主体」（去者）を主語的に立てて仮構し、はたらきの原因をその「去る主体」（去者）そのものに帰してしまうという、西洋中世にもあった素朴目的論的な思考（遍計所執性）が徹底的に批判されていました。結果としての「去るはたらき」から逆算して「去る主体」が立てられたのに、それがまた「去るはたらき」をもたらす出発点（原因）とされることから、「去る主体」の二重化（事実上「結果の結果」でありながら、「結果の原因」になっている）が起こっているとされたのです。

ここでは「去るはたらき」と「去る主体」とのあいだで理論上のループが生じています。とはいえ、この「去るはたらき」と「去る主体」は同じであると見ることもできないし、まったく異なっていると見ることもできない。同じであるとするならば原因と結果が同じであることになるし、異なっているとするならば「去る主体」がないのに「去るはたらき」があることになってしまう。ここに見いだされるのは「同じである」ことと「異なっている」ことの第四レンマなのです（不同不異）。ナーガールジュナは「去る主体」に自己原因性（自性）を認めないが、「無自性にして空なるもの」としてそれが作用していることは認めます。そしてさまざまな「はたらき」とその「はたらきの主体」

のあいだに同様の構造を見いだし、それらが「無自性にして空なるもの」であることを次々論証していくのが「一異門破」なのです。

一異門破は、『中論』の第二章でまず登場しますね。テトラレンマの第四レンマまで出して肯定されるのが「八不」といって四種類だけなんですけれど、「不一不異」に加えて、「不常不断」があり「不来不去」というのがあって、「不生不滅」でこの四種類ですが、これがよくできているんだということがわかってきました。そして、「不来不去」というのが理解しにくいけれども、「来るのでも去るのでもない」という文脈で、それが論じられる第二章で一異門破が出てくるんです。「去るはたらき」なるものが「去る主体」であるというのは正しくないという。また「去る主体」が「去るはたらき」と異なっているというのも正しくないという言い方をして、実は去るはたらきというものがあるときに、「これは〈去るもの〉という主体だからそれを原因として去っているんだ」という論理が逆に作られてしまうというのがおかしいということが指摘されました。これは（先ほど説明した）ヨーロッパでもあるような素朴目的論の否定なのですが、おかしいと言うだけでなくて、議論をすごく引っ張るんですね。このときじゃあ「去るはたらき」と「去る主体」は全く別だと言うとおかしいし、一緒だと言ってしまったらまたおかしい。別というのは、「去るはたらき」だけが個別にまずあるとか、「去る主体」が「去るはたらき」なしにあると考えるとおかしいというものです。両者は切り離し得ないんですが、同じでもない。要するに去るはたらきという結果から逆算して主体を作ったのだから、結果の結果であるにもかかわらず、それが原因になるという「二重化」というループが起こっている〔編註：ループは質疑参照〕。それはいけないということを、ものすごく主張する。それを「一異門破」というんですね。「一でもなく異なるのでもない」という主張です。これが何を言わんとしているかというと、要するに「石が落ちていく」とか「火が燃えている」という、そのもの自体の自己原因性、仏教では「自性」〔編註：『中論』で執拗に否定される〕といいますけれども、それに帰してしまってはいけない。これを言っているわけです。丁寧に読むと、「現象自体が無い」と言っているわけではないんですよ。それを主張するのが一異門破というものです。これがよく出てくる一つの技です。

そしてまたよく出てくる技で「三時門破」というものがあります。

【清水先生資料②】

「三時門破（三世門破）」の構造

これも『中論』の第二章にすでに出ていますが、「すでに去ったもの」（已去）は去らず、「いまだ去らないもの」（未去）は去らず、「今現在去りつつあるもの」（去時）も去らない、という風に「過去、現在、未来」の三種の時間についてナーガールジュナは「去ること」が成立しないといいます。「すでに去ったもの」と「いまだ去らないもの」について「去るはたらき」が見いだされないのは理解できますが、「今現在去りつつあるもの」になぜ「去るはたらき」が見いだされないのか、という疑問に対する答えが、さきほど述べた「二重化、ループが起こってしまう」という批判です。したがって「三時門破」は「一異門破」と組み合わさって機能するロジックでもあります。なぜ三種類の時のそれぞれの場合をひとつひとつ挙げて、そこではたらくものに自性がないことが説かれねばならないかというと、説一切有部の「三世（過去、現在、未来）において実有《じつう》である法体は恒《つね》に有る」という説を否定するという意図があったためです。そのためこうした論証がさまざまな議論のシチュエーションで、繰り返し展開されることになったのです。

これも第二章に出ていて、「既に去ったものも去らない」、「未だ去らないもの去らない」、といいますけれども、これも去らない。過去にはたらいているものは去っているのでもないし、未来に去るものは去っていないということを、わざわざ言います。そして「今現在去りつつあるものも去らない」。そこでも「去るはたらき」と「去る主体」のあいだにはミニマムなループが出来ていますから、原因のこっちから結果のこっちに影響が及んで、という風に一方向的にはいかない。こうやって「過去」、「現在」、「未来」の三つに言及して、去る主体が成立しないということを説明するんですね。何故こういうことを言うのかというと、特に現在については不思議に思いますよね。さっき説明した「二重化」が起こるから、それは成立しないのであると言えばそうなのですが、もう少しいうと「自性がある形では去るということがあるとはいえない」ということなんです。要するにこれも説一切有部の「三世実有《さんぜじつう》法体恒有《ほったいごうう》」という考え方があって、現象というのは「刹那滅《せつなめつ》」で刹那ごとに滅して行くのだけれども、イデア的な本体と言ったらいいでしょうか、それは実際には残ると。用語で「法《ほう》有《う》」と呼ばれるようなものが残ると。それが現在でも未来でも残っているんだという説があるので〔編註：ダルマが未来から現在にいたるのが生起に見え、現在から過去にいたるのが消滅に見えるが実際は有る〕、わざわざ過去・現在・未来についてその自性を否定してくるというロジックですよ。過去シチュエーション、未来シチュエーション、現在シチュエーションと独特の論理で三回まわり否定していくという技を出しています。

しかし実は、よくよく読んでいくと、説一切有部の三世実有法体恒有や犢子部のプドガラ説を否定するんですが、「自性がないもの」〔編註：「全体との関係の中で部分が確定される」もの〕としては全部肯定してくるんです。いろんなものが否定されるんですけれども、自性がないものとしては全部肯定して復活させてくる「振り」なんですね（笑）。本文に入る前に、ちょっと説明が長くなりましたが、次に「五求門破」というものがあるんです。

【清水先生資料③】

「五求門破」の講造

これも「一異門破」から派生的に導き出された論法で、やはり繰り返し登場します。「はたらき」と「はたらきの主体」のようなAとBとについて、①AはBと同じである（同一）②AはBと別異である（別異）③AはBを有する（具有）④AによってBがある（能持）⑤BによってAがある（所持）の五つの場合について検討し、そのいずれをも否定するというのがこの五求門破です。①と②を両方否定すると「一異門破」になるのはわかりますが、正直③と④との違いが訳によっては分かりにくい。『中論』第一〇章の火と薪についての考察第一四偈でも出てきますが、「火は薪を有するのではない」「火のうちに薪があるのではない」となっていて何が違うのか分かりません（「火において（火によって）薪がある」と訳した方が正解だと思います）。

おそらく③と④の違いは、西洋哲学で言うところの「十分条件」と「必要条件」の違いであろうと思われます。③は十分条件を語っていて、AならばBが同時にすでに言えてしまう。④は必要条件なのでBが成立するためにAが必要である、という関係であり、

⑤ではBがAの必要条件になっているわけです。この「十分条件」と「必要条件」は実は西洋哲学でも隠れた非常に重要なテーマで、十分条件で考えられたものを必要条件で組み立て直そうとすると、たとえばゼノンのパラドックスのような絶体絶命のパラドックスに陥ってしまいます。十分条件は自己原因的であり、必要条件は他因の考え方です。これらの関係をすり替えるということを西洋哲学はしばしばやっており、実はデカルトもまたその一人です。

これがね、ちょっとわかりにくいんですよ。五求門破というのが一異門破から派生したんですね。それで二つのものについて一異門破の話をするんですが、AとBは中村元『龍樹』一三六頁では「甲と乙が」と書いてありますが、AとBの方がわかりやすいので表記しなおしました。

①ではAとBは同じである（同一）ということを全部否定していきますよ。また②ではAとBは違っているということを、これも否定します（別異）。①、②の段階で一異門破が成立しました。

そして三番目と四番目の関係がわかりにくいんですよ。③ではAはBを有する（具有）、④ではAによってBがある（能持）。⑤ではBによってAがある（所持）という五パターンを上げて全部否定してくるんです。それで例えば（第一〇章の）訳を見てみましょう。

一四．さらに火は薪ではない（①）。また火は薪以外の他のもののうちにあるのではない（②）。火は薪を有するものではない（③十分条件）。また火によって薪があるのでもない（④必要条件1）。また薪によって火があるのでもない（⑤必要条件2）。

「火は薪を有するのではない」。これは③ですね。「火のうちに薪があるのではない」（④）と書いてあって、これは中村訳なんですけれど、何が違うかわからないですよね。それで何を言ってるのかなあと思ったんだけど、あぁそういうことかと思ったのは、「火によって薪がある（④）」「薪によって火がある（⑤）」という意味で、これは西欧的に言うと必要条件と十分条件の違いなんじゃないかと思うんですよね。

十分条件（＝③）というのは、例えばりんごであれば果物であるとか〔編註：りんごであれば絶対に果物という条件を満たしている〕、もう条件を満たしているという考え方です。一方で必要条件（＝④⑤）は、りんごであるためには果物である必要がある〔編註：りんごのうちにそれを成立させるのに必要な果物という条件があるとしてそれを見いだしていく〕っていうようなことを逆算して考えていく。同じシチュエーションなんだけど、逆算して考えていくっていうのがあるんです。

それなので多分三番目のAはBを有するは十分条件なんですよ。十分条件だとAとBと一緒に言えてしまいますから、ひっくり返す必要さえないんです〔編註：火があるなら薪＝燃料があるという十分条件を満たしているのだが、五求門破なのでここでは十分条件も否定している〕。十分条件をひっくり返すと必要条件なんだけれど、必要条件の場合は、AによってBがあるとBによってAがあると二つ生まれますから、これで五つになっていくんです。

それで、必要条件と十分条件っていうのは普段はあまり意識してないけれど、ものすごく西洋哲学史でも大事なんです。これはミシェル・セールの研究会を開催してきて、最近になって僕も気がついたことなんです。

これについて、「ゼノンのパラドックス」という有名な難問がありますね。「アキレスは亀に追いつけない」という。

アキレスは足が速いのだけれど、亀に追いつくためには、亀の半分まず進まないといけない（その間亀が少し進む）。そしてその残りの半分いかないといけない（その間亀がまた少し進む）。これは「必要条件」なんですよ。実際にアキレスが追い抜かしていったところから見ると、（このように）半分行ったであろう、（さらに）その半分行ったであろう（……）という「十分条件」を満たしているはずなんだけれど、「十分条件」で考えられるはずのところを「必要条件」で、ひっくり返して、そうして「ボトムアップ」で考えてしまう。

これで理屈を通そうとすると、ちなみに機械論的世界観は大体そんなふうに考えるんですけれど、そうすると「必要条件」というのは、無限に後から作られ得るので、永遠にアキレスが亀に追いつけなくなったり、そういう風にいろんなパラドックスを生むんですね。

この五求門破の後半は、十分条件シチュエーションと必要条件シチュエーションをAとBについて考えて、それらいずれの単独成立をも否定するっていうものですよね。後に詳しく論じていきますが、十分条件と必要条件そのものの一異門破が行なわれることになります。

さて、ナーガールジュナがこれらの技を、次から次に連打して来ることを予告しましたので、それに注目して残りの第三章から再開してみましょう！

【第三章　認知能力の考察——手始めに「六根」と「六境」（「十二処」）から、認識主体はあるのか？】

第三章　認知能力の考察

一．【反論】「見るはたらき（眼根）」、「聴くはたらき（耳根）」、「嗅ぐはたらき（鼻根）」、「味わうはたらき（舌根）」、「触れるはたらき（身根）」、「思考するはたらき（意根）」、これらは六種の感官（六根、認知能力）である。「見られるもの（色《しき》、色かたち）」などがこれらのはたらきの対象である。

二．【答え】実に「見るはたらき」は、みずから自身を見ることがない（*見られる対象によって、その結果としてしか成立していない）。みずから自身を見ないものが、〔「見るはたらき」の原因として〕どうして他のものを見るであろうか？

三．〔火はみずから自身を焼かないが、他のものを焼くという〕「火の譬え」は、「見るはたらき（眼根）」を成立させるのにふさわしくない。〔自性をもつものとしての〕「見るはたらき（眼根）」と「火の譬え」は、〔第二章の〕「今去りつつある者」と「すでに去った者」、「いまだ去らない者」の考察によって、すでに退けられてしまったからである。

四．何ものも見ていないのであれば、「見るはたらき（眼根）」ではない。「見るはたらき（眼根）が〔前もって存在していて〕見る」、ということがどうして正しいとされ得ようか？

五．〔前もって存在している〕「見るはたらき（眼根）が見る」のではない。「見るはたらき（眼根）でないものが見る」のでもない。〔自性をもつものとしての〕「見るはたらき（眼根）」が退けられたことによって、「見る者（眼識）」も成立し得なくなったことを理解せよ。

六．「見るはたらき（眼根）」を離れても、離れなくとも、「見る者」は〔自性あるものとして〕存在しない。「見る者（眼識）」が存在しないのなら、「見られるもの（色）」も「見るはたらき（眼根）」も、どちらも存在しない。

七．母と父によって子が生まれるように、「見るはたらき（眼根）」と色（色かたち）によって「認知のはたらき（識）」が生まれると説かれる。

八．「見られるもの（色、色かたち）」と「見るはたらき（眼根）」が存在しないのだから、識（認知のはたらき）と触（感官と対象との接触）、受（感官による感受）、愛（盲目的な愛着）などの四つは存在しない。それゆえ取（えり好みする執着）から老死にいたる十二支因縁の項目もどうして存在するであろうか？

九．「聴くはたらき（耳根）」、「嗅ぐはたらき（鼻根）」、「味わうはたらき（舌根）」、「思考するはたらき（意根）」、また「聴く者」、「聴かれる対象（声）」などについても、「見るはたらき（眼根）」について解明されたのと同様であると知るべきである。

まず、第三章を見ると、「認知能力の考察」というのが出てきます。まず【三－一】です。正確に言うと反論でもないんですが、認知の問題について仏教でもともと言われていることですね。

一．【反論】「見るはたらき（眼根）」、「聴くはたらき（耳根）」、「嗅ぐはたらき（鼻根）」、「味わうはたらき（舌根）」、「触れるはたらき（身根）」、「思考するはたらき（意根）」、これらは六種の感官（六根、認知能力）である。「見られるもの（色《しき》、色かたち）」などがこれらのはたらきの対象である。

次にはじめの【三－二】、これが意味がわからないと思うんですよね。

二．【答え】実に「見るはたらき」は、みずから自身を見ることがない（＊見られる対象によって、その結果としてしか成立していない）。みずから自身を見ないものが、〈「見るはたらき」の原因として〉どうして他のものを見るであろうか？

これは感覚作用、つまり見るはたらき、聴くはたらき、嗅ぐはたらき、味わうはたらき、触れるはたらき、五感に加えて意識の意根も足して六根・六処（六入）〔編註：十二処、処とは識を発生させ成長させる場所（師茂樹『『大乗五蘊論』を読む』二五九頁）。六根と六境。すなわち眼根・耳根・鼻根・舌根・身根・意根、色・声・香・味・触・法〕の話ですね。六根なんだけれども、「みずから自身を見ることがない」と述べているのは何かというと、見る側のものがあるというと、それは見られるものからしか明らかにならない、つまり見られるものの「結果」なのに、「見るはたらきという原因がもともとあってそのスペックを備えてるから見るのだ」というふうにひっくり返して捉えているのではないかということです〔編註：浄土教の「従果向因」に類似する〕。

これは「去るはたらき」よりも先に「去る主体」があるはずだというのと、言ってみれば同じなんです。眼球を解剖したからといって、視覚そのものを見たわけではないんですよね。たとえば白内障か何かで眼が見えなかった人が後天的に開眼しても、最初は光の散乱しか見えず、何らかのインタラクションが例えば身体の運動とともに視覚とどう結びつくかが分かるにつれて、見えてくるものらしいです。ここでは視覚ピンポイントで語っているからわかりにくいですが、これは多分六根全部だと思ってみましょうよ。

要するに、眼球を解剖すると色々な構造が見えるし、触ってみても何かがあったから見るはたらき、その機能は実在的だという風に、いろいろ六根をそれぞれ置き換えたりしながら、人間は視覚や経験を肯定していくわけですよね。

これは例えば科学そのものがそういうものなのだといったエルンスト・マッハ（一八三八－一九一六）という学者がいます。「マッハ」という単位に名前を残した偉大な物理学者なのですが、その人が言うには、要するに例えば重さというものは圧覚でわかるものを、滑車で釣り下げたりしてバランスを取ることで、確かにこれは同じ重さであると「見る」ことができる。それは圧覚を単なる視覚に置き換えただけに過ぎないのだけれど、科学はあくまでも経験的なもので「それでいいんだ」というのがマッハの考え方なのです。

いろいろな感覚というものは置き換えが効きます。経験的には同じものを触ったり見たりしたとき、諸感覚がどう連動していくかというので置き換えていくし、これをもっと客観的に量化しようと思うと、西洋では「数」と「記号」に置き換える。これは数や記号という一種の超感覚器を使って諸感覚がものとの間に持つインタラクションを置き換えるわけですが、それにしたって「認知するはたらきそのもの」を「主体」として最初に立てるということは難しいですね。認知や経験の主体も対象も、インタラクションなくしては成立しないのですから。マッハのこういう考え方は、哲学者だと経験一元論でそこから主客の関係を考えるウィリアム・ジェイムズにも影響を与えています。ナーガールジュナもそういうことを延々と語っているわけです。見るはたらきが前もってあって見るのではなくて、「見るはたらき」と「見られる対象」のあいだに作用のループがあって始めて認知が成立しているのに、どうしてその両者が別異なものとして最初からあると言えるのであろうかと、「不来不去」の説明で「去りつつあるもの」が「去るはたらき」から独立してまったく別にあるというのはおかしいじゃないかというのと同じロジックで否定しています。

そもそも認知能力をこの第三章でなぜ考えたかというと、第二章の去るはたらきというのはいかにも「能動的なはたらき」だったけれども、認知はどちらかというと「受動的経験」ですよね。これについても同じロジックを展開しようという。それがこの第三章で語られていることですね。詭弁のように一見思われるけれど、そういう風に言われるとなるほどそうであろう、と思わせるところです。

そしてそこから、次のような結論が導かれてくることになります。


七．母と父によって子が生まれるように、「見るはたらき（眼根）」と色（色かたち）によって「認知のはたらき（識）」が生まれると説かれる。

八．「見られるもの（色、色かたち）」と「見るはたらき（眼根）」が存在しないのだから、識（認知のはたらき）と触（感官と対象との接触）、受（感官による感受）、愛（盲目的な愛着）などの四つは存在しない。それゆえ取（えり好みする執着）から老死にいたる十二支因縁の項目もどうして存在するであろうか？


五蘊の色・受・想・行・識のうちの「受」とか、十二支縁起〔編註：十二支縁起、無明・行・

識・名色・六処（六入）・触・受・愛・取・有・生・老死）の「触」だとか「受」だとか、「愛」だとか、「取」だとかの感受作用、感官と対象の接触その他が、すべて自性を持ったものとしては存在しない〔編註：根と境との一異門破で識の発生を否定し、それによって十二支縁起の還滅門を成立させている、詳しくは第二六章での展開につながる重要な部分である。〕ここでは典型的な一異門破によって感覚作用の主体というものを否定してしまいました。まぁ否定しているんですけれども、あくまでも自性を持ったものとして、否定しているということですね。ここまで「見るはたらき」を例に述べてきたので、他の「聴くはたらき」などについても同じように考えられる、とナーガールジュナは最後の【三−九】で念を押していますね。

【第四章　五蘊の考察——仏教の基本の「五蘊」から現代の原子論までを考える】

第四章　五蘊の考察

一．五蘊の色《しき》（色、かたち）の原因を離れては色は認知されえず、色を離れては「色の原因」も認知され得ない。

二．もしも色が「色の原因」を離れているのであれば、色は原因がないものとなるであろう。しかしながら原因を持たないものはどこにも存在しない。

三．これに対し、「色の原因」が色を離れて存在するのであれば、結果を伴わない原因があるということになるだろう。しかしながら結果を伴わない原因というものは存在しない。

四．色が〔あらかじめ〕存在するのならば、「色の原因」といったものは成立しない。また色が存在していないのであれば、「色の原因」は存在しない。

五．しかし、原因を持っていない色というものは決してあり得ない。それゆえに色については、いかなる分析的な想定もすべきではない。

六．結果が原因と相似であるということはあり得ない。結果が原因とまったく似ていないということもあり得ない。

七．識（認知のはたらき）、受（感官による感受）、想（形象や概念を思い描くはこと）、行（Saṃskāra、行動によって働きかける衝動）、これらのすべてにはいかなる点においても色（色、かたち）と同じ議論が成立する。

八．論争において「空であること」（空性）によって論破がなされる場合、その人にとってそれらすべては論破になっていない。それらすべてが論証されるべきこと（論破されるべきこと）と等しくなってくるからである。

九．説明に対して「空であること」（空性）によって非難がなされる場合、その人にとってそれらすべては非難になっていない。それらすべてが論証されるべきこと（非難されるべきこと）と等しくなってくるからである。


次は第四章ですが、中村訳では「集合体の考察」となっています。伝統的な仏教用語では「蘊」の考察。これは五蘊ですよね。スカンダ、梵語、サンスクリット語でスカンダというのは、これは「集まり」っていう意味なんですよ。

第四章・第五章には引っかかるところがあって、【四－一】にあるように、これは四大の話なんですね

一．五蘊の色《しき》（色、かたち）の原因を離れては色は認知されえず、色を離れては「色の原因」も認知され得ない。

物質的要素（色蘊）の原因、そういう「原因的なもの」がまず独立して存在するというのが、説一切有部の考え方だったので、これを否定しています。説一切有部は四大もそういう意味での原因と解釈したんですね。

余談ですが四大というものはなかなか馬鹿にならなくて〔編註：前回講義でエンペドクレスの四大元素説を参照したが、そこで用いられた図はライプニッツの『結合法論』の冒頭にも引用されている〕、火があるとか水があるとかの組み合わせで、世界を説明する。また世界を西洋文明では「量化」して捉えるという話をしましたが、量化とは結局反対のものの中でしか起こらない。アリストテレスとかギリシャの人はみんなそういう説明をするのです〔編註：素朴に見えるが深いということ〕。

アリストテレス（BC三八四－BC三二二）とかヘラクレイトス（BC五四〇－BC四八〇頃）とか、みんなこの「反対のものたち」の話をします。そして「反対のものたち」を組み合わせて操作する、という話になると、その代表的なモデルは四大元素に尽きるのです。

この点について以前はあまりピンとこないな〔編註：素朴である〕と思っていたのですが、

しかし確かにたとえば重いものと軽いものとの間に何らかの量をもった度合いがあるし、性質がある〔編者考察：ちなみに色蘊に属する身根とその対象である触覚されるものに、「重さ」・「軽さ」も含まれている〕。このとき熱いとか冷たいということはひとまず一緒に考えないで、「反対のものたち」の間で起こる量化を考えるしかない。こういう風に「反対のものたち」同士の関係によって量化や度合いといったものが捉えられます。またそれだけに、「石が落ちる」だとか、「火が上がる」だとかいう素朴目的論も、払っても払っても拭い去れないオブセッションとして人類の思考に纏わりついているわけなんですよね。

例えば、「石が落下するのは、石が落ちたいからだ」とか「大地に帰ろうとしている」という考えは、現代人からすると一見ナンセンスなんですけれども、あらゆる現象の中で普遍的な自然現象とは何かと言ったら、近代以降もやはり「熱」と「重力」なんです。熱現象というのもまた熱力学や熱機関の時代になってくると、すっかり人類の頭を支配してハイジャックしてしまいます〔編註：熱機関においては熱エネルギーの消費と力学的な作用は同時に起こるので、近代の世界を駆動するものとしての「熱」やその減衰という主題に、作家や思想家も含め一九世紀の人間は取り憑かれていく〕。

例えばニュートン（一六四三－一七二七）は、重力のことをずっと考えていて、よくりんごが落ちるのを見て、万有引力を発見したとかいわれるのですけれど、あれは本当は「ケプラーの法則」〔編註：ケプラー（一五七一－一六三〇）が惑星の軌道が真円ではなく楕円であることを発見したことによる一連の法則。太陽と惑星を結ぶ線が一定時間に掃く面積は一定である、など〕から考えているので、「天体の運動は太陽が惑星を引っぱることで成立しているんじゃないか」と最初から直観して理論化しているんです。そもそも頭上の天界の秩序にこだわっているわけです。

一方で惑星が夜空でどうして不規則な動きをするのかということに当時多くのヨーロッパ人が取り憑かれて研究していたわけなんですけれど、冷静に考えると本当にそんなことにそれほど意味があるのかなと思いますよね。彼らは天界には秩序があって欲しい。それが悲願なんです。惑星が一見無秩序に動いていることを、そこまで精密に考えて何か意味があるのかなといったら正直その時点ではあんまりないんですよ。（笑）

だけど科学というものには、文学もそうなんですけれども、人類が好きな特定の強迫的テーマがあるわけなんですよ〔編註：ここでは世界説明を可能とするように見える素朴目的因たる熱現象と重力〕。そういう主題が繰り返し繰り返し反復的に戻ってくるんです。それによって発見がある。また科学で後により精確にわかってくるものも、意外に直観的な原形だけはギリシャからあったりします。原子だって、ギリシャのデモクリトスとかインドのジャイナ教などにも原子論の原形があります。

たとえば原子や分子が本当にあるのかないかという議論にしても、実は歴史的には分子はジャン・ペラン（一八七〇‐一九四二）によって一九〇八年にはじめて観測されるんです。アインシュタインが、ブラウン運動は分子の運動じゃないかといい、ペランがそれを観測することで、やっと「分子はあるじゃないか」となったのです。やっと「原子がある」「分子がある」となったのですけれど、しかし、その後すぐ量子論が出てくると、再び「あれ？ そんなものあるのかな？」となる。コペンハーゲン解釈〔編註：光や電子は波であり同時に粒子であり、観測者が介入すると波が粒子となるという解釈〕によって厳密にははっきりしなくなる。ただ、直観だけは大昔からあるんです。そんなわけで四大元素みたいなものもゆめゆめ舐めてはいけないんです。

ところで、『中論』第四章の、【四－二】【四－三】【四－四】は、これもまた「一異門破」の話なんですが、だんだんそれが「動くはたらき」と「動く主体」〔編註：第二章〕とかそういう自己原因的なものではなくなって、「他因」になっていくんですよね。他のものが原因になっているということの一異門破にここから踏み込んでいきます。

中村訳では、物質的要素の原因〔編註：四大〕というものがあって、それを離れた物質的要素は認識されない。だから、その物質的要素を離れた物質的要素の原因（四大）も認められないと訳されています。しかし要素という言い方がそもそもよろしくないんですよ。要素にさらに原因として元素があるというのがわけが分からない。「物質的要素」は素直に「色《しき》」と伝統的な仏教語に訳したほうがいいですね。

ちなみに「エンペドクレスは火とか水とか反対のものを扱って、そうした反対のもののうちにある推移や変化について考えているのに、それらを出発点＝元素のように語ってしまうのは間違っている」という批判をアリストテレスはしますが、四大は元素ではないんだけれど、原因ではあるという解釈をしていますよね。

さてこの第四章では、「色の原因」と「色」について、それらが最初からおのおの別個に成立するのはおかしいという主張がなされています。これらは原因と結果の関係ですが、結果としての「色」にはいずれ原因があるのだから、【四－五】ではそれを分析的にどこまでも辿っても意味がないという強い主張が現われます。これは先ほどの十分条件と必要条件の話にもちょっと通じていますね。いくらでも他因を想定できるので、原因と結果でループが起こっているその場で考えるべきだと言うのです。続いて原因と結果とは似ているのでも、似てないのでもないという議論が【四－六】でなされ、一異門破の主張が色蘊や認知をめぐって展開されています。〔編註：そして色につづいて五蘊の「受」「想」「行」「識」にも検討を加えていく〕。そして【四－八】と【四－九】がちょっと変わっています。

八．論争において「空であること」（空性）によって論破がなされる場合、その人にとってそれらすべては論破になっていない。それらすべてが論証されるべきこと（論破されるべきこと）と等しくなってくるからである。

九．説明に対して「空であること」（空性）によって非難がなされる場合、その人にとってそれらすべては非難になっていない。それらすべてが論証されるべきこと〔非難されるべきこと〕と等しくなってくるからである。

空性を最初から単独で出してきて、他の現象を全部否定してしまうということは、空をあたかも自性をもったもののように出しているので、そもそも論破としてはよろしくないということですね。「論破されるべきこと」「非難されるべきこと」というのは「何らかのものに自性があると考えること」です。

いわゆる事象に即して、原因と結果のループが分析され、そこで「一異門破」なり何なり〔編註：三時門破・五求門破〕の構造が出てきて論破がなされる。テトラレンマもそこでこそ語られ、無自性にして空ということも成立するのだというのが第八偈と第九偈ですね。考えてみると、空ということについてほとんどの場合、後代の人たちも構造を取り出すかたちで語っていない。ここで批判されている通りになっています。

【第五章　六界の考察――次は地・水・火・風・空・識】

第五章　六界の考察

一．【地、水、火、風、虚空、識の「六界」が存在し、それによって五蘊が成立するという説一切有部の議論を論破する】虚空の相（＊そのものの特徴）が現れる以前には、いかなる虚空も存在しない。

二．何であれ、相というものを持たないものはどこにも存在しない。相を持たない者が存在しない以上、相はどこに現われればいいというのか？

三．「相」は相を持たないもののうちに現われることはない。また「相」はすでに相を持っているもののうちに現われることもない。また「相」は、相を持っているものでも相を持たないものでもない、異なるいかなる第三者のうちにも現われることはない。

四．「相」が成立しないから、「相によって特徴づけられるもの（可相）」も成立しない。「相によって特徴づけられるもの（可相）」が成立しないから、「相」もまた成立しない。

五．それゆえ「相によって特徴づけられるもの（可相）」は存在せず、「相」もまた存在しない。「相によって特徴づけられるもの（可相）」と「相」を離れた別の者も存在しない。

六．有が存在しないとき、何の無が存在するというのか？　有でもなく、無でもない何が、有無を知るというのであろうか？

七．それゆえに虚空は「有」でもなく「無」でもなく、「相によって特徴づけられるもの（可相）」でもなく、「相」でもない。そのほかの五界（地、水、火、風、識）についても、虚空の場合と同様に考察されるべきである。

八．しかしながら、もろもろのダルマ（諸法）を「有」である、「無」であると見る愚者は、見られるもの（経験されるもの）の寂滅という吉祥なるものを、見ることがない。


次に、第五章になると、「界の考察」というものになりますね。「界」を「要素」と訳（中村訳）したのはあんまり良くないと思います。界（dhātu）というのは六界（大）ですね。〔編註：サンスクリット原題は「dhātuparīkṣā」。鳩摩羅什訳で「観六種品」、注釈は「観六界品」〕地・水・火・風・空・識の六大を六界と言ったりするので、「界」とも呼ばれるんですね。第四章では「色」を「物質的要素」と訳してその原因が四大だったのに、西洋哲学を学んだ者としては用語に整合性を与えようとしていないのが気になります。ここでは四大とか五大というものを「要素」と訳しており、エレメントとしての四大元素とかそういうニュアンスを入れてしまっているので、何か小さな要素であるような印象を与えてしまいますが〔編註：要素というと西洋のアトミズムを想起させてしまう」、「界」というと今度は巨大な印象になって、「要素（界）の考察」という、この括弧の付け方とタイトルの付け方がちぐはぐです。要するに四大と空大と識大というものを、例えば「六大」として立てますから、そこのところをここでは語っているんです。それを空大を中心に説明したのが第五章ですね。

そして、中村訳では虚空の特質とありますが、「特質」というと、何か訳しすぎの気がしますが、伝統的な訳では「相」ですよね。「相」といった方がわかる気がしますね。【五－一】です。

一．【地、水、火、風、虚空、識の「六界」が存在し、それによって五蘊が成立するという説一切有部の議論を論破する】虚空の相（＊そのものの特徴）が現われる以前には、いかなる虚空も存在しない。

「相」が現われる以前には、「いかなる虚空も存在しない」という言い方をしています。これは第四章の八、九を受けていますね。（直前の章の末で）確認した、単独で空と言ってしまったら（自性のあるものとしての空を主張したら）それは意味をなさないということなんです。

そして、【五－三】です。

三.「相」は相を持たないもののうちに現われることはない。また「相」はすでに相を持っているもののうちに現われることもない。また「相」は、相を持っているものでも相を持たないものでもない、異なるいかなる第三者のうちにも現われることはない。

「相」は、「相を持たないもののうちに現われることはない」し、「相をすでに持っているもののうちに現われることもない」というんですね。「持っているものでも、持たないものでもない、異なるいかなる第三者のうちにも現れることはない」。「相を持っているものでも、持たないのでもないもの」というのが、別異なものとして第三者的に単独で存在して、そこに「相」が現われるわけではない、という議論です。第四レンマ的な一異門破の関係というのは、「去るはたらき」と「去る者」の間に互いに不可分なインタラクションがあるというような場合に構造的に語られるものです。もっとも「虚空」と「虚空の相」のあいだにはループがありますが、最初から「相」と「相によって特徴づけられるもの（可相）」が独立して立てられて、その「相」が「相によって特徴づけられるもの（可相）」を特徴づける、というわけではありません。

それで、【五－四】で次のように主張されるわけです。

四．「相」が成立しないから、「相によって特徴づけられるもの（可相）」も成立しない。「相によって特徴づけられるもの（可相）」が成立しないから、「相」もまた成立しない。

相は自性を持ったものとして成立しないから、相を帯びるもの、可相として、自性を持ったものとしてはありえない。例えばなんらかの属性（性質）が属する基体として、ヨーロッパの哲学だとヒュポケメノンというものがあり、アリストテレスは最初からそういうものを立ててしまいます。

そうした実在は、ありえないということですね。原因としての六大を「相」として、その「あり方」から捉え直し、それが生滅を免れたものとして独立的に存在している、というような考え方を説一切有部はするのですが、それを否定しているのがこの部分です。実際いわゆる四大元素は、物質的な元素というよりは属性（性質）であり、その変化を物語るものだという議論はギリシャにもあるのですが、説一切有部は属性のまま実体的にあるという主張なんです。そもそもダルマ（dharma）には属性や性質という意味がありましたが、『中論』の議論の意図はそれを実体化して捉えることの否定にあり、その問題意識の核心がここでは明らかにされています。

【五－五】までの議論はこうしたものですが、【五－六】の中村訳には「有を離れてなんで無が存在するだろうか」に註がついていて、「有と無は独立には存在し得ない、互いに他を予想して成立しあっている」と書いてありますね。これはもうギリシャ人から何からみんなそういう風に考えるんですよね。反対のもののあいだでしか考えられないわけです。たしかに「重い・軽い」もそうだし、「軽い」ものであり、「灰色の」ものであるとか〔編註：色の三原色は一つの原色と残り二つの原色を混ぜたものが互いに補色関係になる。全色彩がそこから生まれる〕、いろいろなバイナリーの要素が一つの物の中には入っているんですけれど、度合いについてはまず二項で考えて何種類ものそれらをその物のうちで組み合わせている。ところで量とか関係を考えるときに二種類の考え方があって、「こちらの極とあちらの極の間で量化が可能になる」という考え方が一つ。もう一つは、「天秤のように一ヵ所動かないところがあるような形でその両側で関係付けができる」。これは哲学者だとヘラクレイトスが最初に強調したことですね。「世界の反対側にゆきかうものの間にある構造が皆わかっていない」と彼は語った。これだと両極は逆方向に開いていく。ヘラクレイトスもアナクシマンドロス（BC六一〇－BC五四六）も面白いですよ。

アナクシマンドロスという哲学者は、世界は「無限定（ト・アペイロン）」というものが初めにあって、そこに、「ディネー」という渦がおこって、反対のものたちがそこから現れてきたという。つまり反対のものたちは「限定するもの」なんです。これは「間にある量化」の考え方です。

ところで科学もまたニュートンの作用—反作用の法則や、エネルギー保存の法則のように、天秤の軸のように一ヵ所不変で動かないところを作っておいて、こちら側が動くと、反対側はこう変化していきますよということを考えていることが多い。それで経験的にああ、これらは矛盾しないから、科学として成立するというのが、実際自然科学でもおこなわれていることです。これはヘラクレイトス的な考え方です。要するに反対のもの同士の関係が世界を説明する。因果のような方向づけが必ずしもあるわけでもない。そんなわけで、この註については、それはそうですねとしかいいようがない。

ここまで空大でこの話を延々としていたわけですが、【五－七】でこんな風に結論付けます。

七・それゆえに虚空は「有」でもなく「無」でもなく、「相によって特徴づけられるもの（可相）」でもなく、「相」でもない。

虚空は「有」でも「無」でもなく、「相によって特徴づけられるもの」に自性はないし、「相」にも自性はないと述べますが、続けてこんな風に付け足します。

そのほかの五界（地、水、火、風、識）についても、虚空の場合と同様に考察されるべきである。

これは六大の残りの場合も、虚空の場合・空の場合と同じように考えるべきである。つまり、六大の地大・水大・火大・風大、識大も全部自性あるものとして考えてはいけない。虚空、空大の場合と同じように全部構造分析しておきなさいと、課題を出している感じです。ときどきこういう風に、自分にとってはもはや当たり前になってくると、ナーガールジュナはわれわれに考えておけと投げてくる感じです。

【第六章 「欲望によって汚れること」と「欲望によって汚れる者」の考察――倫理の問題に切り込む】

第六章 「欲望によって汚れること」と「欲望によって汚れる者」の考察

一. もし「欲望によって汚れること」より以前に、「欲望によって汚れる者」が、「欲望によって汚れること」を離れて別に存在するのであれば、その「欲望によって汚れる者」を原因として、「欲望によって汚れること」があり得るであろう。

二. とはいえ、「欲望によって汚れる者」が〔あらかじめ〕存在しないのであれば、どうして「欲望によって汚れること」が成立し得るであろうか? 「欲望によって汚れること」が〔あらかじめ〕存在するのであろうと、あるいは存在しないのであろうと、「欲望によって汚れる者」についても同じことが言えるであろう。

三. ところで、「欲望によって汚れること」と「欲望によって汚れる者」とが、同時に生起することはあり得ない。そうであれば、「欲望によって汚れること」と「欲望によって汚れる者」は、〔自性をもつものとして〕互いに依ることなく独自に生じることになってしまうからである。

四．「欲望によって汚れること」と「欲望によって汚れる者」とが同一であるならば、両者が共存することはあり得ない。というのも、ものはそれ自体とは共存しないのだから。またそれらがまったく別異なものであるなら、両者が共存することがどうしてあり得るだろうか？

五．両者が同一であるから共存が成立するというのなら、もう一方のものがなくても共存が成立するであろう。両者が別異であるから共存が成立するというのなら、もう一方のものがなくても共存が成立するであろう。

六．あるいはまた、両者が別異であるから共存が成立するというのなら、「欲望によって汚れること」と「欲望によって汚れる者」とが異なっていることがどうしてすでに成立していることになるのだろうか？　というのも、両者がすでに共存している〔ところから議論が出発している〕のに。

七．あるいはまた、「欲望によって汚れること」と「欲望によって汚れる者」とが別異なものであることが、それぞれ独立して成立しているのであれば、他方で両者が共存することを、あなたは何のために想定するのであろうか？

八．両者は「別異なものとしては成立しない」と考えて、あなたは両者の共存を願っている。ところが両者の共存を成立させるために、両者が「別異なものである」と考えている。

九．とはいえ、両者が別異であることが成立しないなら、両者の共存は成立しない。互いに別異であるときに、いかなるものにおいてあなたは共存を考えるのか？

一〇．かくして、「欲望によって汚れること」と「欲望によって汚れる者」とが同時に成立することはないし、両者が同時にではなく別々に成立することもない。「欲望によって汚れること」と同様に、あらゆるダルマ（諸法）は同時に成立することはないし、同時にではなく別々に成立することもない。


順番に一つ一つ考えていくと、全部筋が通っているのですが、この第六章「欲望によって汚れること」と「欲望によって汚れる者」の考察は大切ですね。

「欲望によって汚れること」と、「欲望によって汚れる者」、これは別々には考えられない。原因と結果の一異門破で考えていっているということなんですけれど、「欲望によって汚れる者」というのは、「欲望によって汚れること」があって、それで「欲望によって汚れる者」になるというのだけれど、結局これは「欲望によって汚れること」から逆算したものなので、そういうものを自性を持ったものとして別に立てることはできない。だとすると、最初から「欲望によって汚れること」が単独にあるということもおかしくなる。このように、いわば「倫理的」な浄と不浄について、一異門破を駆使した議論を展開していく。去るとか、運動についての典型的な話〔編註：第二章〕から、認識の話になり〔編註：第三章〕、五蘊の話

〔編註：第四章で五蘊、第五章で六大〕、現象界の話がしばらく続いたんですが、次に来るのは倫理の問題ですよね。

最初からお前は汚れたものであるとか、汚れたものでないとかいうことを、自性を持ったものとして語ることを否定してくる。これはもう仏教の大事な考え方じゃないですか。

第三偈でも「欲望によって汚れること」と、「欲望によって汚れる者」が同時に成立する事はないという二重化批判という形で、それらが独立して存在していないという議論が展開されています。三時門破の「今」の否定と構造としては同じですね。自己原因と他因が被ってくる第三レンマを否定する。その「どちらでもない」というのが第四レンマだからです。ナーガールジュナは「欲望によって汚れる者」の否定を、「欲望によって汚れること」から切り離さずに考えるわけです。この考え方は例えば浄土真宗なりの考え方にもつながってくるし〔編註：「悪人正機」に説かれる固定化された倫理観・人間観の否定〕、ナーガールジュナの話を読んでいると、あれ？　この論理は、他力道の思想につながっているな【☞第一六章 繋縛と解脱との考察を見よ】とか、いろいろ考えられるんですすよ。道元がよくこういうことを言ってるなとか、すでに密教に近い考えも、いろいろ出てきます。第四章の八、九で「空性を空だけで語ってはいけない」という話もそうですし、彼はマテリアルなものや五蘊、そこでの欲望というものも決して軽視しない。これも密教などにも繋がる態度ですね。この第六章では、「欲望によって汚れること」と「欲望によって汚れる者」は同一ならば共存することはありえないなど、「共存」するとか「合う」とかいう言い回しがあとで出てきます。【六－四】です。

四．「欲望によって汚れること」と「欲望によって汚れる者」とが同一であるならば、両者が共存することはあり得ない。というのも、ものはそれ自体とは共存しないのだから。またそれらがまったく別異なものであるなら、両者が共存することがどうしてあり得るだろうか？

これも独特の論理で、ものが、それ自体と共存、自分自身と共存をしていたら、二重になるのでおかしいという言い方ですね。【六－五】は、典型的な一異門破ですね。

五．両者が同一であるから共存が成立するというのなら、もう一方のものがなくても共存が成立するであろう。両者が別異であるから共存が成立するというのなら、もう一方のものがなくても共存が成立するであろう。

同一であればもう一方がいなくても共存が成立する。別異で共存が成立するというのであれば、別のものは、いてもいなくても成立するであろう。もっともですね。

【五－六】ではさらに突っ込んで一異門破の「異」を否定します。

六．あるいはまた、両者が別異であるから共存が成立するというのなら、「欲望によって汚れること」と「欲望によって汚れる者」とが異なっていることがどうしてすでに成立していることになるのだろうか？　というのも、両者がすでに共存している〔ところから議論が出発している〕のに。

離れていても共存する、別異であるからこそ共存が成立すると言うのであれば、何故それらは「共存している」のに「別異なものが独立して成立」しているということになるのか。この否定によって、一異門破の構造が成り立つと。そういう議論ですよね。そうやって、倫理面に一異門破の構造を読み取っていこうとする。たとえばキリスト教の予定説では救済される者は決まっているとプロテスタントは主張するわけですが、そんなことを全然前提としない理論で、これはよくできてると思うわけです。決定論からもっとも離れた思想が「空」の思想なわけです。

〔編者考察：ここでは固定化された倫理観・人間観を論破するために共存が否定されているようではあるが、共存が真に成り立つのは不一不異の構造においてなのだと後に肯定されてくる。後述の「質疑応答」で「共存」とライプニッツの「共可能（compossible）」について説明される〕

【第七章　行によって作られたものの考察――「三世実有法体恒有」を「不生不滅」にバージョンアップする】

第七章　行によって作られたもの（有為法、saṃskṛta-dharma）の考察

一．【「行によって作られたもの（有為法）」には、「生《しょう》」（生起相）、「住《じゅう》」（持続相）、「滅《めつ》」（消滅相）の三相があると説く説一切有部の思想に反論する】

もし「生」（生起相）が、「行によって作られた（有為）」なら、そこには〔さらに〕三つの相（生起相、持続相、消滅相）があることになる。またもし「行によって作られていない（無為）」のなら、どうして「行によって作られたもの（有為法）」の相があろうか？

二．「生」などの三相が、もし三つともばらばらのものであるなら、それらを有為法が相として具えているというに充分ではない。もし一緒にあるというのなら、どうしてそれらが同時に同じところにあり得ようか？

三．もし「生」、「住」、「滅」の三相のうちに、さらに「生」の「生」、「生」の「住」、「生」の「滅」などの有為相があって、それによってそうした変化が起こっているのだとすると、悪無限（無窮《むぐう》）に陥る。もしもこれらの三相が、他の有為相を持つことなく、

そうした変化が起こっているのだとすると、それらの「生」、「住」、「滅」は有為法ではないことになる。

四.【反論】「生」の生じること（「生生」）は、ただ根源的な「生」（自性あるものとしての「生」、「本生」）を生じさせるに過ぎない。さらに「本生」は「生」の生じること（「生生」）を生じる。

五.【答え】あなたによると、「生生」から「本生」が生じるということだが、「本生」からいまだ生じていない「生生」が、どうやってその「本生」を生じるのだろうか？

六.あなたによると、「本生」から生じた「生生」から、「本生」が生じるということだが、「生生」からいまだ生じていない「本生」が、どうやってその「生生」を生じるのだろうか？

七.もしいまだ生じていない「本生」が、「生生」を生じ得るのであれば、「今生じつつある本生」が、（同時に）思うままに「生生」を生じることになるであろう。（＊「今去りつつある者」が去る、というのと同じで、二重化が起こるのでこれは成りたたない。）

八.【反論】灯がみずからと他のものをともに照らすように、「生」もまたそれ自体（自性）と他のものをともに生じさせるのであろう。

九.【答え】灯のうちにも、灯のある場所にも闇は存在しない。灯は何を照らすのか？というのも、照らすというのは闇を滅ぼすことなのだから。

一〇.「今生じつつある灯火」によって、どうして闇が滅ぼされるであろうか？　というのも、「今生じつつある灯火」はいまだ闇には達していないのに。（＊「闇が滅ぼされる」ことによって、「照らす」というはたらきが生じ、それによって「照らすもの」としての灯火も生じることになるので、これは「今去りつつある者」が去る、という場合と同じく成りたたない。「見る者」⇅「見るはたらき」⇅「見る対象」のように、二重化のあらわれが三段階になる例については第三章を参照のこと）

一一.　あるいは、もし闇に達していなくても、灯火が闇を滅ぼすというのであれば、ここに留まっている灯火が、全世界の闇を滅ぼすことになるであろう。

一二.　もしも灯火がそれ自身と他のものをともに照らすのであれば、闇もまたそれ自身と他のものをともに暗くすることは間違いない。

一三.　いまだ生じていない「生」が、どうしてそれ自体を生じるであろうか？　あるいは、すでに生じた「生」がそれ自体を生じるなら、すでに生じたのにどうしてさらに生じられるのであろうか？

一四.「今生じつつあるもの」も、「すでに生じたもの」も、「いまだ生じていないもの」も、決して生じない。（第二章の）「今去りつつある者（去時）」、「すでに去った者（已去）」、「いまだ去らない者（未去）」についてすでに説明した通りである。

一五.「今生じつつあるもの」が、「生」に至らないときに、どうしてこの「生」を縁として、「今生じつつあるもの」があると言われ得るであろうか？

一六．およそ縁によって生じるものは、すべて本来的に〔無自性で〕寂静である。それゆえ「今生じつつあるもの」も、「生」もまた寂静である。

一七．もし「いまだ生じていないもの」がどこかに存在し、それが生じてくると言うのであれば、どうしてそれがさらに生じてくる必要があるのか？

一八．もしもこの「生」が、「今生じつつあるもの」を生じるのであれば、その「生」をさらにいずれの「生」が生じるであろうか？

一九．もしも他の「生」がこの「生」を生じるのだとすると、「生」は悪無限（無窮）に陥ってしまう。また「生」なくして生じるとするなら、一切がそのようにして生じることになってしまうだろう。

二〇．つまるところ、有が生じるということはあり得ず、無が生じるということもあり得ず、有であって〔ときに〕無であるものが生じるということもあり得ない。このことは（第一章、第二章で）すでに説明した通りである。

二一．「今滅しつつあるもの」が生じることはあり得ない。しかしながら、「今滅しつつあるのでないもの」もあり得ない。

二二．「すでに住する（持続する）もの」が、さらに住する（持続する）ことはない。「いまだ住する（持続する）ことのないもの」も、また住する（持続する）ことはない。「今住する（持続する）もの」も、また住する（持続する）ことがない。「いまだ生じたことのないもの」が、どうして住する（持続する）ことがあろうか？

二三．「今滅しつつあるもの」が、住する（持続する）ということはあり得ない。また、「今滅しつつあるのでないもの」もあり得ない。

二四．あらゆるものが、つねに老と死という性質を備えているのであるから、いかなるものが、老と死なくして永遠に住する（持続する）であろうか？

二五．「住」（持続相）の住する（持続する）ことは、他の「住」（持続相）によっても、それ自身によってもあり得ない。それは「生」の生じることが、それ自身によっても、他因によってもあり得ないようなものである。

二六．「いまだ滅さないもの」が、滅することはない。「すでに滅したもの」も、滅することはない。また同様に「今滅しつつあるもの」も、滅することはない。

二七．まず、「すでに住する（持続する）もの」が、滅することはあり得ない。また「いまだ住する（持続する）ことのないもの」が、滅することもあり得ない。

二八．ある状態のものが、同じ状態によって滅するということはあり得ない。また違う状態によっても、最初のある状態が滅するということはあり得ない。

二九．一切のものに「生」があり得ないとき、いかなるものにも「滅」はあり得ない。

三〇．まず、有であるものの「滅」はあり得ない。というのも、あるものが有であって無であるということは、一つのものにおいては起こり得ないからである。

三一．無であるものの「滅」も、またあり得ない。〔ありもしない〕第二の頭を斬り落とすことがないようにである。

三二．滅することは、それ自身によってはあり得ない。滅するということは、他因によってもあり得ない。それは「生」の生じることが、それ自身によっても、他因によってもあり得ないようなものである。

三三．「生」と「住」と「滅」が成立しないのだから、「行によって作られたもの（有為法）」は成立しない。「行によって作られたもの（有為法）」が成立しないとき、どうして「行によって作られないもの（無為法）」が成立するであろうか？

三四．「生」も「住」も「滅」も、幻のごとし、夢のごとし、蜃気楼のごとしと諸仏によって説かれている。

〔編註：本章は説一切有部の三世実有説が具体的に登場するという内容と、その詩頌の分量が『中論』で二番目に長いことから、古来重要視されてきたところである〕

次に行ってみましょう。第七章の「行によって作られたもの（有為法）の考察」。これがちょっと引っかかるところで、「行によって作られた（有為）もの」。これを「有為法《ういほう》」というんですけれど、ここでちょっと訳が難しいのは、「行」というものですね。原語で「サンスカーラ」というのですけれど、行は〔編註：五蘊の〕色・受・想・行・識の「行」であり、振る舞い〔編註：業〕なんだけれども、これは二重の意味があって、行という〔編註：能動的〕「振る舞い」（業）があると同時に〔編註：受動的に〕「条件付けられた、形成されたもの」という意味があるんです。これは「はたらき」から「はたらき」の主体ができるみたいな形で、この場合は「はたらき」から「はたらき」の対象が生まれてくるというものですね。「見られる対象」⇅「見るはたらき」⇅「見る主体」の三段活用と同じで、「はたらき」⇅「はたらきの対象」というループがあって、ここでも一異門破の関係が成立しています。もともとサンスカーラに二重の意味があるので、「作られたもの」という〔編註：受動的な〕ほうが「もの」として見た場合。「サンスクリタダルマ」、漢訳で「有為法」と呼ばれます。今度はこれについて考察していきますね。この第七章は「不生不滅」に関わっている場所ですよ。【☞行と有為法については一六章 繋縛と解脱の考察 を見よ】【行については第一三章 諸行（saṃskāra）の考察を見よ】

「縁起とは一切有為法についてのものである」という考え方が仏教にはあります。いわゆる十二支縁起だけではなく、何かが生じる場合、それは「行によって作られたもの（有為法）」として生じるのだ、という主張ですね。「行」と「有為法」についての議論は、この世のあらゆるものの生滅をめぐる議論なんですね。そして説一切有部は、生じたものには「生」

（生起）、「住」（持続）、「滅」（消滅）という三つの相がともなうという説を唱えますが、ここではそれが否定されることになります。〔編註：ここで説一切有部の三世実有法体恒有説が説明され、三世と「生・住・滅」の関係が説かれ、かつ論破される〕

一．【「行によって作られたもの（有為法）」には、「生《しょう》」（生起相）、「住《じゅう》」（持続相）、「滅《めっ》」（消滅相）の三相があると説く説一切有部の思想に反論する】

もし「生」（生起相）が、「行によって作られた（有為）」なら、そこには〔さらに〕三つの相（生起相、持続相、消滅相）があることになる。またもし「行によって作られていない（無為）」のなら、どうして「行によって作られたもの（有為法）」の相があろうか？

もし「生」が「行によって作られたもの」有為法であるなら、「生」だけでも「生」（生起）、「住」（持続）、「滅」（消滅）という三相があるはずだとナーガールジュナは指摘します。もちろん「住」にも「滅」にもそれぞれ三相あるだろうということですね。逆に言うと、有為法にはすべて「生・住・滅」の三相があるというならば、「生」や「住」や「滅」そのものは有為法ではないのか？　原因なく生じているのかと問うているわけです。

また同じ一つの有為法が変化してそれらの相を持つという反論を予期して、次のように論駁します。もし生・住・滅というのが全部ばらばらであるならば、同じ有為法が変化してそれらを持つことにはならないし、一緒にあると言うのであれば、変化はそもそも起こっていないことになる。要するにあらゆる運動と同様に変化や生滅というものはミニマムに、「一異門破」的に捉えないと一本調子になるとナーガールジュナは考えているのでこういう言い方になるわけです。それが【七－二】で言いたかったことですね〔編註：説一切有部は、法の「生起」とはダルマが未来から現在に現れ出ることであり、法の「消滅」とはそれが現在から過去に去ることである。現在を見ると一瞬で現れ消えているように見えるダルマは、未来においても現在においてもあり、過去においてもあるのだという説を取る、【事前確認事項3】参照〕。さらに【七－三】では、「もし「生」、「住」、「滅」の三相のうちに、さらに「生」の「生」、「生」の「住」、「生」の「滅」などの有為相があって、それによってそうした変化が起こっているのだとすると、悪無限（無窮）に陥る」とも述べていますが、この最後の部分を「無限遡及になる」という風に訳しているものもあるんですが、無限遡及というとだんだん原因の連鎖が大きくなっていくイメージじゃないですか。これは違うと思うんですよ。内部に細かくどんどん必要条件を足して行けるということで、ゼノンのパラドクスみたいにどんどん細分化してしまう無窮だと思うんです。時間的な変化に対してそれが言えてしまう。それを言うなら一異門破的な無限小の変化の概念で語るべきだとナーガールジュナは考えるわけですが、あえて相手側に反論させてから論破しようとします。

四．【反論】「生」の生じること（「生生」）は、ただ根源的な「生」（自性あるものとしての「生」、「本生」）を生じさせるに過ぎない。さらに「本生」は「生」の生じること（「生生」）を生じる。

五．【答え】あなたによると、「生生」から「本生」が生じるということだが、「本生」からいまだ生じていない「生生」が、どうやってその「本生」を生じるのだろうか？

六．あなたによると、「本生」から生じた「生生」から、「本生」が生じるということだが、「生生」からいまだ生じていない「本生」が、どうやってその「生生」を生じるのだろうか？

七．もしいまだ生じていない「本生」が、「生生」を生じ得るのであれば、「今生じつつある本生」が、（同時に）思うままに「生生」を生じることになるであろう。（＊「今去りつつある者」が去る、というのと同じで、二重化が起こるのでこれは成りたたない。）


【七－四】が説一切有部の反論ですね。「生」が生じること（生生）は、「生」が生じるという原理の本体が生じていること（本生）でもあるのだと主張して、「悪無限（無窮）に陥る」という反論に答えようとします。ここは二重化のロジックを欺瞞的に使って、原因と結果がお互いを成立させあう最小限のループで話を終わらせようとするんですが、まんまとナーガールジュナの罠にはまりました。（笑）この論法は典型的な一異門破の論破の対象ですよね。案の定「生生」が「本生」を生ぜしめる〔編註：「生生」からその本体である「本生」を仮定してつくった〕のであるとするならば、「本生」によっていまだ生ぜられていない「生生」が、どうしてその「本生」を生ずるであろうかと、結果（本生）からどうして原因（生生）ができてくるんだとナーガールジュナが批判しています。いろいろ説一切有部の用語が出てきますが、議論としては第二章に現われたのと同じ典型的な展開をしていますね。原因とされるものも結果とされるもの、そのいずれも独立的、実体的に考えてはならないし、その両方が同時に働いて「生」（生起）をもたらすのでもない。原因と結果についての議論では、どちらかが先にあるとか、後にあるとか、同時にあるとかいうことが重要になってきますが、逆に言うと説一切有部はこれらをすべて実体的に捉えているわけです。ところで【七－一〇】では面白いことを言っています。続けて引用します。

一〇．「今生じつつある灯火」によって、どうして闇が滅ぼされるであろうか？　というのも、「今生じつつある灯火」はいまだ闇には達していないのに。（＊「闇が滅ぼされる」ことによって、「照らす」というはたらきが生じ、それによって「照らすもの」としての灯火も生じることになるので、これは「今去りつつある者」が去る、という場合と同じく成りたたない。「見る者」⇅「見るはたらき」⇅「見る対象」のように、二重化のあらわれが三段階になる例については第三章を参照のこと）

一一．あるいは、もし闇に達していなくても、灯火が闇を滅ぼすというのであれば、ここに留まっている灯火が、全世界の闇を滅ぼすことになるであろう。
一二．もしも灯火がそれ自身と他のものをともに照らすのであれば、闇もまたそれ自身と他のものをともに暗くすることは間違いない。

【七－一〇】は、今生じつつある灯火はいまだ闇には達していないので、闇を滅ぼすことができない、つまり灯火と闇が別異で切り離されているなら作用は起こらないとか、【七－一一】ではもしも灯火が闇に達していなくても、灯火が闇を滅ぼすのであるならば、ここに存在する灯火が全世界にある闇を滅ぼすことになるだろうとか、なかなか突飛です。この奇妙な言い方なんですけれども、原因は結果と別のものとして自性を持っているわけではないということをひたすら語っているわけなんです。そうであるならば逆に【七－一二】のように、闇もそれ自体と他のものを暗く覆って暗くしてしまうことは疑いないとまで言うんですが、この辺は光と闇の二元論そのものに対するナーガールジュナ的な解答で大きいと思うんですよ〔編者考察：現実には光と闇は互いに消滅しつくすことなく「共存している」という事実は二項対立を超えている〕。

そして【七－一三】では「すでに生じたものが、さらにどうして生じるのであろうか」とか、【七－一四】に「今生じつつあるもの」も、「すでに生じたもの」も、「いまだ生じていないもの」も決して生じない、とありますが、これがまさに「三時門破」です。

一三．いまだ生じていない「生」が、どうしてそれ自体を生じるであろうか？　あるいは、すでに生じた「生」がそれ自体を生じるなら、すでに生じたのにどうしてさらに生じられるのであろうか？

一四．「今生じつつあるもの」も、「すでに生じたもの」も、「いまだ生じていないもの」も、決して生じない。〔第二章の〕「今去りつつある者（去時）」、「すでに去った者（已去）」、「いまだ去らない者（未去）」についてすでに説明した通りである。

注意すべきなのは、ここで三時門破をやって「生生」を否定しているんだけれども、ただ自性あるものとして「生生」を否定したと言うだけなんですよね。なので、よくよく考えてみると、説一切有部をいちいち否定しているようでありながら、空性であるという状態において、ふたたび肯定はしているんですよ。そして、【七－一六】がまた気になるところです。

一六．およそ縁によって生じるものは、すべて本来的に〔無自性で〕寂静である。それゆえ「今生じつつあるもの」も、「生」もまた寂静である。

いきなり仏教の核心が（！）、とも思いますが、唐突に「縁起による寂静」という結論が出ています。「寂静」なので、この時、輪廻についても考えていると思うんですね。縁起や輪廻は、自性あるものとしては肯定しないが否定もしない。そして空性においては「寂静」だと言うんです。この後は「住」と「滅」についても丁寧に三時門破が展開されていきます。「生」について語ったのと同じになることを全部繰り返して確認して行くんです。たとえば【七−二六】では「滅」について「三時門破」をやってますね。

二六．「いまだ滅さないもの」が、滅することはない。「すでに滅したもの」も、滅することはない。また同様に「今滅しつつあるもの」も、滅することはない。

このように「三世実有法体恒有《さんぜじつうほったいごうう》」を可能性として一つ一つ潰しながら、自己によっても、他者によっても滅せられない、ということをここで語ってしまいました。ここまでの議論で主語を立てずにまんまと「不生不滅」が言えたわけです。これこそが仏教のもっとも語りたいことの一つですよね。あとでもっと詳しい議論が展開されますが、とりあえずここではまだ匂わせている感じです。生滅の問題では説一切有部との激しい論争が繰り広げられますが、ここはまだその序の口です。

【第八章「業（karman）」と「業の主体（kāraka、作者《さしゃ》）」の考察――いかに業がなりたつか】

【☞変形一異門破については第一四章　合一と別異についての考察を見よ】

第八章「業（karman）」と「業の主体（kāraka、作者《さしゃ》）」の考察

一．【「業の主体」が「業」を作ると、それによって有為法が成立する、という反論に答える】すでに存在する「業の主体」は、すでに存在する「業」をあらためて作ることはない。いまだ存在していない「業の主体」は、いまだ存在していない「業」を作ろうと試みはしない。

二．すでに存在する「業の主体」にとって、「業を作る行為（業、karman）」はこのうえ必要ではない。そうなると「業を作る行為（業、karman）」は「業の主体」を持たないものになるであろう。すでに存在する「業の主体」は「業を作る行為（業、karman）」をなさない。そうなると「業の主体」は「業を作る行為（業、karman）」を持たないものになるであろう。

三．もしもいまだ存在していない「業の主体」が、いまだ存在していない「業を作る行

為（業、karman）」をなすのだとすると、「業を作る行為（業、karman）」は原因を持たないもの（無因）になる。そうして「業の主体」も原因を持たないもの（無因）となるだろう。

四．原因が存在しない（無因）なら、結果も補助因も存在しない。原因と結果が存在しないから、「業を作る行為（業、karman）」も「業の主体」も補助因も存在しない。

五．「業を作る行為（業、karman）」等が存在しないのであれば、善と悪の行為は存在せず、それらから生じる報いも存在しない。

六．果報がないなら、解脱や天にいたる道もあり得ず、そうして一切の行為は無意味になってしまうだろう。

七．すでに存在し、かついまだ存在しない「業の主体」が、すでに存在し、かついまだ存在しない「業を作る行為（業、karman）」をなすことはない。なぜならば、互いに相容れない存在することと存在しないことが、どうして一つのものとしてあり得るだろうか。

八．すでに存在する「業の主体」によって、いまだ存在しない「業」が作られることはない。いまだ存在しない「業の主体」によって、すでに存在する「業」が作られることもない。なぜならば、これまでに説明した一切の誤りがもたらされるからである。

九．すでに存在する「業の主体」が、いまだ存在しない「業」を作ることはない。またすでに存在し、かついまだ存在しない「業」を作ることもない。それはすでに述べたもろもろの理由による。（本章の第二偈などを参照のこと）

一〇．いまだ存在しない「業の主体」もまた、すでに存在する「業」を作ることはない。またすでに存在し、かついまだ存在しない「業」を作ることもない。それはすでに述べたもろもろの理由による。（本章の第三偈などを参照のこと）

一一．すでに存在し、かついまだ存在しない「業の主体」が、すでに存在する「業」を作ることはない。またいまだ存在しない「業」を作ることもない。それはすでに述べたもろもろの理由による。（本章の第七偈などを参照のこと）

一二．「業を作る行為、（業、karman）」によって「業の主体」がある。また「業の主体」によって「業を作る行為、（業、karman）」は起こる。（これらの両者を別々に先に想定することはできない）これ以外に両者が成立する根拠をわれわれは見いださない。

一三．このように「業の主体」と「業を作る行為、（業、karman）」（行）を〔自性あるものとして〕立てることを否定したのだから、〔執着の対象としての五〕取〔蘊と、それに執着する者（取者）〕についても同様に理解されるべきである。他のあらゆることについても、「業を作る行為、（業、karman）」と「業の主体」について説明したように理解されるべきである。

第八章では「業（karman）」と「業の主体（kāraka、作者）」の考察というものが出てきますね。中村訳だとちょっと訳しすぎな気がして、「行為」と「行為主体」になっていますが、行為は業ですから、カルマの話なんです。カルマの主体はあるかないかっていうことですね。そして【八－一】、【八－二】では、三時門破で「業の主体」について考察しています。このとき、すでに存在する「業の主体」というのは「今」の「業の主体」のことで、すでに「業の主体」になっているのにさらに「業を作る行為（業、karman）」をなすというのは二重になる、というので否定しています。

二．すでに存在する「業の主体」にとって、「業を作る行為（業、karman）」はこのうえ必要ではない。そうなると「業を作る行為（業、karman）」は、「業の主体」を持たないものになるであろう。すでに存在する「業の主体」は「業を作る行為（業、karman）」をなさない。そうなると「業の主体」は「業を作る行為（業、karman）」を持たないものになるであろう。

そしてこれは一異門破の変形パターンにもなっていて、スライドを持ってきたんですが、こういう形になっているんですね。（図9）二重化を二重にやっているんですよ。つまり「業の主体」と「業」の間で二重化が起こっていて、「業」と「業の主体」が両方原因でぐるぐる回っている。そして「業」と「有為法」の間でも二重化が起こっているのです。こんな風に一異門破を丁寧に展開しましたバージョンというのがいくつかあるんですね。

そういうものが今回だと第三章、第一四章でも出てくるんですよ。「見る主体（眼識）」と「見るはたらき（眼根）」と「見られる対象（色）」とで、変形一異門破パターンを展開します。そうしたものの一つのバージョンですね。変形技を使ってきた感じ。そして【八－四】です。

> 四．原因が存在しない（無因）なら、結果も補助因も存在しない。原因と結果が存在しないから、「業を作る行為、（業、karman）」も「業の主体」も補助因も存在しない。

《原因が存在しないなら、結果も補助因も存在しない》とか、《「業を作る行為（業、karman）」も「業の主体」も補助因も存在しない》とかいろんなことをいっています

第八章　業と業の主体の考察における「一異門破」の変形パターン

業の主体
↓　↑［二重化］
業
↓　↑［二重化］
有為法

「はたらき」と「はたらきの主体」の二重化による「一異門破」とは違い、二重化の作用を二段階で繰り返して三項で「一異門破」を語っている。

図9

ね。この「補助因」というものが「業の主体」を補助することによって業が作られるというんですが、そもそも「業を作る行為（業、karman）」や「業の主体」がなければ「補助因」も「補助因」たりえません。考え方としては一異門破なんですが、「補助因」を混ぜることで変形して使っているわけです。それでその先はというと、三時門破の場合と同じで、【八－五】、【八－六】、【八－七】で自性あるものとしてはそれらすべてを否定しています。

五．「業を作る行為（業、karman）」等が存在しないのであれば、善と悪の行為は存在せず、それらから生じる報いも存在しない。
六．果報がないなら、解脱や天にいたる道もあり得ず、そうして一切の行為は無意味になってしまうだろう。
七．すでに存在し、かついまだ存在しない「業の主体」が、すでに存在し、かついまだ存在しない「業を作る行為（業、karman）」をなすことはない。なぜならば、互いに相容れない存在することと存在しないことが、どうして一つのものとしてあり得るだろうか。

一見すると、「これを言っていいのか？」という気がしますね。つまり「業を作る行為も業の主体も存在しない」「果報も解脱も存在しない」とまで言われていて、それだと「倫理を全部否定しているじゃないか！」という話になるのですが、しかし、ここまで読んでわかるのが、ナーガールジュナは批判していることを本当には否定していないんですよ。「自性あるものとして立てるとおかしいですよ」と言いたいだけなんです。「あ、そうなんだ。否定しているように見えるだけなんだな」ということにひとつ気がつく箇所なんですね。

そして業について【八－七】【八－八】【八－九】では、さらに「三時門破」的な発想で批判しています。またここで、「業の主体」があるという考え方が否定されましたが、これは今後プドガラ説が全面批判されていくという伏線になっているわけですよ。

【第九章　三時門破と第四レンマについての考察――さらに業と業の主体を考える】

第九章　三時門破と第四レンマについての考察

一．「見るはたらき（眼根）」、「聴くはたらき（耳根）」、また「受（感官による感受）」などは、それらよりも先に存在する主体に属しているとある人々（＊犢子部《とくしぶ》）は述べる。

二．というのも、存在しないものにどうして「見るはたらき（眼根）」などがあるだろうか？　それゆえそれらのはたらきより前に確立されている者があると言うのである。

三．「見るはたらき（眼根）」、「聴くはたらき（耳根）」、また「受（感官による感受）」より前に確立されている者は、では何によって知られるのであろうか？

四．もしも「見るはたらき（眼根）」などがなくても、すでに確立された者が存在しているのであれば、その確立された者がいなくても、「見るはたらき（眼根）」が存在するであろうことは間違いない。

五．ある物によってある者は照らされ、ある者によってある物が照らされる。ある物がないのに、どうしてある者があり得ようか？　ある者がないのに、どうしてある物があり得ようか？

六．【反論】あらゆる「見るはたらき〔眼根〕」などに、先立つ〔人格的な〕ある者は存在しないが、互いに異なった「見るはたらき〔眼根〕」などがあり、めいめい機会に応じて別様にそれ〔自体〕が顕れてくるのである。

七．【答え】あらゆる「見るはたらき〔眼根〕」などに、先立つある者が存在しないのであれば、どうして「見るはたらき〔眼根〕」などの一つ一つに、めいめい先立つ者があるというのだろうか？

八．もしも「見る主体」と、「聴く主体」と、また「受〔感官による感受〕の主体」とが同じであるなら、それら一つ一つのはたらきに先立って存在しうるであろうが、そのようなこと（＊おのおのの感官のはたらきがそれぞれに自性をもってあらかじめ存在しており、感官の対象を通じて機会原因的に顕れてくる、という見解）は理に合わない。

九．またもし「見る主体」と、「聴く主体」と「受〔感官による感受〕の主体」とが別のものであるなら、「見る主体」があるとき、〔別の〕「聴く主体」があるということになるだろう。そうするとアートマン〔主体〕は複数あることになるであろう。

一〇．もし「見るはたらき〔眼根〕」、「聴くはたらき〔耳根〕」、また「受〔感官による感受〕」が、四大から生じてくると主張するにしても、それら四大のうちにはアートマン〔主体〕は存在しない。

一一．「見るはたらき〔眼根〕」、「聴くはたらき〔耳根〕」、また「受〔感官による感受〕」が、アートマン〔主体〕にとって存在しないのなら、それらのはたらきも存在しない。
一二．しかも「見るはたらき〔眼根〕」や「聴くはたらき〔耳根〕」にとって〔三時門破によって〕以前にも、同時にも、以後にも存在しない者については、〔これらは「同時に」を「今」とする第三レンマの考え方であり、それらがすべて否定されたので〕有るとか無いとかの判断は、〔第四レンマ的に、「どちらでもない」というかたちで〕留保されることになる。

〔編註：桂紹隆・五島清隆『龍樹『根本中頌』を読む』では清水訳で「確立されている者」、中村訳で「定住しているもの」を〈ひと〉と翻訳した上で、「本章で「〈ひと〉」の原語「プドガラ」は登場しないが、文脈上読みこんで翻訳する」とある〕

そして第九章「三時門破と第四レンマについての考察」では、また知覚主体の問題を蒸し返します【☞第三章　認知能力の考察を見よ】。これはだから五蘊の中の話を全部これで否定していくということです。【九－一】です。

一．「見るはたらき〔眼根〕」、「聴くはたらき〔耳根〕」、また「受〔感官による感受〕」などは、それらよりも先に存在する主体に属しているとある人々〔＊犢子部〕は述べる。

見るはたらき、聴くはたらきなど以前に、「確立された者」〔編註：中村訳で「定住しているもの」〕があるという言い方をしてますが、要するに「感受作用を持つものは、感受するはたらきよりも先に存在する」と犢子部の人々は主張している。しかし「はたらき」より先に「はたらきの主体」が先に存在するというのはありえないという指摘ですね〔編註：「はたらき」から「主語」をだしたのであり、もとから「主語」があったのではない〕。この「確立された者」というのがつまりは「プドガラ」で、輪廻の主体としてこれを立てたのが犢子部や正量部の「プドガラ説」です。このプドガラ説というのは、輪廻している主体は五蘊と別のものでも同じものでもないと主張したのですが、そのこと自体をあたかも「主語的に」立ててしまったわけです。

輪廻の主体が五蘊と同じだとすると、死によって断滅してしまって輪廻すら起こらないことになるし、五蘊と別異だとすると不滅のアートマンのような自我を想定することになり、無我が説かれる仏教としてあり得ない。それで苦肉の策としてこのプドガラというものが案出された。つまりそういう第四レンマが主体の数だけうじゃうじゃいるっていうことになったんですが、「同じでもなく異なってもいない」という状態そのものが万象のあり方として構造的に定義できれば、もはやプドガラを持ち出す必要すらないんですよ。それでその状態自体の定義を認知論的に延々とやっているというのが、『中論』のこのあたりの展開なんです。「あらゆる「見るはたらき〔眼根〕」などに、先立つ〔人格的な〕ある者は存在しない」

ことは【九－五】までに明確に述べられていますよ。さらに反論が続きます。


六．【反論】あらゆる「見るはたらき（眼根）」などに、先立つ（人格的な）ある者は存在しないが、互いに異なった「見るはたらき（眼根）」などがあり、めいめい機会に応じて別様にそれ（自体）が顕れてくるのである。

七．【答え】あらゆる「見るはたらき（眼根）」などに、先立つある者が存在しないのであれば、どうして「見るはたらき（眼根）」などの一つ一つに、めいめい先立つ者があるというのだろうか？

八．もしも「見る主体」と、「聴く主体」と、また「受（感官による感受）の主体」とが同じであるなら、それら一つ一つのはたらきに先立って存在しうるであろうが、そのようなこと（＊おのおのの感官のはたらきがそれぞれに自性をもってあらかじめ存在しており、感官の対象を通じて機会原因的に顕れてくる、という見解）は理に合わない。

九．またもし「見る主体」と、「聴く主体」と「受（感官による感受）の主体」とが別のものであるなら、「見る主体」があるとき、（別の）「聴く主体」があるということになるだろう。そうするとアートマン（主体）は複数あることになるであろう。


反論者が語っているのは、「見る主体」⇅「見るはたらき」⇅「見られる対象」の三段活用のうち、最初犢子部が「見る主体」⇄「見るはたらき」の関係について、あらかじめ「見る主体」があるから「見るはたらき」もあるのだと語られていた。それが否定されたので、「見るはたらき」⇄「見られる対象」の方に議論をスライドして、やはり先に「見るはたらき」があって、「見られる対象」をきっかけとして機会に応じてそれが次々現れてくると主張したわけです。

するとたとえば【九－九】で語られるように「見る主体」と「聴く主体」がばらばらになってしまい、アートマンが分裂してしまう。だからなんらかの人格的な主体を想定することを完全否定するのもまずくて、「見る主体」と「見るはたらき」、「見るはたらき」と「見る対象」は一異門破的なものとしてあり、それらのおのおのが独立して自性をもって存在するというのがおかしいと。一異門破の「⇄」この部分が第四レンマであって、五蘊とプドガラが「同じでも別異でもない」というより、そこまで話が大きくなる以前に五蘊の段階、十二支縁起の各支分が成立する段階で、すでに自性あるものとしての主体が消滅してしまうことがこれから具体的に分析されていきます。十二支縁起は第二六章で非常に丁寧に読み直していますね。プドガラ説は、あれほど無我説とぶつかるものを何故立てたかというと、輪廻というものが成立しなくなるからなんですが、自性あるものとしての主体をいちいち立てないで、運動や変化の問題、認知の問題、原因と結果についての考察で構造的に第四レンマを語ればいい、またそれを八不というかたちで絞り込めばいいというアイデアは、このプドガラ説との対決から閃いたのだと思います。

また輪廻についても、自性ある主体を立てないことによって、十二支縁起の支分の時点で、それらを繰り返し一巡するような主体は寂滅してしまう。なので輪廻ということ自体についても、肯定も否定もしなくていい（無記でいい）という立場を採れるようになります。あるいは無自性にして空なることを洞察せず、主体化に引っ張られると様態としては輪廻の構造に陥ってしまう、ということを自分は無我説のまま主張できるわけです。

「見るはたらき」に先立つ「見る主体」はない、という考え方は、当然時間の問題と関わっています。第一九章の「時間の考察」で詳しく論じられますが、ナーガールジュナは時間をただ漫然と過去から未来へと流れるものとは考えないし、説一切有部のように未来からやってきてそのまま過去に落謝《らくしゃ》してゆくものとも思っていない。つねに「⇅」こういう関係を考えています。第二六章でナーガールジュナが十二支縁起を詳しく論じ直していると言いましたが、先に出た「行」もそうですが「行」と「識」、「識」と「名色」、「名色」と「六処」のように単独や二つくらいの支分ですでに一異門破的なループ構造が出てくるものばかりです。要するに十二の支分が一つ一つただ順番にあるというよりは、あちこちで乱流のようにそうしたループが起こっていると見るべきなんです。そういうものをたとえば「識」のユニットのなかにぎゅっと詰め込んだのが、「唯識」の考え方なんだと思うんですよね。

それで唯識の考え方にまでなると、例えば見分、相分の何らかのインタラクションの中で、「対象というものがはっきりある」という、それへの執着が起こってくる。それがつまり十二支縁起で「取」と呼ばれるものですよね、そういう「こだわり」が出てくるんですが、実は意識とか眠っているときにはたらく末那識とか、阿頼耶識とか、六処〈認知のはたらき、眼根・耳根・鼻根・舌根・身根・意根〉の主体であるところの実在も、そうした過程で事後的に確かになってくるわけです。そうした情念というものがそのはたらきの中で、自己の再生産をしていると考えられ、しかもこの「識」のユニットが別の「識」のユニットの相分に同時に入ったりもすることから、華厳などの世界観が生まれてくる。もちろん唯識も「識」どうしの相互関係を想定しているわけですが、別の方向性としては特定の対象世界と身体的な条件を超えて、何か自己生成している働きがあるであろうということも、普通に考えられると思うんですね。しかし「それがプドガラである」とか〈編註：素朴に〉いい出すと、ちょっとおかしい感じになっていく。それに対する絶妙な軌道修正がナーガールジュナの『中論』であった。そう言ってもいいと思います。そんなわけで、次は第一〇章に進んでみましょう。

【第一〇章「火と薪（燃料）」の譬えについての考察――業と業の主体を考え続け、ついに「五求門破」が登場】

第一〇章「火と薪（燃料）」の譬えについての考察

一．もし「火と薪（燃料）とが同じである」なら、「業の主体」と「業」は一体であることになるだろう。またもし「火と薪（燃料）とは別異である」のならば、薪（燃料）が無くとも火があることになるだろう。

二．また（薪（燃料）が無くとも火が燃えるのであれば）、火は永遠に燃え続けることになり、燃えるための原因を持たないものとなるだろう。また繰り返し薪（燃料）を足すことは意味をなさないことになるだろう。かくして火は燃焼作用をもたないことになる。

三．火は他者に依存しないので、燃える原因を持たないものとなり、つねに燃えていることになる。そして繰り返し薪（燃料）を足すことも無意味となるだろう。

四．これに関して、もし「燃えつつあるものが薪（燃料）である」と言うなら、この「燃えつつある」かぎりのものを、燃やすものは何であろうか？

五．薪（燃料）と別異な火（燃やすもの）は、薪（燃料）に到達することはないであろう。

いまだ到達していない火が、薪（燃料）を燃やすことはないであろう。また燃えないものは、消えることがないであろう。消えることのないものは、みずからの相を保ったまま存続するであろう。

六．もしも薪（燃料）と別異な火（燃やすもの）が、薪（燃料）に到達するなら、それは〔まったく異なったものである〕女が男を訪れ、男が女を訪れるようなものである。

七．もし薪（燃料）と火が排反的な関係にあり、異なるものであるならば、薪（燃料）とは別異なものである火が、望みのままに薪に到達するということになる。

八．もしも薪（燃料）によって火があり、また火によって薪（燃料）があるのであれば、両者のうちのどちらが先に成立していて、それによって火もしくは薪が生じることになるのか？

九．もしも薪（燃料）によって火が〔今、同時に〕あるのならば、すでに成立している火を薪（燃料）がさらに成立させることになる。さらにまた〔未来、もしくは過去の火のための、〕火のない薪（燃料）があるということになる〔が、それは厳密には薪（燃料）とは言えない。〕

一〇．あるもの甲が他のもの乙によって成立しているとき、その乙が甲によって成立している。先に成立するものによらねばならぬのだとすると、甲と乙のどちらにどちらがよることになるのだろうか？

一一．他のものによって成立するあるものは、いまだ成立していないのに他のものによるることがどうしてあろうか？　またもしすでに成立しているものが他のものによるのだとすると、そのものがさらに他のものによるというのは意味をなさない。

一二．火は薪（燃料）によってあるのではない。火は薪（燃料）によらずにあるのでもない。薪（燃料）は火によってあるのではない。薪（燃料）は火によらずにあるのでもない。

一三．火は〔同一でも、別異でもないと一異門破で語りうる〕薪（燃料）以外の原因から〔事後的に〕生じるのではない。薪（燃料）のうちにすでに火があるのでもない。〔火と〕薪（燃料）についての残りの議論は、「今去りつつある者（去時）」、「すでに去った者（已去）」、「いまだ去らない者（未去）」についての考察（第二章）においてすでに説明されている。

一四．さらに〔五求門破で〕①火と薪（燃料）は同一ではない、②火は薪（燃料）と離れて〔別異で〕はあり得ない、③火が薪（燃料）を持っているのでもない、④火において薪（燃料）があるのでもなく、⑤その薪（燃料）において火があるのでもない。

一五．アートマン（主体）と五蘊の関係が、火と薪（燃料）の譬えによって余すところなく説明された。瓶や布などといったあらゆるものについても、それによって残らず説明されたのである。

〔編者考察：火（agni）と薪（indhana）は漢訳だと「燃と可燃」、桂・五島訳だと「火と燃料」となっているが、「可燃」や「燃料」というと原題にはない二重化が既に起こってしまっているのではないか〕

「火と薪の考察」というのがあって、これはもう『中論』の中の論理的な説明の白眉と言っていいようなものですね。火と薪を譬えに出すというのは『相応部』のような初期仏典にもあって、ナーガールジュナも素材としてはそれを踏襲している感じです。例えば、「薪（燃料）とは別異な火（燃やすもの）」があって、それが「薪（燃料）に到達する」というのに対し、さらに【一〇－六】と【一〇－七】で出てくるのがなかなか不思議な譬喩で、その関係が「女が男を訪れ、男が女に訪れるようなものである」と言うんですね。

六．もしも薪（燃料）と別異な火（燃やすもの）が、薪（燃料）に到達するなら、それは（まったく異なったものである）女が男を訪れ、男が女を訪れるようなものである。
七．もし薪（燃料）と火が排反的な関係にあり、異なるものであるならば、薪（燃料）とは別異なものである火が、望みのままに薪に到達するということになる。

なんだか譬えは奇妙なんですが、これは前に出てきた共存（第六章「欲望によって汚れること」と「欲望によって汚れる者」の考察）の話と同じなんですね。最初に、自性のある男というものがあり、自性のある女というものがあって、その後お互いを訪れるというのは、火も実際に燃えない限り「燃やすもの」にもならないし、薪も「燃料」にならないのでおかしい。関係が生まれてから互いに発生しないとおかしいのに、別々に発生したものが事後的に合うというのは変だというわけです。僧侶が男女関係を例にだすと、ナーガールジュナといえども抽象的になりますね。（笑）「もし薪（燃料）と火が排反的な関係にあり、異なるものであるならば、薪（燃料）とは別異なものである火が、望みのままに薪に到達するということになる」とも述べていますが、望みのままに薪に到達したらもはや「別異なもの」とは言えませんよね。その後も「火（燃やすもの）のない薪（燃料）があることになる」（【一〇－九】）とか、丁寧な説明が続いています。

この薪と火の譬喩というのは、現代のアメリカの哲学者でグレアム・ハーマンという、オブジェクト指向存在論というものを唱えている代表的な人がいるんですが、その人も同じ譬喩を使うんですよ。イスラム思想の文献経由でこの譬喩を知ったらしい。イスラム思想の研究者に訊くと確かにナーガールジュナのこの譬喩はアラブに伝わっていたそうです。そして【一〇－一四】のところでついに「五求門破」が登場しますよ。

一四．さらに〔五求門破で〕①火と薪（燃料）は同一ではない、②火は薪（燃料）と離れて〔別異で〕はあり得ない、③火が薪（燃料）を持っているのでもない、④火において薪（燃料）があるのでもなく、⑤その薪（燃料）において火があるのでもない。

こう出てきて、「①火と薪（燃料）は同一ではない。」また②「火は薪（燃料）と離れて〔別異で〕はあり得ない」。まず最初に同一を否定して、次に別異を否定しますね。ここまでは「一異門破」です。「はたらくもの」と「はたらく対象」の間の一異門破。三番目に「③火が薪（燃料）を持っているのでもない」。これは具有ですよね。十分条件的に「火があるんだったら、薪（燃料）があるに違いない」ということを否定してきました〔編註：火があっても薪がないことはある〕。また「④火において薪（燃料）があるのでもない」。これは「③有する」と何が違うのかちょっと分かりにくいんですよね。とはいえ【一〇-一二】ですでに「火は薪（燃料）によってあるのではない」、「薪（燃料）は火によってあるのではない」と述べられているので、言い方を変えてきた感じでしょうか。中村元さんの『龍樹』だと一三六頁で五求門破が説明してありますが、ここだと、③は甲が乙を有すること。④は、甲が乙のより所であること、⑤乙が甲の上に依っているものであることを否定するものだと記していますよね。ただこの書き方だと、④の「甲が乙のよりどころであること」を、⑤で「乙が甲に依っている」と乙の側からただ言い直しただけ、という風にも受け取られなくもない。これだと論理的にまったく同値で意味がないし、実際にナーガールジュナは「火は薪（燃料）によってあるのではない」、「薪（燃料）は火によってあるのではない」などの例を検討しているので、解釈史のなかで捻れが生じている気がします。「火において薪があるのでもなく」「薪において火があるのでもない」という言い方をしている場合でも、明らかに倒置されています。〔編註：③必要条件として火であるためには薪の要素が必要である。④薪であるためには火の要素が必要である。清水先生による事前資料「『中論』読解：資料―いかに読み解くか」参照〕。

この五求門破の要素は最初は意識していなかったんですが、『中論』第一章から出てきているようにも思いますね。「〜によって」、「〜のうちに」という表現が出てきて、それが否定されるという例は【一‐五】あたりでもすでに出ています。ここでも、多角的に五種類のケースを検討して全部否定してしまいました。要するに一異門破を徹底した方法が五求門破になっているわけです。『中論』では「五種の探求」とかいろいろな呼び方で登場しますね。そしてですね。そして「アートマンと五蘊との関係が、火と薪（燃料）の関係によって、余すところなく説明された」と勝利宣言をして、この第一〇章が締めくくられていますね。

【第一一章　無始無終についての考察――ついに明らかになる「無始無終」の構造】

（ここまで一時間強、続けざまに集中して『中論』の講義をしたので、少しお茶を飲む）

少し喉を潤しましたが、このペースだと、むしろ時間が余りますかね（笑）。第一一章の「無始無終についての考察」というのが出てきましたね。

第一一章　無始無終についての考察

一．仏陀は輪廻の究極の始まりは知られ得ないと説かれた。なぜなら輪廻は無始無終であり、始まりも終わりも持たないからである。

二．始まりがなく、終わりがないものに、どうして中間があり得ようか？　それゆえ、ここでは前、後、同時（今）という三つの順序はいずれも成立しない。

三．（輪廻には終わりがないので）もしも「生」が前にあって、「老・死」が後にあるのであれば、「老・死」のない「生」があることになるであろう。そうして不死の人が生まれることになるだろう。

四．もしも「老・死」が前にあって、「生」が後にあるのであれば、その「老・死」は原因を持たないものとなる。いまだ生じない者に、どうして「老・死」があるであろうか？

五．ところで「生」が「老・死」と同時にあるということは不合理である。そうなれば、生じつつあるものが死ぬことになるだろう。また（生と死）の両者には原因がないことになるだろう。

六．前、後、同時（今）という三つの順序が成立しないのであれば、どうして「生」や「老・死」といったものについて戯論するのであろうか？

七．輪廻に究極の始まりがないというだけではなく、結果と原因、「相」と「相をもつもの」、「感受作用（受）」と「感受の主体（受者）」など、ありとあらゆるものについて、究極の始まりは存在しない。


さて、第一〇章までで「依他起性」（他因）の一異門破が完全に説かれたので、時間的連続性、「これが起こったからこうなったんだ」ということを解体していきます。中村訳で「前後の究極に関する考察」を「無始無終についての考察」と訳しました。これも言っておかないといけないことですよね。【一一－一】です。

一．仏陀は輪廻の究極の始まりは知られ得ないと説かれた。なぜなら輪廻は無始無終であり、始まりも終わりも持たないからである。

中村訳「偉大な聖者」とは仏陀のことですよね。仏教の時間論については第一九章「時間の考察」などたびたび『中論』のなかで説かれています。

二．始まりがなく、終わりがないものに、どうして中間があり得ようか？　それゆえ、ここでは前、後、同時（今）という三つの順序はいずれも成立しない。
三．〔輪廻には終わりがないので〕もしも「生」が前にあって、「老・死」が後にあるのであれば、「老・死」のない「生」があることになるであろう。そうして不死の人が生まれることになるだろう。

「生」が「老死」の前にある、と単純に言うのもおかしいということなんですね〔編者考察：その一つ、もしくは二つの支分がそれぞれ無始無終の構造（＝素朴目的因的な謬見ではショートサーキット・ループ）を持つ十二支縁起をどこまでも他因的に見てしまうと永遠の過去、永遠の未来のような架空のものができてしまうということか〕。また老死が先にあって後に生があるのであれば、老死は原因のないものになるとも指摘していて、これも一異門破の考え方なんですが、下手をしたら、ここでは十二支縁起の順番とか、それが順観・逆観になるということじたいも無始無終ということで解体してきている感じがありますね。

原因が先にあって結果が後に来る、ということじたいが否定されるのが一異門破でしたから、最初からナーガールジュナの問題意識は時間論的なんです。時間的な前後というものがなくなる構造を延々と作っているんですが、時間や空間が絶対時間・絶対空間みたいな一つのものに統合されていないというのは後の仏教では大前提で、たとえば識の構造にしたって、相互入れ子になっているわけですから、もちろん空間的には始まりも終わりもなく、器世界同士が互いに含み合っている。時間もまたそうであるということは、そもそもブッダによってすでに輪廻の無始無終が語られているところからも確かであると言いたいわけです。

考えてみると、道元もこういうことをやはり語っているんですね。例えば薪と灰があると、「薪にも先あり後あり、灰にも先あり後あり」で、薪と灰の前後と、それらおのおののうちにある前後は、異なっていて（前後ありといへども、前後際断せり）どちらかに一方的に回収されるのではないという説を唱えています。こうした言葉は、ナーガールジュナの議論を経由しなければなかなか出てこないだろうと思うんですよ〔編註：「たき木、はひとなる、さらにかへりてたき木となるべきにあらず。しかあるを、灰はのち、薪はさきと見取すべからず。しるべし、薪は薪の法位に住して、さきありのちあり。前後ありといへども、前後際断せり。灰は灰の法位にありて、のちありさきあり。かのたき木、はひとなりぬるのち、さらに薪とならざるがごとく、人のしぬるのち、さらに生とならず。しかあるを、生の死になるといはざるは、仏法のさだまれるならひなり。このゆゑに不生といふ。死の生にならざる、法輪のさだまれる仏転なり。このゆゑに不滅といふ。生も一時のくらゐなり、死も一時のくらゐなり。たとへば、冬と春とのごとし。冬の春となるとおもはず、春の夏となるといはぬなり」(『正法眼蔵』「現成公案」(岩波文庫))。

【第一二章　苦しみの考察――ナーガールジュナの独創】

第一二章　苦しみの考察

一．苦しみは「みずからによって作られるものである（自作《じさ》）」、「他によって作られるものである（他作《たさ》）」、「みずからと他の両方によって作られたものである（共作《ぐうさ》）」、「無因である（無因作《むいんさ》）」と、主張する人々があるが、苦しみが結果として成立するというのは理に合わない。

二．もしも苦しみが「みずからによって作られるものである（自作）」ならば、苦しみは何かを縁として起こるものではないことになる。〔しかし、それは理に合わない〕というのも現在の五蘊によって、〔そのまま〕未来の生の五蘊が生じることになるからである。

三．もしもこの現在の五蘊が、未来の生の五蘊と異なるのであるなら、あるいは未来の生の五蘊が、現在の五蘊と異なるのであるなら、他のものによって苦しみが作られることになる。未来の生の五蘊は、他のものである現在の五蘊によって作られることになるだろう。

四．もしも苦しみが、当の「輪廻の主体（Pudgala、プドガラ）」によって作られるというのであるなら、苦しみをみずから作るどのような「輪廻の主体（Pudgala、プドガラ）」が、苦しみそのものを離れて〔自性あるものとして〕存在しているというのであろうか？

五．もしも苦しみが、他の「輪廻の主体（Pudgala、プドガラ）」によって作られるというのであるなら、苦しみを他によって作られ、与えられるどのような「輪廻の主体（Pudgala、プドガラ）」が、苦しみそのものを離れて〔自性あるものとして〕存在しているというのであろうか？

六．もしも苦しみが、他の「輪廻の主体（Pudgala、プドガラ）」によって作られるというのであるなら、苦しみを作って、他に与えるどのような他の「輪廻の主体（Pudgala、プドガラ）」が、苦しみそのものを離れて〔自性あるものとして〕存在しているというのであろうか？

七．苦しみがみずからによって〔自性あるものとして〕作られることがあり得ないなら、どうして苦しみが他によって作られるということがあり得ようか？　というのも、他によって作られたその苦しみは、他にとってはみずからによって作られたものであるはずだからである。

八．まず苦しみはみずからによって〔自性あるものとして〕作られるものではない。なぜならば、あるものがそのもの自身によって作られるということはないからである。もしも他がみずからによってそのもの自身を〔自性あるものとして〕作ることがないならば、どうして他の作った苦しみがあるであろうか？
九．もしも苦しみが〔まず〕自他めいめいによって〔自性あるものとして〕作られるのであれば、みずからと他の両者によって作られる苦しみというものもあるであろう。〔だが、第八偈によってそれはあり得ない。〕他によって作られたのでもなく、みずから作ったのでもない、無因の苦しみというものがどうしてあるであろうか？
一〇．苦しみについてのみ、すでに述べた四通りの原因が認められないのではなく、外界のあらゆるものについても、四通りの原因は認められることがない。

さて次なのですが、第一二章「苦しみの考察」。これは仏教が最初から問うていたこと〔編註：苦諦及びその原因と乗り超える方法の四諦説〕を根本的に問い直そうというもので、ここはいわばクライマックスですよね。論理的には第一〇章（火と薪の考察）がいわゆる典型的な議論でしたけれど、ここはプドガラ説ともっとも明確に対峙しているところで、第九章では反論者はプドガラをすぐに引っ込めていたのですが、むしろここでは徹底的に考察しているところですね。まさにその緊張関係のなかからナーガールジュナは自分の思想を導き出したのだなと思いました。【一二－一】です。

一．苦しみは「みずからによって作られるものである（自作《じさ》）」、「他によって作られるも

> のである（他作《たさ》）」、「みずからと他の両方によって作られたものである（共作《ぐうさ》）」、「無因である（無因作《むいんさ》）」と、主張する人々があるが、苦しみが結果として成立するというのは理に合わない

自作・他作・共作・無因作と第四レンマまで否定しておいて、それで苦の原因というものは求められないということが指摘されます。第一章で縁起について述べられたことはこれから述べる内容を背景にして語られたのだ、ということが暗にしめされているわけです。次に【一二－二】です。

> 二．もしも苦しみが「みずからによって作られるものである（自作）」ならば、苦しみは何かを縁として起こるものではないことになる。〔しかし、それは理に合わない〕というのも現在の五蘊によって、〔そのまま〕未来の生の五蘊が生じることになるのであるから。

〔編註：現在の五蘊と次の生の五蘊の一異門破が【一二－二】【一二－三】でなされ、五蘊によって五蘊が起こるということが否定され、苦しみが五蘊によってつくられるということが論破される〕。

例が分かりにくいので過去世と現在の生の関係に置き換えると、苦しみが全くみずからによって作られるものであるとするなら、「過去世においてこのようなことをなしたから、現

在の生とその五蘊はこのように苦しいものになったのだ」という考え方が成立しなくなる。過去世の五蘊と現在の五蘊、現在の五蘊と来世の五蘊が多少なりとも違っていなければ、輪廻や因縁についての一般的な想定はそもそも成立しない。また逆に過去世の五蘊と現在の五蘊、現在の五蘊と来世の五蘊がまったく別異なものであったら、他者がなしたことの果報を現在の生や未来の生で受けることになる。

個体を超えた輪廻や因縁というものを考えようとしたら、いずれにせよ一異門破的に「同じでも異なってもいない」あり方でそれが起こっていると考えるしかない。ここではまず五蘊と五蘊の関係で輪廻や因縁について考えていますが、そもそも色・受・想・行・識からなる五蘊というのも、さっきの「識」の話ではないですけれども、ある意味で個体を超えている部分がある。環境やそれに対する働きかけのようなものまで五蘊には含まれているし、たとえば「識」というと人格的な意識の印象が強いですが、阿頼耶識まで行くともはや個体の枠に収まりません。

それならば、身体的なものや環境を原因として、精神が結果として宿るとそういう風に捉えればいいのかというと、またそれも違うだろうという考え方もいっぱいあるわけですよ。プラトンもそうだしライプニッツにしても魂の不死のほうから考えている。その意味では、輪廻とか逆に救済〔編註：「無我」と「魂の不死」〕について考えようとしたときに、説一切有部から分派した犢子部と正量部が「輪廻主体（プドガラ）」を出してきて、それが個体から個体へと輪廻すると考えたのは、世界的に見るとむしろオーソドックスな理路だったかも知れません。そして『中論』の【一二－四】で実際にそれが出てきますよ。

四．もしも苦しみが、当の「輪廻の主体（Pudgala、プドガラ）」によって作られるというのであるなら、苦しみをみずから作るどのような「輪廻の主体（Pudgala、プドガラ）」が、苦しみそのものを離れて〈自性あるものとして〉存在しているというのであろうか？

〈編註：中村訳で「個人存在（プドガラ）」と訳されている原文はこの章においてはpudgalaと明確にでてくる〉【☞文脈からプドガラを読み込んだものは、第九章 三時門破と第四レンマについての考察を見よ】【☞他に明確にpudgalaという語がでてくる箇所は第一六章 繋縛と解脱との考察を見よ】

五蘊と同じでも異なってもいないという〈編註：犢子部のプドガラは「非即非離蘊」と漢訳される〉そういう言葉自体は第四レンマ的で一異門破に似ています。しかし、それが個人存在として、いちいち立てられるとそれは不条理であるとあちこちからこの説は批判されていたわけですよね。

無我説に抵触するというわけですけれども、それならむやみにそうしたものを輪廻主体の数だけ別に立てる必要はない。これまでの章で見てきたように、あらゆる認知のはたらき

（受）やはたらきかけ（行）などの、それぞれの局面でそもそも一異門破が成立し、不同不異というものが存在するのであれば、またそれがあらゆるものが無自性で空であるということならば、もはやプドガラを立てなくてもいいであろうと、ここでナーガールジュナは閃いたんだろうと思うんです。

ナーガールジュナの『中論』を再読し始めた当初から、「なぜ第四レンマまで立てられるのが八不だけなのか」、なぜ他の場合は第四レンマまで列挙されてもすべて否定されてしまうのかということが、僕は疑問だったのですが、「あぁそうだったのか。これは絞ってしまえばいいんだ」〔編註：法体あるいはプドガラが節操なく際限なく生じてしまうので〕、「構造として全部そうだと前もって言えてしまえば、いちいちプドガラを立てなくてもいいし、立てないままプドガラ説とか、三世実有とか法体恒有によって説明されていたものも再び理論的に救済できる」と気づきました。おそらく彼もこのあたりの問題意識から思いついたのではないでしょうか。

そもそも「苦しみの原因は何か」というのは、仏教において最初から語られていたことですから、それを問うなかで、ナーガールジュナは、その原因を第四レンマまで否定することが可能であるし、一異門破でその場でそれが可能になるならば、もはや第四レンマの数は絞られるべきだ。プドガラ説の批判的検討から導かれた結論からも、そうなるべきであると彼は考えた〔編註：苦しみの原因はどこにもなく、縁起、つまり離二辺の中道の構造としてはじめてある」。こうなると、そもそも「無我説」などは仏教の最初期から説かれていることなので、自分の言っていることが、やはり正しい解釈なんだとなります。テトラレンマと縁起〔編註：一異門破の構造でバージョンアップした十二支縁起〕を結い合わせて、「無我説」や苦からの解脱を考えるとしたら、このやり方しかないということを、ナーガールジュナは確信したと思うんですよ。

大乗仏教が唐突に非常に複雑な形で、ナーガールジュナ以降発展してきたという風に一見思われるのですが、『中論』を精読しつつ初期仏教の材料を真面目に考えると、こういった解釈にならざるを得ないことがよくわかるわけです。そしてここまで来ると、第一三章「諸行（saṃskāra）の考察」のように、いよいよ初期仏教を本腰を入れて理論的に回収してきます〔編註：桂・五島の解説では「第一三章から第一七章までが諸法に固有の性質（自性）を否定して、一切空を立証する」と説明される。清水説のようにここから明確に初期仏教のブッダの思想と紐づけられる言説が多い〕。

【第一三章　諸行（saṃskāra）の考察——ブッダ登場】

第一三章　諸行（saṃskāra）の考察

一．「妄取は虚妄である」と世尊は説きたもうた。そして諸行（saṃskārās、行によって作られたもの）はすべて妄取されたもの（妄取法）である。それゆえ諸行は虚妄である。

二．もしもこの妄取されたもの（妄取法）が虚妄であるならば、妄取されているものは何だろうか？　世尊がそれについて説いたのは、「空」について明らかにするためである。

三．もろもろのものにあるのは、「無自性であること」である。なぜなら、それらが変化することが見られるからである。無自性なるもの〔そのもの〕は存在しない。もろもろのものに空性があるのである。

四．「自性をもつもの」が存在しないなら、何者が変化する性質を持つだろうか？　もしも「自性をもつもの」が存在するなら、何者が変化する性質を持つだろうか？

五．「同一のものそのもの」が、変化するというのは理に合わない。「異なっているものそのもの」が、変化するというのも理に合わない。なぜなら「青年〔そのもの〕」が老いるわけではないし、「老人〔そのもの〕」がさらに老いるわけではないから。

六．もしも〔自性のあるもの〕そのものに、変化する性質があるのならば、「乳そのもの」がそのまま「酪」になるであろう。また「乳そのもの」ではない〔何か自性のある〕他のものが、「酪」であり得ることになってしまうであろう。

七．もしも何か「空でないもの（不空）」が存在するのならば、「空」も〔自性をもつ何かとして〕存在するであろう。しかし「空でないもの（不空）」は何も存在しない。どうして「空」なるものが存在するであろうか？

八．一切の執着を取り除くために、勝者（仏）たちによって「空」が説かれた。しかし「空そのもの」が存在するという見解を持つ人については、救いがたいとも述べられたのである。

第一三章は〔編註：無自性空を宣言することで〕大事なところなんですが、そこでさきほど語った「サンスカーラ（行）」の話が出てきます。「行によって作られたもの（有為法）」は、すべてみだりに執着されたもの（妄取法）なので、虚妄であると世尊は説きたもうたと。そもそもこの「諸行が虚妄である」というのは何を言いたかったのか？　それこそがまさに自分が今語っている「空」ということなんだと言うわけです。【☞第七章　行によって作られたもの（有為法、saṃskṛta-dharma）の考察を見よ】

「空」というものが、自分が今まで展開してきた議論の核心であって、釈尊もそういうことを言いたかったのだという主張ですね。

第一三章は、大乗仏教の理論のかなめである「空」は、自分によって突然主張されたのではなくて、最初から語られていたのだという説明ですよ。例えばそういうことをどこで説いたかというと、『相応部経典』で、仏陀が空を説いているとも言います。そこのあたりで、初期仏教と紐付けてくるんですよ。【一三－三】です。

三．もろもろのものにあるのは、「無自性であること」である。なぜなら、それらが変化することが見られるからである。無自性なるもの〔そのもの〕は存在しない。もろもろのものに空性があるのである。

そして、あらゆるところに、無自性なものが存在する。無自性をそれ自体があるとか無いと言ってしまうと意味がわからないです。「自己原因性が無い」と考えたほうがよくて、それをあらゆることについて言うと理論的にも正しいし、西洋でもライプニッツは無自性的なものとして目的因を復活させているんです。ライプニッツ以降の自然科学も、例えば進化論も、福岡伸一さんの本などを一時期よく読んでいたのですけれど、いかにラマルク（一七四四－一八二九）説のような素朴目的論を否定するか、いかに機械論的に進化が起こったということを否定するか、いかに多様なものが成立して調和しているか、ということを考えていく営みなのです。

進化論もそうだし、分子生物学もそうだし、後代の科学は、ライプニッツの言ったような方向になります。そこにおいてもやはり、素朴目的論は常に否定されているわけですよね。そしてそういうサイエンスとは異なる領域で、見事な直観で執拗にこれを考えていくナーガールジュナはすごいなと思うわけですよ。素朴目的論も、機械論もそれぞれ現状あるあり方から推し量って未来を想定したり、過去から決定論的に現状が決まってきたと考えるところに限界があるわけですが、ナーガールジュナも未来、現在、過去に拘束されない多様な世界を直観している。それが「無自性にして空」なる世界です。

そして、ライプニッツが直観した、多様なものの調和が、非常に複雑な偶然的な調和の中から浮かび上がってくるというのは、個人の意思を超えた何かの力という摂理を感じることですので、やっぱり仏教もそれを考えているわけですよ。だから、そうした「ブッダの救済の意思」みたいなものも、ここで出てくるんだと思うんですよね。

ここでは無自性の話がずっと語られていて、しかもその無自性ということそのものを実体化することも否定されています。第一三章の趣旨は「自分が語っている空というのは、ブッダが行とか妄取とかの機序を語って、それらが虚妄であると語ることで説明しようとしていたことなんだ」というものなのですが、中村元の『龍樹』の解説を見ていると、【一三－七】

の中でナーガールジュナが空まで否定しているかのように書いてあるんです。

七．もしも何か「空でないもの（不空）」が存在するのならば、「空」も（自性をもつ何かとして）存在するであろう。しかし「空でないもの（不空）」は何も存在しない。どうして「空」なるものが存在するであろうか？

これは当たり前じゃないですか。空が存在するわけがないじゃないですか。「空がわざわざ自性をもったものとしてある」ということがおかしいわけで、当然空は否定していないんですよ。そして【一三－八】で結論です。

八．一切の執着を取り除くために、勝者（仏）たちによって「空」が説かれた。しかし「空そのもの」が存在するという見解を持つ人については、救いがたいとも述べられたのである。

空自体を実体化する見方に陥る人。ブッダもそれを否定しているということが最後に強調されます。「空」そのものを実体化したり、主語的に立てることが忌避されねばならないというのは、それがたとえば「認知のはたらき」⇅「認知の対象」のような構造のなかで捉えられねばならないからでした。これはナーガールジュナ的な洞察があってこそ言えることですが、そもそもブッダが最初から「空」そのものを実体化する見解を持つ人を「救いがたい」と語っていたのは何故なのか？　やはりブッダも構造的な洞察を持っていたとしか考えられないではないか、というわけです。なるほどちょっと見ると特に気にしないで素通りしてしまいそうですが、初期仏教の段階から知られるわずかな言葉の数々にも、ナーガールジュナ的な議論によってようやく本当に説明が付くものがあるのは間違いないところです。

【第一四章　合一と別異についての考察――一異門破を二重にして、すべての対象の「不同不異」の構造をつくりだす】

【☞変形一異門破は第八章「業（karman）」と「業の主体（kāraka、作者）」の考察を見よ】

第一四章　合一と別異についての考察

一．「見られる対象（色）」と「見るはたらき（眼根）」と「見る主体（眼識）」の三つは、それぞれ二つずつでも（＊「見られる対象（色）」と「見るはたらき（眼根）」、「見るはたらき（眼根）」と「見る主体（眼識）」、「見られる対象（色）」と「見る主体（眼識）」）、三つすべてでも、互いに合一することはない。

二．「欲望によって汚れること」と「欲望によって汚れる者」と「欲望によって汚れる対象」もまた、そのように見なされるべきである。またその他の十二処も、三つの観点から同様に考えられるべきである。

三．甲と乙という、互いに異なるものは合一する。しかし「見られる対象（色）」〔と「見るはたらき（眼根）」〕などは互いに異なるものではない。それゆえ合一するには至らない。

四．そして「見られる対象（色）」〔と「見るはたらき（眼根）」〕などが互いに異なることがないだけではなく、あらゆるものにとって、〔それが〕あらゆるものと別異であるということは成りたたない。

五．〔互いに〕異なったものである甲は、乙によって異なったものになっているのであって、甲は乙なくして別異なものであり得ない。甲が乙によっているなら、甲は乙と離れて別異なものではあり得ない。

六．もしも甲が乙と異なっているのならば、異なった乙がなくとも別異なものとしてあるはずだ。しかし甲は乙なくして別異なものたり得ない。それゆえそうした別異なものは〔自性をもつものとして〕あり得ない。

七．「別異性」は、〔互いに無関係な〕異なったもの同士のうちには見いだされない。異ならないもの同士のうちにも見いだされない。「別異性」は〔自性をもつものとして〕は存在しないのだから、「異なったもの」も「同一なもの」も存在しない。

八．甲が乙と合一するということはない。異なった二つのものが合一するというのは理に合わない。「今合一しつつあるもの」も、「すでに合一したもの」も、「合一する主体」も存在しない。


さて、ここまで読んでいくと、論破不能なまでにちゃんと議論が詰めてあるなぁということがよくわかります。この第一四章がなかなか構造的なんですよ。「合一と別異の考察」と題されていて、さきほどからしばしば出てくる（第三章認識の考察）、「見られる対象（色）」⇅「見るはたらき（眼根）」⇅「見る主体（眼識）」の三段活用を例に、同一であることと別異であることの意味が深く洞察されます。【一四－一】です。

一．「見られる対象（色）」と「見るはたらき（眼根）」と「見る主体（眼識）」の三つは、それぞれ二つずつでも（＊「見られる対象（眼境）」と「見るはたらき（眼根）」、「見るはたらき（眼根）」と「見る主体（眼識）」、「見られる対象（色）」と「見る主体（眼識）」）、三つすべてでも、互いに合一することはない。

「合一と別異についての考察」、ここでは三段活用的に、「見られる対象（色）」⇅「見るはたらき（眼根）」、「見るはたらき（眼根）」⇅「見る主体（眼識）」という風に二重化を重ねていって、これらの三つを間接的に繋いでいく。実は①「見るはたらき（眼根）」と②「見る主体（眼識）」の間でループが起こっていて、①「見るはたらき（眼根）」と③「見られる対象（色）」の間でもループが起こっているから、全体として見ると変に断絶してもいるんですよね。だからわざわざおのおの二つずつで「見られる対象（色）」と「見るはたらき（眼根）」、「見るはたらき（眼根）」と「見る主体（眼識）」、②「見る主体（眼識）」と③「見られる対象（色）」、この三パターンについて考えても、全体として考えても、ループして二重化している状態の連続なので完全に合一して一つになるということはないと言ってます。なかなか良く考えられていますね。

二．「欲望によって汚れること」と「欲望によって汚れる者」と「欲望によって汚れる対象」もまた、そのように見なされるべきである。またその他の十二処も、三つの観点から同様に考えられるべきである。

そして「欲望によって汚れる者」⇅「欲望によって汚れること」⇅「欲望によって汚れる対象」というのを挙げて、これも同じようになっているんだと指摘しています。第六章では「欲望によって汚れる者」⇅「欲望によって汚れること」だけでループを作っていましたが、当然これも三段活用になっているはずですよね。これらが何を表しているかというと、「不同不異」ですよね。ここでは二重化を複雑にしながら、実は差異性と同一性のシンプルな定義も行なっているところです。一異門破によって分析される、「同じでも異なってもいない」状態というのは、どちらに振り分けるかという分類の問題ではなくもっと動的なものです。あらゆるものが恒常ではなく、変化することを踏まえれば当然そうなります。ライプニッツは「無限小の運動」というものを考えたし、それを定量的に記述する方法も考えた。このとき彼は「静止とは無限小の運動である」という一見奇妙な定義をしています。無限小概念によって、「静止」と「運動」という真逆なものを連続させたわけです。これは連続律という、彼の基本的な考え方の一つなんですが、ナーガールジュナのうちにも、「一異門破の関係によって分析されるペアのうちにこそ別異性もある。それらこそが真逆なものでもある」という考え方がどうもあるようです。第一〇章で「男と女が互いに出会う前から別々に成立しているのはおかしい」という独特の比喩がありましたが、「出会ってこそ男、女という対照的なものになるのだ」という考え方もおそらくここに由来しているのでしょう。第四偈、第七偈で彼が述べていることを見る限りそういう風にしか考えられないですね。

四．そして「見られる対象（色）」〔と「見るはたらき（眼根）」〕などが互いに異なることがないだけではなく、あらゆるものにとって、〔それが〕あらゆるものと別異であるということは成りたたない。

七．「別異性」は、〔互いに無関係な〕異なったもの同士のうちには見いだされない。異ならないもの同士のうちにも見いだされない。

ただそうは言っても、「見る主体（眼識）」や「見るはたらき（眼根）」によって「見られる対象（色）」にはさまざまなものがある。見る主体が一つの軸としてあるのであれば、見られる対象として別々のものが見られているということはどういうことなのかが問われねばなりません。(図10-1)図だと垂直になっているんですけれど、実際には一番下が横にも展開したみたいになるはずなんです。これは面白いなと思いますね。個別の一異門破ではなくなってきている。「見る主体(眼識)」と「見られる対象(色)」a、「見られる対象(色)」b、「見られる対象(色)」cの間にそれぞれ一異門破の関係が成立しているなら、「見られる対象(色)」a、「見られる対象(色)」b、「見られる対象(色)」cも間接的にまったく別異であるとは言えなくなる。無自性の見る主体から考えて、一異門破の成立するそれぞれの「見られる対象(色)」との関係を考えると、どれにおいても、「不同不異」の関係が生じる。これは「不同不異」という構造の中に個々の「見られる対象」を全部泳がせて無自性で空なものを多極的に互いにはたらかせ合うという構造なんですよね〔編註:全ての対象が一度否定された後、「不同不異」の構造の中で自性の無いものとして再肯定されてくる〕。つまり「一異門破」から「不同不異」が出てきたと言ったけれども、その展開の真骨頂はま

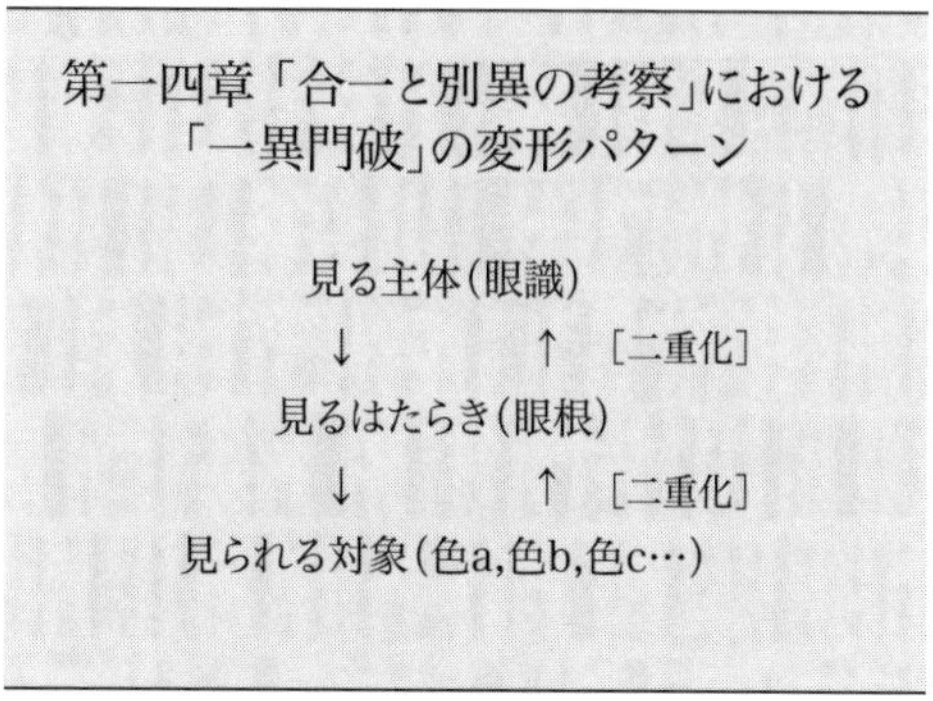

図 10-1

さにここですよ。こんな風にして不同不異〔編註：不一不異から不同不異へ、やがて華厳の一と多構造へと展開する〕といういわゆる「八不」の一つが、ここで本当の意味で完成していると思うんですね。

「八不」のうち「不来不去」は重要なものですが、主語化の論理を否定する構造で、どちらかというと個別の事例に即してそのロジックが応用されるものでもある。もちろん個別の事例に即して分析を行なわないのも良くないのですが、一異門破から「不同不異」という構造が出てきて、ここでさらに具体的な「見られる対象（色）」のすべてが、無自性にして空であることとの関わりのなかで語り得るようになりました。これこそが《色即是空》ですね。

「八不」については、「不常不断」もありますが、これは断見（ない）や常見（ある）に執着することを両方とも否定しているので、「Aがある」とか「Bがある」とか「ニルヴァーナがある」とか「ニルヴァーナがない」とか、そういう個々の議論自体を全部括弧に入れてしまえる。構造的思考として「八不」の中ですべてがすでに語られた、という感じなんです。そして最後に、【一四‐七】の全体をもう一度見ておきましょう。

七．「別異性」は、〔互いに無関係な〕異なったもの同士のうちには見いだされない。異ならないもの同士のうちにも見いだされない。「別異性」は〔自性をもつものとして〕は存在しないのだから、「異なったもの」も「同一なもの」も存在しない。

ここにきて異なったものも存在しないし、同一のものも存在しないという「不同不異」が、始めてあらゆるものについて完全に言われていますね。

【第一五章 自性の考察――ブッダの言葉『カーティヤーヤナ経』で離二辺の中道と縁起と不常不断の構造を明らかにする】

第一五章　自性の考察

一．自性（自己原因性）が因（直接的な他因）と縁（補助因）から生じるということは、理に合わない。因縁から生じたものは、「作られたもの（作法）」である。

二．そもそも、自性（自己原因性）がどうして「作られたもの（作法）」であり得ようか？　自性（自己原因性）は「作られたのではないもの（無所作）」であり、他によらないものなのだからである。

三．もし自性が存在しないのであれば、どうして他性が存在し得ようか？　というのも、他のものの自性が他性と呼ばれるのだから。

四．さらに、自性と他性を離れて、どこにものが存在し得るであろうか？　自性や他性があってこそ、存在（有）は成立し得るのだから。

五．「有」が成立し得ないのであれば、「無」もまた成立しない。なぜなら、「有」が変化した異相を、「無」と呼ぶのだから。

六．自性と他性、また「有」と「無」を見る人たちは、仏陀の教えの真理を見る者ではない。

七．「カーティヤーヤナへの教え」において、「有」と「無」をよく知る世尊は、「何ものかが有る」ということと「何ものかが無い」ということの両方を否定された。

八．もし何ものかが本性上「有」るのであれば、そのものの「無」はあり得ないであろう。本性上それをあらしめている性質が変わることは決してあり得ないのだから。

九．もし本性というものが「無」であるならば、何ものが変化し得るであろうか？　また本性が「有」るのであれば、何ものが変化し得るであろうか？

一〇．「何ものかが有る」、というのは常住への執着であり、「何ものかが無い」というのは断滅への執着である。それゆえ賢者は「有」と「無」のどちらにもとらわれてはならない。

一一．「本性上存在するものは、存在しないということはない」というなら、常住への執着が、また「過去には存在していたが、今は存在しない」というなら、断滅への執着が付随することになる。


前章で「不同不異」があらゆるものについて成立したのですが、第一五章「自性の考察」では「不常不断」についての議論をしています。そして【一五-七】で語られるように、これが「離二辺の中道」なのだから、これこそまさに初期仏教の言いたかったことなのだと語られます。有と無、常住と断滅の二辺の否定が、自性の考察を通じて空の立場から展開されますね。ここでも完全に初期仏教に紐付けてきました。まず【一五－一】です。

一．自性（自己原因性）が因（直接的な他因）と縁（補助因）から生じるということは、理に合わない。因縁から生じたものは、「作られたもの（作法）」である。

「自性（自己原因性）が因（直接的な他因）と縁（補助因）から生じるということは、理に合わない」とは決定的なことを言っていますね。仏教でいう「自性がない」（空）ということを、「ものにはそれ特有の本質というものはない」という意味に解する人がいますが、それは西洋哲学の用語でいう形相因と素朴な目的因（自己原因）をとり違えているんです。たとえば「三角形にはそれ特有の本質はない」などと形相因を否定することは全くナンセンスですが、目的因の否定はあたり前に可能です。ここでは「因縁から生じたものは「作られたもの（作法）」である」と書いてあって、そもそもどうして自性が作られたものであるだろうかと述べて、まず「他因説」を否定しています。疑いもなく〝自性〟が、素朴な目的因（自己原因性）であることがここで明らかになりました。そしてそもそも自性（自己原因性）を認めるのなら、因（直接的な他因）と縁（補助因）はいらなくなるし、縁起説を取るのであれば、そこでの「作られたもの（作法）」は、空性においてあると捉えないとおかしくなる。また自性それ自体がないのであれば、どうして他性があり得ようかとも語っています。「他のものとしての自性もない」ということを語っていて、「他のものの自性が他性と呼ばれる」とも定義づけています。他性によって作られる自性（自己原因性）を徹底して否定していますが、自性（自己原因性）を持つものはないということの理論的な解明はもう終わっていて、その帰結として「有」も「無」も成立しないという結論が導かれるという流れになっていますす。仏教で最初から言われていること、つまり「縁起」と「離二辺の中道」をどちらも成立させるためには、これまで自分が吟味してきたような考察がなされなければならないのだ、という主張ですね。【一五－六】では、こんな風に述べられます。

六．自性と他性、また「有」と「無」を見る人たちは、仏陀の教えの真理を見る者ではない。

空の思想からこそ、「離二辺の中道」（「不常不断」）が語られうる。ナーガールジュナのこの見解に、僕はすっかり説得されてしまいました。

次に【一五－七】では、『カーティヤーヤナ経』が引かれています。

七．「カーティヤーヤナへの教え」において、「有」と「無」をよく知る世尊は、「何ものかが有る」ということと「何ものかが無い」ということの両方を否定された。

〔編註：「［世尊は］サーヴァッティー（舎衛城）におられた。そのとき、長老カッチャーヤナ氏は世尊に近づかれた。世尊に近づき、敬礼されたのち一隅に坐った。一隅に坐った長老カッチャーヤナ氏は、このように述べた。尊師よ、『正しい見解（正見）』『正しい見解』といわれますが、じっさい、いかなる点から『正しい見解』なのでしょうか。［世尊は述べられた。］「カッチャーヤナよ、この世間はおよそ二つのものに依っている。存在と非存在とである。カッチャーヤナよ、世間の生起（lokasamudaya）をあるがままに、正しい智慧によって（sammāpaññāya）見る者には、世間に「非存在」はない。カッチャーヤナよ、世間の消滅（lokanirodha）をあるがままに、正しい智慧によって見る者には、世間に「存在」はない。（中略）カッチャーヤナよ、「すべては存在する」ということは一つの極端である。「すべては存在しない」ということは第二の極端である。カッチャーヤナよ、如来はこれら両者の極端に近づくことなく、中［道］によって法を教示する。無明を縁として諸行がある。諸行を縁として識がある。このようにして、この、ひとえに苦の集まりにすぎないものの生起がある。一方また、無明を残すところなく遠離し消滅することにより、諸行の消滅がある。諸行の消滅により、識の消滅がある。このようにして、この、ひとえに苦の集まりにすぎないものの消滅がある。」

〔編註：斉藤明「大乗仏教の成立」『大乗仏教の誕生』（シリーズ大乗仏教第二巻所収）傍線部引用者。なお、ナーガールジュナが『中論』の中で経典名を明示して引用するのはこの『カーティヤーヤナ経』だけであり、『般若経』経典群よりもあえてこれを重視している。なお、後半部分は明確に離二辺の中道の「縁起」説とは「十二支縁起」であることを示している。〕

まさしく「離二辺の中道」ですよね。これがまさにブッダの言っていることで、「離二辺の中道」を理論的に導くには自分が語る空と無自性であるとか、一異門破であるとか、そうした具体的な分析が必要になってくると。また、何ものかが本性上、そのようなものとして自性を持ってあるならそれは「有」以外のものではあり得ず（【一五－八】）、本性上「無」であるならそれ以上変化のしようもないが（【一五－九】）、それこそがまさに「常住への執着」（常見）、「断滅への執着」（断見）であって、そのような見解にとらわれてはならない。そのことを【一五－一〇】では決定的に語っています。

一〇．「何ものかが有る」、というのは常住への執着であり、「何ものかが無い」というのは断滅への執着である。それゆえ賢者は「有」と「無」のどちらにもとらわれてはならない。

離二辺の第四レンマの典型は、仏教ではまずこの「不常不断」という形で説かれました。最後にこれまでの考察が確認されるのが、【一五―一一】です。

一一．「本性上存在するものは、存在しないということはない」というなら、常住への執着が、また「過去には存在していたが、今は存在しない」というなら、断滅への執着が付随することになる。

この『中論』では、章が進むにつれて初期仏教で説かれた思想が周到に回収されていくのですが、「不常不断」がここで満を持して語られた感じです。第七章「行によって作られたもの（有為法、saṃskṛta-dharma）の考察」ですでに「不生不滅」も説かれたし、「不来不去」は第二章「「去る者」と「去るはたらき」を巡る考察」で、「不同不異」が第一四章「合一と別異の考察」で説かれるといった具合に、八不全部の論理がここまでで完全に説かれることになりました。

【第一六章　繋縛と解脱との考察――ニルヴァーナの読み替え、繋縛されているものも解脱することもない】

第一六章　繋縛《けばく》と解脱との考察

一．もしも諸行（saṃskāra、行によって作られたもの）が〔そのまま〕輪廻するというのであれば、それらは常住であって輪廻などしないことになる。また無常で〔同じではない〕というなら、輪廻したことにならない。衆生の輪廻というものについても、まさに同じである。

二．もしも「輪廻の主体（Pudgala、プドガラ）」が輪廻するというのであれば、五蘊、十二処、十八界を、五求門破で考察しても〔＊第一〇章 第一四偈、第一五偈などで考察したように、〕そうした主体は存在しない。いったい何者が輪廻するというのだろうか？

三．「輪廻の主体（Pudgala、プドガラ）」がある五蘊から別の五蘊へと輪廻していくのであれば、それは〔輪廻のそのとき〕生存（有）を離れた解脱者になってしまうだろう。しかし生存（有）を離れ、執着（取）を持たない何ものが、輪廻するというのだろうか？

四．諸行がニルヴァーナに入るということは、決してあり得ない。衆生が〔主体として〕

ニルヴァーナに入るということも、決してあり得ない。

五．諸行は（無常で）生滅の相を持ち、繋縛されず、解脱することもない。衆生もまた同じように繋縛されず、解脱することもない。

六．もしも執着（取）が繋縛であるならば、「すでに執着（取）を持つ者」が、さらに繋縛されることはない。「いまだ執着（取）を持たない者」が、繋縛されることもない。するとどんな状態に住するものが繋縛されるのであろうか？

七．もしも「繋縛される者」より前に「繋縛」があるのであれば、「繋縛」が望みのままに「繋縛される者」を繋縛するであろう。だが、そのようなことはない。残りの議論は、〔第二章の〕「今去りつつある者（去時）」、「すでに去った者（已去）」、「いまだ去らない者（未去）」についての考察で、すでに述べられている。

八．まず、「すでに繋縛された者」が解脱することはない。「いまだ繋縛されていない者」も、解脱することはない。もし「繋縛された者」が今解脱しつつあるのであれば、繋縛と解脱が同時であるという〔第三レンマになるが、これはあり得ない。〕

九．「私は執着（取）を離れて、ニルヴァーナに入るであろう。私はまさにニルヴァーナを得るであろう」このようにとらわれる人たちには、大いに執着（取）のとらわれが起こる。

一〇．ニルヴァーナを有ると見なさず、輪廻を無いと見なさないのなら、輪廻、ニルヴァーナはどのようなものと見なされようか？

それで第一六章「繋縛と解脱との考察」です。【一六－一】です。

一．もしも諸行（saṃskāra、行によって作られたもの）が〔そのまま〕輪廻するというのであれば、それらは常住であって輪廻などしないことになる。また無常で〔同じではない〕というなら、輪廻したことにならない。衆生の輪廻というものについても、まさに同じである。

「諸行（saṃskāra、行によって作られたもの）」〔編註：受動的、あるいは主語化された行、一般的な漢訳だと有為〕、これはサンスカーラで、能動的な「行」と受動的な「行によって作られたもの」のサイクルがすでにこの語のうちにあるのですが、それがそのまま輪廻するとすれば、同じサンスカーラが常住的に存在することになるので、輪廻してないじゃないかと言います。（反対に）諸行が無常であるとすると〔編註：輪廻の主体としての自性がないので〕やはり輪廻したことにならないとここでは述べています。

そしてまた【一六－二】でも、「輪廻の主体」（プドガラ）という語をはっきり出していますす。何が輪廻するのかというのがここで問われていることです。

二．もしも「輪廻の主体（Pudgala、プドガラ）」が輪廻するというのであれば、五蘊、十二処、十八界を、五求門破で考察しても〔＊第一〇章　第一四偈、第一五偈などで考察したように、〕そうした主体は存在しない。いったい何者が輪廻するというのだろうか？

ところで五蘊は①色・②受・③想・④行・⑤識で、十二支縁起はⅰ無明・ⅱ行（④）・ⅲ識（⑤）・ⅳ名色（①）・ⅴ六処・ⅵ触・ⅶ受（②）・ⅷ愛・ⅸ取・ⅹ有・ⅺ生・ⅻ老死ですよね。色（rūpa）と名色（nāma-rūpa）など微妙に違うところがあるにせよ、順番がごちゃごちゃいれ変わってるんですけれど、これは一異門破を応用すると「ⅰ無明」の後に「ⅲ識」が来るとすると、その「ⅲ識」の中にそれらの要素が入り込んでしまった感じなんですよね。十二支縁起だとその後は「ⅷ愛」とか「ⅸ取」とか「ⅺ生」とか、「ⅻ老死」の問題が来るだけなので、人生観の問題になってしまうんですが、認知系（行、触、受）は大体同時なんですよ。〔編註：十二支縁起自体の読み替えは第二六章〕また、ここで出てくる十二処というのは、例えば眼根・耳根・鼻根・舌根それと身根の五感のはたらきと意根（認識するはたらき）、つまり六処とそれが持っている対象（色・声・香・味・触・法）を足したものです。六根とその六種の対象（六境）を足したところで十二処というわけです。さらに認知の主体のほう、つまり眼識・耳識・鼻識など六つを入れると十八界。これは第一四章でも図を使って見てきたものですが、非常に論理的に作られているなと思います。仏教のこまごまとした列挙の仕方を見ると、一見恣意的なようにも思えるんだけれども、五感＋心とか、こうした要素の選別は本当にシンプルにできていて、何の否定のしようもないと感じます。これは何度も出てくる三段活用ですよね。三つの要素の間で二重化が二回起こって繋がるかたちになっているので、そこで五求門破をしても、その三段の構造から離れて単独で成立している主体などというものは認められない。そうした主体が輪廻するというのはあり得ないわけです。そして早くも【一六－四】まで来ると、こんな風に語っています。

四．諸行がニルヴァーナに入るということは、決してあり得ない。衆生が〔主体として〕ニルヴァーナに入るということも、決してあり得ない。
五．諸行は（無常で）生滅の相を持ち、繋縛されず、解脱することもない。衆生もまた同じように繋縛されず、解脱することもない。

これはニルヴァーナを否定しているのかというと、そうでもないんですよ。「行」と「行によって作られたもの（諸行）」が、ニルヴァーナに入るというのはおかしいと述べていますが、サンスカーラはそもそも輪廻の主体としてもあり得なかったのです。【一六－五】ではそれが、「繋縛されず、解脱することもない」と語られ、輪廻にもニルヴァーナとどちらにも向かわないということが主張されます。これは自性のある何らかのものが、今生に繋縛されたり輪廻したり解脱したりするのはおかしいということなんですよね。衆生もそれと同じで繋縛されず解脱しないと述べています。次は【一六－六】です。

六．もしも執着（取）が繋縛であるならば、「すでに執着（取）を持つ者」が、さらに繋縛されることはない。「いまだ執着（取）を持たない者」が、繋縛されることもない。するとどんな状態に住するものが繋縛されるのであろうか？

ここでは繋縛されることの定義もしていますよ。「執着（取）が繋縛である」というのがそれです。十二支縁起だと執着（取）のあとに実体的な生存（有）が出てくるわけですが、今生に繋縛される、あるいは輪廻まですするというのはどういうことなのか？「すでに執着（取）を持つ者」は、「すでに繋縛されている者」ですが、それがさらに繋縛されるのは二重化になるのでおかしいという、いつものロジックで「繋縛」と「繋縛される者」の関係に一異門破を当てはめています。「いまだ執着（取）を持たない者」つまり「いまだ繋縛されていない者」が繋縛されることもないというのは、ここで要するに三時門破の現在と未来が語られているわけです。そして次の【一六－七】では、

七．もしも「繫縛される者」より前に「繫縛」があるのであれば、「繫縛」が望みのままに「繫縛される者」を繫縛するであろう。だが、そのようなことはない。残りの議論は、〔第二章の〕「今去りつつある者（去時）」、「すでに去った者（已去）」、「いまだ去らない者（未去）」についての考察で、すでに述べられている。

「繫縛」が「繫縛される者」の前にあるという過去の場合が検討されて、これも破されることになる。三時門破が完成しました。

ところで【一六－六】の、「「すでに繫縛されている者」が、さらに繫縛されることはない」と言うとき、「すでに繫縛されている者」が「さらに繫縛される」というのは現在における二重化であるとも捉えられますが、ある意味で輪廻もそうしたものであると見ることができる。とはいえ輪廻の主体プドガラに行く前に、ミニマムで「すでに繫縛されている者」が「さらに繫縛される」ということが、自性ある主体としては否定されてしまっています。しかし「繫縛」⇆「繫縛される者」のループ構造は温存されるし、その延長で輪廻も、また輪廻しないこと、つまり解脱も構造としては語りうる。その意味ではプドガラは主体としての存在は否定されるものの、プドガラ説の前提になっていたもの自体はナーガールジュナは見事に残している。ナーガールジュナの思想はプドガラ説を巧みに軌道修正し改良したものであると言うことができるでしょう。

最後は「残りの議論は、〔第二章の〕「今去りつつある者（去時）」、「すでに去った者（已去）」、「いまだ去らない者（未去）」についての考察で、すでに述べられている」という言葉で締めくくられていますが、そもそも「不来不去」は、何か自性を持った主体がニルヴァーナに入るとか、去るとかいうものではないという話でもあったのだということが、ここでよく分かりますね。そして【一六－八】です。

八．まず、「すでに繋縛された者」が解脱することはない。「いまだ繋縛されていない者」も、解脱することはない。もし「繋縛された者」が今解脱しつつあるのであれば、繋縛と解脱が同時であるという〔第三レンマになるが、これはあり得ない。〕

これはこの偈だけで「三時門破」になっています。「繋縛された者」と「繋縛」の「三時門破」では「どんな状態に住する者が繋縛されるのであろうか？」と言っていたのに、では誰か「繋縛された者」が解脱するのかと言ったら、過去・現在・未来のいずれにおいてもそれはないという。なんらかの自性ある主体が解脱するわけではないからです。

【一六－九】では、そうした主体としての「私」がニルヴァーナに入る、という考えそのものが否定されています。自分がそうした主体であると見なすことによって、空の構造から外れてしまう。そのうえでただ空にとらわれたり、ニルヴァーナにとらわれたりということが、そうした場合には起こるからです。続いて【一六ー一〇】で結論になります。

九．「私は執着（取）を離れて、ニルヴァーナに入るであろう。私はまさにニルヴァーナを得るであろう」このようにとらわれる人たちには、大いに執着（取）のとらわれが起こる。

一〇．ニルヴァーナを有ると見なさず、輪廻を無いと見なさないのなら、輪廻、ニルヴァーナはどのようなものと見なされようか？

こんな風に語っていますが、ここにはすでにニルヴァーナの意味の読み替えがありますね。【一六ー八】には「繋縛された者」と「解脱」の「三時門破」が現われていました。何らかの主体がみずから解脱してニルヴァーナに入る、という考えが否定されています。そして、こういう考え方を是としたうえで、先ほど述べた、無自性にして空なるものたちを多様にあらしめる摂理とも言うべきものを信じるのであれば、そこには「他力」の思想がもう出てくるのではないかと思いますね。また例えば空に執着してはいけないという、「禅」でよく語られる考えもここにはすでに出てきていますね。

ナーガールジュナはこの『中論』で、認知系の考察、原因と結果の関係などについての論理的な思索、時間論などさまざまな議論を徹底的に展開していますが、初期仏教とか言われるものに、自分の議論を紐付けるということを思いのほかしっかりやっていることに、今回否応なしに気づかされました。また僕は彼が言っていること総てに納得してしまったんですよ。ところどころ読み取りにくいところはあるんですが、これは確かに仏教全体のかなめであって、ここから後の仏教が全部出てきているということも非常によくわかります。

さて次の第一七章が、実は結構ボリュームがあるので、次回の講義はそこからの方が盛り上がると思いましたので、今回一緒に読むのはこの章までとします。できればここから質疑応答でディスカッションして、議論を深めていければと思います。

【質疑応答】

齋木：先生からかなり駆け足で、かつ、かなり丁寧に説明していただいたと思うのですが、時間もまだまだあるので皆さんから質問という形で、一緒に『中論』の内容について考えていきたいと思います。

まず私から、前提についての質問です。前回講義の文字起こしをして思ったことですが、「ループ」という言葉がよくでてきました。これに肯定的な意味と否定的な意味がでてきます。「ショートサーキット・ループ」ということが、特に主語化の議論の中でできたこともありました。いっぽうで「十二支縁起」も、「無始無終」のループの話になっていくわけです。それに関連してライプニッツの「量化」の話も出てきますが、それもわかるようでわからない。例えば軽さと重さであれば、その関係（二項）の中だけで考えられてしまうのであればショートサーキット・ループに陥ってしまうのかなとか。ループとショートサーキット・ループが肯定的か否定的かを聞きたいです。

また、先生が講義の中で、近代科学で熱力学や重力というものを扱っても、どこか素朴目的論の時代に偏愛された主題へ戻ってしまうことを「人類のオブセッション」という表現で語られていました。どうしても火と水の関係でも素朴な原子論として捉えられがちで、現代でもそうだと思うのですが、その発想に否応なしに絡め取られてしまって、「お釈迦様の話を聞きました」と言っても、どうしてもアトミズムみたいに部分から積み上げる思考法からは逃れられないような気がしています。新型ウイルス感染症で顕在化した、根深い二項対立を念頭にお話していますが、そのあたりの話を少し聴かせていただければと思います。

清水：まずショートサーキットの話についてお答えします。「はたらき」から「はたらきの主体」がでてきてそれがまた原因〔編註：主語〕にされていくというループは確かに否定しているんですけれど、ナーガールジュナは、結局自分が否定しているものをただ全面的に否定しているのではないんですよね。

ショートサーキット・ループはいろいろなところで起こっているんですが、「同じでも異なってもいない」という形で（不同不異）、ミニマムにそれを認めるという論理をいたるところでつくっています。「はたらき」→「はたらきの主体」であったのに、「はたらきの主体」→「はたらき」ということに事後的になってしまう、ということが第二章では徹底的に批判されたんですが、それはこの場合「はたらきの主体」が出発点としてまずあり、それから「はたらき」が現われてくるという風に主張されるのがおかしい、ということなんです。「はたらきの主体」はもともと「はたらき」から逆算して生まれてきたのに、最初からある出発点になっている。その役割が二重化している、という指摘です。一方でもともと「はたらき」⇆「はたらきの主体」こういう関係なんだということを洞察して、どちらが出発点でもないとする、これがナーガールジュナの立場です。ループ構造そのものは不可避なものとして認め、その構造の分析は一異門破によってなされます。このとき「はたらき」と「はたらきの主体」の関係は、「同じでも異なってもいない」ので、このループはミニマムなものになるわけです。そしてそのミニマムなループは拡張的、固定的ではなく、ループ構造のままその両極もふわふわ連続的に変化しています。これが「無自性にして空」であるということです。

炎が空に向かって上がる様子を見て、「火は上がるものである」〔編註：素朴目的因がショートサーキット・ループの典型である〕「上がっていくはたらきの主体として火というものはあり、火は上がっていくはたらきの原因なのだ」と考えるような形で強く押し出してしまうと、その方向性を固定していくという傾向が人類には見られるんですけれど、それこそがショートサーキット・ループですね。これは現状のあり方から拡張的にすべてを考えるもので、悪しきとらわれです。ナーガールジュナの空の論理になっていくと、まったくそうした硬直がないですね〔編註：第一〇章で火についての目的因をバージョンアップした考察をしている〕。まったく硬直がない形で世界を語り直す〔編註：肯定する〕ということです。そして結果として、過ぎ去ったものをとりたてて全部なくなった、断滅したという風にも言わない。時が不可逆的にただ流れていくというのも、現状見えているあり方をただ拡張した想定に過ぎず、無数のループ構造を洞察するなかでナーガールジュナ自身はそういう考え方をすでに離れているからです。〔編註：第七章 行によって作られたものの考察参照。第七章の内容は分量的にも多く、

『中論』の中でも歴史的に重視されている」。そういった見解がナーガールジュナの大きな特徴だと思うんです。

実際それは真実であると僕は思いますね。ずーっとこの世界の全体を今手元にある部分からボトムアップで積み上げて考えていく、あるいは何かの目的論に向かうように単線的に捉えていくという世界観に私たちは慣れているけれども、そんなふうに世界はできていない。だからナーガールジュナが言っていることは、非常に執拗だけれど、その徹底的な確認であるということです。

あと質問は二点ぐらいありましたよね。ループの話だけではなくて、アトミズム的な考え方に戻ってしまうということですね。『中論』でアトミズム的な世界観に絡め取られやすい論点については「五蘊の考察」(第四章)とか「六界の考察」(第五章)とか、いろいろ批判的に考察してきました。なんらかの実体的な出発点があってそこから積み上げるように構成されるように世界ができていくという世界観にわれわれはすぐ陥ってしまいます。『中論』の解説や翻訳にもそれがにじみ出てきがちです。しかし、そもそもその世界観自体が成立し得ないということなんですね。自性があるものはないというナーガールジュナの主張はそれを宗教的、論理的に洞察したものです。僕自身も、例えばライプニッツみたいな人も、現代のサイエンスも、世界がぜんぜんそういうアトミズム的な形では成立していないと考えています。世界の複雑さというのは、なんらかの全体の内部にある。前回講義でも触れましたが、デカルトのように演繹的な世界観を構想する人よりも、顕微鏡を使ってさまざまな発見をしたレーウェンフックのような人の方が望ましい、とライプニッツが述べたのもそういう意味です。アトミズム的な世界観からの脱却という意味では、徹底的に哲学的に思考することも大事です。僕自身はミシェル・セールの哲学や科学認識論も経由しましたが、今回の『中論』読解はそうした知見も踏まえてなお仏教がどのような意味を持ちうるか、知ってもらえる機会にもなったのではないかと思っています。とはいえ仏教的な語彙だけでも高度な哲学的思索が可能で、この『中論』の各章にも複雑なリンクが張り巡らされているのですが、これまでそれを概念的に上手くエディット出来ていなかった。ナーガールジュナは仏教がその最初期から語っていた概念の内部にもっとも深く潜行し、その構造を洞察した人で、実際にブッダ自身がその構造を直観していたのでなければそれらの概念が残されるということはあり得ないということを掘り下げていった人ですね。

ともあれ具体的にナーガールジュナの理路を辿っていくと、「空」の思想が中観派によって突然生み出されたとか、『般若経』の「空」の思想を「体系化」したなどというのは当てはまらないように思われますね。「体系化」という表現がナーガールジュナほど当てはまらない思想家も珍しい。仏教そのものの内部にどこまでも潜行して、ブッダ逝去ののち積み上がった説一切有部などのアビダルマの解釈の難点や矛盾を哲学的に徹底して突き、ブッダの思想を復元していったという風にしか思えないですね。前回講義でも「大乗非仏説」〔編註：

前回講義では現代日本における上座部（テーラワーダ）仏教の流行も広義の大乗非仏説だと解釈した）といって要するに、大乗仏教はブッダの思想とはもはや別ものなんだという説、それに対抗する気持ちで講義していました。今回これだけしつこくナーガールジュナを読んでみると、「そもそもなんでそんなこと（大乗非仏説）を言っていたのだろう？」という気持ちしか起きなくなってきます。

ところで『空海論／仏教論』を書いた時は、レヴィ＝ストロース等から考えて、さまざまなバイナリー（反対のものの対）の関係も意識して、その神話的思考まで含めて古代の思想を読み解いていこうと考えたんですが、そのあといろいろ研究をしていくと、アリストテレスとかプラトン、ソクラテス以前のギリシャの哲学者というのが、皆めいめい凄いということが分かってきました。アナクシマンドロスとかエンペドクレスとか、タレスとか、さらにはヘラクレイトス、パルメニデス。みんな反対のものたちから世界を説明しますね。彼らは神話的思考から哲学、科学にまで繋がる発想をそれぞれに持っているばかりか、古代インド人の思考ともほぼ地続きで、だからインドにも「原子論」があるし、「懐疑論者」がいるし、懐疑論者で「テトラレンマ」まで駆使する人〔編註：サンジャヤ・ベラーティプッタ〕などさまざまな人たちがいるので、そこまで視野に入れて普通に読んでいけば、古代人たちがぶつかったアポリアを調停しようとした見解として、ナーガールジュナも違和感なく理解できると思うんです。

齋木：あとは「量化」についてですね。

清水：量化というのは、メールでも齋木さんとやりとりをしていて、「量化」という概念そのものがよくわからないというんですよね。量子論とかああいうのと関係あるのか、とも聞かれましたが、対照的なものとして「自然の定性的記述」というものがあることを踏まえると良いのではないでしょうか。つまり性質に着目して、「火が燃え上がっているから、こういうふうにどんどん上に上がっていくんだろう」とか「石が落ちているからこういうふうに落ち続けるんだろう」という風に、現状見られる性質を観察し、それによってそのまま予測したり分類したりする自然観があるわけですよ。

ただ、「質の変化」というものを考えたときには、逆に「数値」にしたほうがいいのです。たとえば熱の温度とか、落下の速度とかの変化を、「数値」によって表す。それを「量化」といっていて、「定量的な自然記述」がなされることで、客観的に熱さや速さの変化まで表現できるようになるし、予期できるようにもなっていく。歴史的には「量化革命」というのが近代初期に起こってきます。本当は量化の話を詳しくしたかったんですが、さまざまな研究会を繰り返すうちに僕が去年の一二月の暮れに「ライプニッツの最善律は正しいな」と改めて納得し、その考えが第一回のまとめにも反映されていたので、今日は話さなかったのですが、前回講義の後にも考えが発展してきましたので、もう少し説明した方がいいのかと思います。

ヨーロッパでは近代になって量的、数的に世界を説明しようという傾向が強まり、デカルトやホッブズも実際その時代の代表的知識人です。〔編註：近代的機械論（他因論）の代表で批判の対象のように説明されたが〕。この当時徹底的に否定されたのは、物には「隠れた性質(qualitas occulta)」があるという従来のスコラ学の自然観だった。これは今述べたように炎が上に向かって上がっていく性質があり、それが原因になってそういう作用が起こるというたぐいのもので、ナーガールジュナの言葉でいえば、「自性」による説明です。そう言ってしまったらなんでも説明できてしまうので、そうじゃない、それは違う働きが作用して、たとえばある歯車から別の歯車へと運動が伝わっていくように、作用が他の原因からきていることを説明するのが科学的な態度であると、近代になって説かれたのです。それと同時に、たとえば人間というもの対しても、特定の個人に「隠れた性質」のようなものがあるわけではなく、皆同じであるといったのがホッブズ〔編註：「社会契約論」〕なんです。

だから人間社会ではそのマジョリティこそが最強であるとして、ただ数という面から人間を考える。そしてみんな同じようなものをもとめて闘争するから、社会契約を結んで、その最大マジョリティの代表者である王なりなんなりに守ってもらいましょうというのがホッブズの考え方だったんですが、あれはものから性質をどんどんどんどん無くしていった時代の発想なんです〔編註：機械論的他因論は目的因から数値による量化が本格化する過渡期であった〕。個人的には間違った、稚拙な「量化」で人間を考えたなと思います。

デカルトの場合は例えば物体としての実体、精神としての実体を考えますが、物体としての実体のもっている性質は「延長」だけになってしまう。そうやって「質」を排除していって、それ以前は逆に生命のように自分の意志をもって動いていると思っていたものを他因で捉えるときに数によって扱うという考え方がでてきました。

この数とは何かというと、第三章のところでも語りましたが、マッハの言うように最初あるものとあるものの同じ重さを「圧覚」で感じていたのを、あまり重さが微妙になると分からなくなるから、例えばそれらを滑車に吊るして測ってみたりします。これは、重さの感覚を視覚に置き換えたということです。このとき圧覚を視覚に置き換える時に、それらの感覚を正確にまたぐ働きをするのが数なわけです〔編註：分銅等の数値〕。

要するに数というのは感覚器の一種であり、それをヨーロッパでは発展させてきた。数学的記号、あるいは記号一般やロゴスもそうしたものでしょう。それで、諸学の歴史において は、感覚どうしの色んな翻訳があるわけですよ。ミシェル・セールに言わせると、例えば古代エジプトでは幾何学というのはすごく視覚的なものだった。ある時間帯における杖とその影の一対一の比が、相似変換的にピラミッドの影とその高さの比でもあるとか、そういうところから考えていた。しかしギリシャ人たちは幾何学を運動的、触覚的に捉えていて、翻訳をうまくやっているというのですね。その間にあるのは「数」なんです。例えば「円」というものを、何かをどう動かせば作図できるという風に定義すれば、眼が見えない人でも「円」

を理解することができる。こういうものが感覚どうしの翻訳であり、大きさとか角度とかも翻訳しようとすれば数がそこでは重要になる。実際には丸いものを見たり触ったり、物を媒体としても経験的にそれらの感覚は入り混じっています。物から離れたところでそれらの感覚どうしを翻訳するときに大事なのがさきほど述べたような説明的な定義（ロゴス）と量化であり、それをヨーロッパ人は行ったのだけれど、たぶん感覚と感覚の対話ということを仏教は違った回路でやっていると思うんです。

この間『金剛頂経』を読んでいたら、その中に一切義成就菩薩というシッダールタにあたる菩薩がいるんです。それに一切如来が「フリダヤ（hṛdaya）」という心臓や自分の妻にあたるものを押し付けてくるんです。〔編註：「そこで世尊（毘盧遮那）は次に摩羅大菩薩の三昧耶より出現した薩埵加持金剛という名の三昧に入って、此の〈一切如来を喜ばしむる三昧耶〉という名の一切如来の心要（フリダヤ）を（次の如き心呪（フリダヤ）として）自己の心臓（フリダヤ）より出した。「金剛貪愛よ。」そこでこの心呪が出現したとみるや、それに呼応してかの尊き持金剛は一切如来の花箭となって（それら）一切の如来たちの心臓より出でて、世尊・毘盧遮那の心臓に入り、一つにかたまって大きな金剛箭の形をとって（再びそこから）出でて、（世尊の）手に安立した。」（津田真一訳『梵文和訳　金剛頂経』二五頁）〕

「これはなんだろうな？」と思って、フリダヤにはきっとバイナリーな意味があるに違いないと調べたのですが、「フリ（hṛ）」が「受ける」という意味で「ダー（da）」が「与える」

で「ヤ（ya）」がバランスらしいです。だから心臓が血を「受けて」「流す」みたいなイメージなんです。

つまり心臓がネットワークの結び目のように無数にあって互いに血液が入り込んでは出ていくという、華厳的なイメージなんですが、何が言いたいかというと、『金剛頂経』はそういう瞑想をしているんですよ。瞑想をしているんですが〔編註：意識〕、そういう視覚的なイメージをしながら〔編註：眼識〕、護摩をたいたりして〔編註：鼻識〕、身体的に諸感覚を対話させようとしているんですよ、おそらく。身体や物のレベルで五感が混じった（東洋のような）世界もあるし〔編註：五感相互の翻訳〕、ロゴスや数で結びつけていく西洋のような世界もあるんですが、東洋人の身体的な瞑想のうちでも、複数の感覚が特定のやり方で結びつくと、何らかロゴス的というか記号的なものが現れてくる。それが心臓でもあり「心呪」でもある「フリダヤ（hrdaya）」なのではないかと思ったわけです。

齋木：せっかくの機会なので他の方も『中論』本文に即してでも、ここのあたり聞きたいとかがあればお願いします。

安原：先生がナーガールジュナの対論者とされた説一切有部では、法は三世〔過去・現在・未来〕に存在して、その反対の無常なるものが現在の刹那滅として存在するということは、僕にとってはわかりやすいんですよね。しかし龍樹はそういうものをことごとく論破していくんですが、それによって彼は何をしたかったんですかね。

清水：確かに説一切有部の教義もばかにならないんですよね。現在における生滅という考えにもリアリティがあると言うんですね。要するに、有部が生滅ということを踏まえて「実在的にある」と言っていることを、ナーガールジュナは「不生不滅」だと言い換えているだけなんですよ。だから自性は無いものの〔編註：無自性〕、ほぼほぼ「ある」。それは、「不生不滅」だからです。説一切有部との対決は道具立てを揃えて次回詳しくやります。今ここで言えるのは、説一切有部の中で救いになっていたもの〔編註：例えば「私たちはどこから来てどこへ行くのか」という魂の不死への渇望への回答〕を、彼は全部回収しながら、実体としていちいち立てない、自己原因として立てない、という論理を作っているということです。

安原：それはやはり執着というものを離れるためですか。

清水：執着を離れるというのは、まさにその通りです。執着の主体も対象も実体的にはないと言いますね〔編註：第六章「「欲望によって汚れること」と「欲望によって汚れる者」の考察」など〕。それらを蜃気楼みたいなものに語り直していって（【七－三四】）、「ああそうか、自分がこうであって、と捉われていたものは無いんだ」と思い当たらせる。無いんだと言っているのですが、「自性無きもの」としては肯定している。空なるもの〔編註：縁起的、量的なもの〕としては肯定している。もともと仏教はそうだったでしょうという龍樹の言い方なんですね。いっぽうで、逆に実在論を強調すると洋の東西を問わず難しくなってくることがあるんですよ。プラトンを読んでいるとイデア論というものが出てきますが、そこでは「美そのもの」とか、個別のものを超えた恒常的な実在について語られるわけですが、それなら「髪の毛のイデア」とか「泥のイデア」はあるのか？　とかいう議論になってくるんです。そんなものまでイデア的実在にしていたらきりがない。説一切有部にしてもある程度実在として残らないものは足切りします。一方でナーガールジュナはもっとも些細なものまで肯定しているような印象があります。「一切は不同にして不異」なんですから。同じでもなく、異なってもいないというのは、ものすごく肯定的な思想だし、「空」の思想を成立させているのものこのものの見方です。そしてそれが初期仏教にまで遡りうるのだとここまで懇切丁寧に論じられたら、「そうですね」としかいいようがない。『中論』が不可解な表現になっているところは大体「一異門破」と先ほど質問に出たループ構造からきているわけで、それさえ理解できれば、あとは読んで読み解けないものではないと分かりました。ただ最初は全然理解できませんでしたけどね（笑）。何を言っているんだろう？　と考え続けていたら、だんだん手繰るように分かってきたという感じです。この説一切有部を否定しているかどうかという質問は、本質的な質問だったと思います。次回楽しみに待っていて下さい。

森尻（ＤＪパクマン）：またちょっと、些末なことかなと思うのですが、空が無いとか有るというのはおかしいという話があったと思うのですが、第五章「六界の考察」の虚空の話なんですが、「虚空」と「空」は違いがあるのかないのかがよくわからないです。

清水：虚空と空は、僕は違わないと思いますね。ここでは「六大（地・水・火・風・空・識）」

の話をしていますからね。虚空というのは、空というものを語った段階でそれにはなんらかの相があるはずだ、という議論に龍樹はここで微妙にすり替えていますよね。空そのものが有るとかないとかいう議論になると空の実体化になるので、その相との関係に落とし込んでそこで一異門破の分析をし、空性を導き出しているわけです。四大もすべてそう考えろということなんですが、とりあえず漠然と空一般をいう場合に、何か脱色した感じで虚空といっているのではないですかね。第五章や第四章は概念がごちゃごちゃして整理が難しいですね。四大の話とかがでてくると、それがエレメントなのかなんなのか、空までそうなのかとよく分からなくなるんですよね。しかし実際には相とか、特徴や属性と一異門破的にあるものとしてすべてが語られていると思います。今回読んでいて、他に分からなかったところとかはありますか？

齋木：もう少し根本的なところで聞きたいのが、この間も少しお尋ねしたことですが、結局、私は大乗仏教の成立の背景に、「煩悩」と「仏」が二項対立的になってしまっているという大きな問題が実はあると思うんです。それで例えば、先ほど先生が一六章で語られたところで「他力の思想がこのあたりででているのではないか」ということをおっしゃっていました。そのあたりについてもう少しお聞かせ願えますか？

清水：そもそもナーガールジュナが他力的というか、自分で何かをして解脱をするという立場ではないんですよね。誰かが何かをする結果解脱するのではなく、もともと繋縛によって繋縛されているものはないんだという考えをはっきりと述べています。後世のいろいろな人が「煩悩のなかで悟る」とか、「凡夫は悟りのなかで迷っているだけだ」という表現をしている。そういう考えもちゃんとナーガールジュナの思想に現われているんです。大乗仏教はそれをどんどん進化させているだけなのではないかと思うんですよ。解脱者だけがニルヴァーナにいて尊いというのではなく、全体が肯定されていく。結局煩悩と救済を二項対立的にするのは間違っているということを、理論的に徹底して考えているのもナーガールジュナ。煩悩があっても、いかに救済されるのか、ということがそこではすでに大きな主題になっていると僕は思いますよね。

斎木：起こってくる問題として、煩悩というのも、例えば「自己原因論」とか「他因論」とか対立する考え方があった場合に、「それって間違いだよね」と仏教の名のもとに言われると、そこで論争と対立が起こって、実際その対立している姿がもはや仏教ではない形（煩悩のすがた）になっている、二項対立の中に常に陥ってしまうということがあります（編註：編者の職場の寺院では「マスクをすることは果たして仏教徒として正しいのか」とか酷い議論が日常的に繰り広げられていた）。

清水：それは仏教の内部でということですか。

斎木：それは内部でもですね（編註：例えば東本願寺は俗にお東騒動と呼ばれる東本願寺が宗派から離脱しそうになるという激烈な内紛があったが当事者たちにとっては仏道を護ろうとする真剣な闘

いであったりする」。あるいは仏教と外部との間でも、ですかね。仏教でないものに対して、仏教徒が批判するとかそういう形で。そもそも、自己原因論でも他因論でもないので〔自性が無いので〕、落ち着くところに落ち着いてくるものなのかなともおもったのですが、しかし先ほど先生が最初におっしゃったオブセッシブに意味を求める構造があって〔編註：確固たる根拠を求めたがる〕、むしろ放っておくと落ち着いてくるのではなくて――本当に長い時間をかければそうなるのかもしれないですけれど〔編註：三大阿僧祇劫を意識している〕――一生の間だと人間って、何かにこだわり続けて、何か他因なり目的因みたいなものを握りしめようとする悪循環に陥ってしまいがちで、それがまさに煩悩として生じてくるのかなあ、ということを感じています。ループというのもそのような関心から質問したものです。

清水：仏教で「誤った五つの見解」（五見）というのがありますが、そのうち見取見（けんじゅけん）というのは自分の見解だけが正しいと思う誤りのことですが、理屈と持論に拘泥するところから却って煩悩が生じていくというのはありそうですね。誰かが持っている見解に、別の理屈や見解をぶつけたら解決がつくのか。これほど頭がいいナーガールジュナが説くことだからと納得するのかというと、そうでもないということもあるでしょうね。自分は早くから仏教に関心を持ったのですが、それが教説としてだけでなく本当に世界観として成立しうるものなのかということに悩んできました。徹底的に理論的に懐疑して、それでも疑い得ないという風でないと納得できなかったので、西洋哲学もいろいろ経由して吟味してきました。西洋の思想と仏教を比較するとき、仏教学の人は僕から見ると西洋哲学のなかでも非常に有名なあたりと仏教を比較する場合が多いんですが、例えば西洋でもある時期人気を集めたが結局上手くいかなくて放棄された説など、さまざまなものがある。そうしたものが仏教でも同じように退けられていることがあって参考になるんです。単純な機械論（他因論）も自己原因論も成立しないというのは、西洋でもちゃんとそれらの見方が失敗していることからも分かります。なんらかの見解というのは、ただ単純に言われたまま信じるだけではなく、それを懐疑したり、歴史的に色んな見解が挫折してきた経緯を視野に収めることで、本当に正しいかどうか吟味することができる。一つの見解に固まってしまうというのとそれは大分違います。違った道具立てで考えてみても同じような答えになるかどうかという吟味も重要です。例えばライプニッツは、「もっとも定量的に多様な自然記述を可能にするような世界を神は選んだ」（最善律）という意味の主張をしましたが、彼のいっていることは、別に神様を持ち出さなくても、世界がそのようなものとして多様に複雑に存在することは科学的にもそうとしか考えられない。そちらからも考えて、逆にそういう摂理があるならばそれを神と呼ぼうと、ライプニッツの場合は考えている。

何かの権威を出発点にするのではなく、いろんな方向から考えてもそれが確実だという吟味をしないといけないと思うんです。仏教についても、一度ばらばらにしてもう一度組み立て直すような吟味をして、それでもその摂理が確かであるということが明らかにされるのでなければならない。そしてナーガールジュナがまさに、『中論』のなかで多方向からそういうことをやっていると思うんです。

最初の問題に戻ると、「理屈でそういってしまえば救われるのか」ということですよね。

だからこそその先、「それをどう腹に落とすか」ということばかりを、むしろ日本の仏教がやっている感じはしないでもない。ナーガールジュナに高度な理屈を捏ねられて「そうか」と頷く人はあまりいないと思うんですね。そもそもその理屈すらまるで分からないので、そちらの構造を明確に再提示して、それもなんとか分かるし、分かってくるとそれを「腹に落とす」ために伝統的に伝えられてきたものの味わいも、さらに分かるという風になっていけば、見取見の煩悩も乗り越えられるのではないか？　そんな風に思うんです（編者考察：第六章の「欲望によって汚れること」と「欲望によって汚れる者」の考察のように、煩悩も例えばある感情がある環境において高い数値になっていることに過ぎないと見ると、煩悩の持続しなさが正しく見えてきたりする。例えば無明とは知が不一不異の構造の中でたまたまショートサーキット・ループに入り込んでいるだけの状況と考えてみた）。

清水：今回やれなかった分も含め、『中論』の全体を丁寧に読みましたが、最後のほう、第二六章（「十二支縁起の考察」）まで読むと、例えば「十二支縁起についての章がなぜ入っているかわからない」という人がいますが（第二六章は若き龍樹の習作であり、文脈から外れるので巻末に入れたなどの説がある）、なんのなんの十二支縁起の再解釈が実に見事にここでなされているわけです。（龍樹の理論を読むと）また縁起の十二支があの十二支であることとや、それぞれの前後関係なども非常に理に適っていると思うわけです。しかも今回第三章「認知能力の考察」でやったような認知論とか、第七章の「行」についての考察を踏まえている。六処（六入）が、「名色」といわれている現象世界とのインタラクションを生じて、それらが一異門破的にあるとか、「行」と「識」の関係もそのようになっているのが整理されている。「名色」と「識」は文字通り順序を替えてループさせていますけどね。十二支の「無明」とか「老死」とか、前後の部分はもっと人生観的なものですが、中間の部分は普通の認知論として何もおかしくない。例えば五感が五種類あるところに意根（意識のはたらき）も足して「六根」としていますが、これは古代から現代まで何も変わっていない。一異門破とかその三段活用とかを踏まえないと、十二支縁起が何であったのか本当には分からないと思えるほどです。第一章を読んで縁起が否定されていると思うのは読みが十分ではないですね。また第二章も「運動否定」と読んでしまうと、第三章の認知論も構造は同じですから以後分からなくなってしまうわけです。

認知もそうですが、そこから人間の心理や情念について考えるとき、心理学でも最初は「健康な人の心理」というものを考えているんですね。ヨーロッパでもブント（一八三二‐一九二〇）とかジェイムズ（一八四二‐一九一〇）とかが、「こういう経験を通じて認知というものが起こる」という認知の条件一般を研究している。それは結構哲学的なものです。しかし、ヨーロッパでも「催眠術」などが出てくると、それで人の調子を悪くして、狂わすことができるということにすぐ気がつくんですね。

「人は簡単に催眠術にかかるし、狂ってしまう」ということに驚いたものだから、心理学そのものを正当化するために、「精神的に変調がある人を治すことも出来る」という方向にむしろ転じて、病理研究ばかりになってしまったという側面があります。

まったく健康な人がどういうふうに認知をしているかということは、意外に西洋人もそんなに本腰をいれて考えていないですよね。「生理化学的に脳があって……」という研究はあるけれど、本当に踏み込めば哲学になるはずです。そこへいくと仏教は古代の段階で認知のありかたを哲学的に考えていて、とても面白いなと思いました。

松浦：質問は難しいので熟慮してパスします。また深夜の座談会にお聞きしたいと思います。

齋木：まだまだ夜の「深夜の座談会」でも聞けますので十分に考えてください。これまでブディスト・ドライバー等撮影していただいた、撮影班の宇佐美さんは初参加ですが、いかがでしょうか。

宇佐美：今回初めて龍樹の『中論』を読んで、本当に難しくて、先生の講義をどこまで理解しているかということがあるんですが、自分が今の段階で、経験とかで何か解釈したところから教えてもらえればと思います。

哲学的な解釈が続いていましたが、龍樹が言おうとしていることは、あくまでも「仏教」であるので「思い通りにいかないこと」とか「偶然」とかを肯定しているように自分は捉えたいと思っていまして、そういうことが「他力」とかと繋がっているのかな、と思いながら話を伺っていたのですが、普通に生活していて、龍樹の思想をどのように取り入れていくのだろうとも思いました。

清水：思い通りにならないことを肯定しているということでいえば、前回講義の中で説明していることですが、例えば道元をずっと読んでいると、西行（一一一八－一一九〇）の和歌とかの世界観とすごく重なっていくところがあるんですよ。図に表した「識」からなる世界でも、いろいろなふうに他の人の「識」の相分にあらわれてきたりする〔編註：脱自的〕。和歌もそんなことばかり詠んでいるし、そこに見いだされるのは「思いのままにならないこと」ですよね。「〈花の色はうつりにけりないたずらに〉わが身世にふるながめせしまに〔編註：小野小町の歌〕」ではありませんが。そしてその中で苦しんだり、煩悩の中に生きているんだけれど、その中に何か悟りがあるという、結局日本人が求めて行ったことはそれですよね〔編註：前回は後鳥羽上皇の句で「我こそは新島守よ隠岐の海の荒き波風心して吹け」と承久の乱に敗れて隠岐に配流になる身ではあるけれど、心は栄華のままであるような、一つの身と一つの心とが癒着しない世界観が説明された〕。対象と向き合う自分だけで世界は成り立っていなくて、それゆえに思うにまかせないが、だからこそ執着や煩悩もある意味では散ってゆく。無自性で空な世界、色即是空の世界というのはそれですね。本居宣長の国学で「もののあわれ」と呼ばれているものが、まさに古文の心だという人もいますが、ああいう国学者たちもやっぱり仏教がわかっているんですよね。仏教を日本人が落とし込んで行って、たどりつくところはそういうところかなと僕も思います。あまりにもナーガールジュナがガチガチに論理的なので、人生観的な柔かさはないですが、実際には無常観とか、人の世は「思うにまかせない」ものだとか、そういう無力さを感じつつも、そのなかに救済も見出そうとしているというのは、確かに他力的だと思いますね。

齋木：同じく撮影班の五十嵐さんも初めてです。

五十嵐：五十嵐と申します、はじめて参加させていただいて、ほとんど僕の理解を超えていて（笑）、そもそも前提として、この『中論』は龍樹がどなたに向けて書かれているのでしょうか？

清水：嵐渓荘に来る車中でも話していたんですけれど、「ナーガールジュナの言っていることとヴィトゲンシュタインが言っていることは一緒だ」と解釈する人たちがいるんです（例えば黒崎宏『ウィトゲンシュタインから龍樹へ』という書がある）。私は両者の言っていることは「違う」と考えているんですが、しかしスタイルとしてはどちらも結局「自問自答」で同じですね。ナーガールジュナもおそらく、誰かに対して説明してはいないのです。一番ひっかかるところを自分に対して自問自答するように考えて、あるところまで切り崩して、また別のことを考えて、もう一度トライする。このようなことを繰り返す、「自問自答のドキュメント」〔編註：西田幾多郎『自覚に於ける直観と反省』の序文の「悪戦苦闘のドッキュメント」を受ける〕だと思いますよ。疑問が浮かぶかぎり最終的な答えはない。その答えを求めているのですが、誰かに説明して説得しようとはしていない。闘っているんですよ。ナーガールジュナは。

闘っている敵の姿が見えないので、我々には一人の選手〔編註：ナーガールジュナ〕の姿しか見えない。だから「何をしているのかな？」と考えてしまうのですが、「対論相手として説一切有部や犢子部や正量部と〔編註：あるいは「素朴目的因」と「機械論的他因」と〕闘っている」ということが分かったり、それを見て、「ナーガールジュナがここで使った技はこれだ」ということが理解できると、議論が追えるという気がするんです。ただ、それでも難しいので、その思想の内部構造が見えてこないと、なかなか分からないですよね。

五十嵐：そもそも当時の状況がわかっていないですしね。

清水：そうはいいますが、実はナーガールジュナが述べている当時から（！）、誰もわからなかったんじゃないですか。青目《ピンガラ》の註とか、有名な註も参照しましたが、どうもそれほど大したことは書かれていないんですよ（笑）。だからナーガールジュナは誰もわからないものを書いてしまったんだけれど、ものすごく影響があるということなんですよね。

講義を文字にしてさらに加筆すると、全面的にわかるのかもしれないのですが、今回はじめて参加されたので前段の説明が抜けているかもしれないですね。ただ、三回分の講義をまとめようとしているので、まったく同じ説明をするのもいけないなということで、少し難しかったかも知れません〔編註：まさに今回の書籍化は、『中論』に説かれる龍樹がみていた風景を、真宗学徒である我々の煩悩的思考と肉体を通して咀嚼し直し、加筆して現前させようとする試みである〕。

齋木：初めて講義を受けた人でも分かることといえば、例えば「ゼノンのパラドックス」について先生が説明されたじゃないですか。アキレスは亀に追いつけるのか？　なんて、健康な人は悩まないかもしれないですが、悩んでいる類のことが、ああいう風に行き詰まってしまうことは意外にあるような気がします。さっきいった必要条件と十分条件の話を少し聞かせてもらえればと思います。

つまり、どういうふうに人間が必要条件と十分条件をまちがえて問題を生じさせているのか。そして、ゼノンのパラドックスが必要条件十分条件をどういうふうに考えると解けるか、ということを説明していただけないでしょうか。

清水：前回からの講義で説明していますが、具体的な出発点があってそれが連鎖的に積み重なっていくというボトムアップ〔編註：必要条件を積み重ねていく〕的な考え方は、精神衛生上でもよくないんですよ。ゼノンのパラドックスも、結局それなんですよ。

「ゼノンが小アジアのエレアからまでアテネまで旅をしました」といったら、旅を実際にした全体から見れば、半分の地点はこれだし、四分一の地点はこれだしと、満了しているんですね（十分条件）。それを逆に、半分行かなきゃいけないし、そのためには四分の一行かなきゃいけないし、そのためには……とか挙げていくのは、これはボトムアップの考え方です。そうすると、必要条件は永遠に増やせてしまう〔編註：永遠の課題をこなさなければならないと到達できなくなってしまう〕。半分の半分とか、無限に分割できるのでそれはよろしくない。けっこうそういう考えをしていることはよくあるんですよ。実際に、積み上げて連鎖的にという考え方をするし、デカルトも発想はそんな感じです。しかし、ライプニッツは違ってますね〔編註：この説明に加えて亀に追いつくための必要条件ということで亀が移動していくため、難問になっていく〕。

ライプニッツは、例えば微積分で無限小を扱うときは、全体から部分をこうやって絞っていって、操作しようとするということなんですが〔編註：例えば加速度の曲線から二点をとり、二点を縮めて一点に絞って接線とし、その傾きを量的に扱うことで加速度を捉える〕、これは無限に分割された側からボトムアップに積み上げて全体に至ろうとするのとは方向が逆なんです。ゼノンのパラドックスがあったから、ライプニッツみたいなことを思いついても、歴史的に微分みたいなことはやってはいけないと思っていた人がいっぱいいるわけですよ〔編註：ゼノンが追い抜いた結果から追いついた地点を考察していくことをしない〕。哲学的に「全体から捉えて内部の要素どうしの関係を無限小に絞って変化を記述すればいい」とライプニッツは考えたから、やっとああいう方法ができたのです。他の人は「積み上げ式」でないとだめだと思っているので、「無限小をいくら足しても全体にならないから、それは不条理である」と、やはりゼノンのパラドクスにずっと脅かされたままなんです。

部分から拡張的に全体を捉えようという発想は、世界を単純化し硬直させてしまう。全体の内部の部分どうしの関係づけこそが重要なのですが、今述べた必要条件のようにそれは無数に見出されます。そこにこそ複雑性がある。しかしそれを「積み上げ式」で考えてはいけない。全体から部分を考え、部分どうしを「積み上げ式」で考えるのでないのであれば、それら部分どうしはシャッフルされる。それらの組み合わせが変わるわけですが、そうすることによって複雑さが生まれるとともに、本質的な有限の要素でそれが可能になることも分かる。ギリシャ以来の西洋の科学的な発想はみなそれで、表音文字を使う人たちの発想でものを考えている。

自性なき空というものを論じたナーガールジュナもまた、変化する世界を語ろうとしていた。全体構造から考えて、また定まりない世界というのを受容して〔編註：定性的世界観を放棄して〕、西洋よりはるか以前にそれを論理的構造として築き上げた。東洋的な文明のその後の深化を考えると、そうしたものをさらに感受性とか、情念と切り離さずに幾重にも読み取って、いろんなところに見出していくというのが、われわれにとっては救いなのかなという気がしますね。

とはいえ今回は特に集中してナーガールジュナの『中論』を理解しようという趣旨なので、論理の方に完全に比重がある。それで、とっつきにくくはなりましたね。

安原：その話で、ちょっとこの前も齋木くんに聞いたりしたことがあって、僕もちょっと、最近、ジャック・デリダについて本を読んでいたのですが、やっぱりその「ぶっ壊す」というか、ジャック・デリダは誰かを読み解こうとするとそれを全然違う方法論で語ったりするような気がしていて、まったく相手が予期せぬ答えをもってくるみたいなことをしようとしている気がしたんですね。結局、ジャック・デリダの文書をまともに読む必要はないんだという気がして、構造をぶっこわしている、つまり「脱構築」していくところを学べばいいんじゃないかということです。龍樹のこの形というのも、さきほどの質問もそこにこだわったんですが、説一切有部をぶっこわしていくというか構造を変換してくというか、龍樹は、先生は本来的な仏教とはこうだよねというところに落ち着くところがあると言いましたが、「懐疑」というか、仏教を考えていく根本的なところを「壊して」いったんじゃないかと思うんですね。

清水：具体的で詳しい仏教的な教説よりも、むしろジャック・デリダみたいに扱われる素材自体をぶち壊すような素振りの方が本質的でないかということですかね。僕はそんなにジャック・デリダの思想には惹かれないのですが、もちろん世代的には親しんでいます。ジャック・デリダの手筋がわかってくると、「二項対立」のどっちともいえないものをもってきて、そのパターンで二項対立性を解いていくみたいな方法です。それが、今見るとちょっと前に世間に蔓延していた価値相対論のように思えてくるところがあるのと、あと「二項対立」が解かれるパターンがいつも同じなんですよね（笑）。

確かにちょっと、ナーガールジュナにもそういうところがありますよ。同じパターンで「一異門破」でずーっとやっていくみたいな。そして実は（議論の内容よりも）その「構造」のほうが大切であったみたいな。そういう構造を浮かび上がらせることが本質的であるというところがある。例えば五蘊とプドガラが同じであるか同じでないかを議論することで、その構造を浮かび上がらせてしまうと、もはや結果としてプドガラを立てなくてもいいじゃないか、というようなところですね。

説一切有部の三世実有も、完全に論破して否定したように見せて、自性ある主体を除いた構造だけは有機的に繋いで温存させているというのがナーガールジュナの理論のよくできているところではないかと思います。

言わんとしているところは伝わるんですけど、ナーガールジュナは確かに奇矯な書き方をしている。話は戻りますが、そういうところはヴィトゲンシュタインにも似ている（笑）。例えばヴィトゲンシュタインは「壺だってしゃべることができる！」等、おかしいことばかりいうので、それを連打されると「やめてくれよ！」と思ってしまうのですが、ナーガールジュナにも多分にそういうところがあります〔編註：今回の講義でいうと一異門破のスタイルだけでなく、それに裏付けられた男と女の譬喩や灯火と闇の譬喩も一見奇妙である」。ただ非常に奇妙な書き方をしているんですが、そのロジックがわかれば彼の主張の普遍性がわかるものでもあるんですよね。

そもそも「一異門破！」とか、自分が使っている技とかを宣言して使ってくれないですからね（笑）。かえってジャック・デリダは「脱構築！」とか自分の技をいいますね。いや言いはしませんが、彼が脱構築しているときは読者は皆それを分かっている。漫画の『ドラゴンボール』で悟空が「カメハメ波！」と叫ぶように龍樹が「五求門破！」とか言ってくれるといいんですが。

考えてみたら我々が子どもの頃にみていた巨大ロボットアニメというのは、何で自分で叫びながら「ロケットパンチ」をだしたりしてたのでしょうか（笑）。逆に言うとそういう「演出」がないから、ナーガールジュナの言っていることは分かりづらいんでしょうね。（冒頭説明した資料は）それをもう少し可視化できたらという意味で付けました。それこそいまおっしゃったような身振り、換言すれば「技パターン」が大事というのは、そういうことですね。いずれ対論者を全部否定していくわけだし、また実はその技パターンが「否定によって肯定していく」というものだということが分かっていれば、皆落ち着いて読んでいけるんじゃないでしょうか。

安原：さっきの見解を言ったら齋木くんが不機嫌な顔でですね、同じ二項対立の解決方法でも龍樹のほうが深くて優れているというのです〔編者考察：一九六七年生まれの安原氏はポストモダンが隆盛を極めた八〇年代にその特徴である脱構築的開放感を受けて青年期を過ごし、一九八二年生まれの齋木はポストモダンが凋落しつつある昭和末期に少年期を送り、その特徴である先延ばし・無責任・倦怠感が蔓延する平成時代に閉塞的な青年期を過ごした〕。

清水：(デリダに代表される思想潮流は)「脱構築」、「ポスト構造主義」というのですが、僕は最近単に「構造主義」でよかったのではないかという論になっています。構造主義というのは、全体から部分を確定していくというギリシャの表音文字体系の頃からあった発想が二〇世紀にリバイバルして勃興してきた方法で、西洋の自然科学は本質的にずっとそういう発想なんですが、それが記号論、文芸批評、神話論などさまざまな分野にまで拡がって開花したものです。ポスト構造は、それを構造というと何か同じ構造のパターンに落として回収するもののように見えるから差異化しようとか、「構造の外部へ」とか、こじらせていたと思うんですよ。実際には複雑性もカオスも内部にあるものなのに、かえって差異的でカオス的な外部との二項対立になっていった。僕は二〇世紀のフランス現代思想とか、ああいうものはだんだん「レトロ昭和居酒屋」みたいになっていくと思うんですよ。

レトロ昭和居酒屋に入ると、日本髪でおちょこをもった女の人のポスターがあって〔編註：戦前の昭和〕、隣に松田聖子ちゃんのポスターがあって、そのへんにオロナミンCのポスターがあるといった風ですが、全部時代が違うじゃないですか。そういうふうに混じっていくと思いますよ。〔編註：前回講義で展開を構造主義も三本柱くらいの幅で考えたほうがいい説明があった。昭和はこれくらい展開の幅があるし、構造主義も歴史的・思想的幅をもったものであるという考え〕。ジャック・デリダは構造主義の全体の大きな流れの中からちょっとその批判性が突出していたところがあるけれど、齋木さんがいうのももっともなんですよ。ところで構造主義の時代に、アーシュラ・K・ル＝グウィンという作家がいて、『ゲド戦記』という有名な物語を書いたんですね。ル＝グウィンはお父さんがアメリカ人類学界の父みたいな人なんです。『ゲド戦記』は傑作で主人公はネイティブ・アメリカンみたいな雰囲気の魔法使いで人類学的な異文化を感じさせてくれる魅力的な物語だったんですね。その前期の三部作はそんな感じで、夢中になって読んだものです。それからかなり期間をおいて後半の新しい三部作というものが発表されましたが、すっかりポストモダンの時代になっていて、人種問題とか今のフェミニズムに接近した話になっていて、せっかくあれほどみずみずしく異世界を創造していたのに、西洋人の内側の葛藤の価値観に戻ってしまったなと落胆したものです〔編註：文化人類学が見出した「多自然」が、「多様性」とか「ヒューマニズム」礼賛に逆戻りしている。前回講義でも説明されたが、ポストモダンの黒と白の中間のグレーのような二項対立の解き方は、対立が永遠に引き伸ばされるだけで問題がまったく解決しない〕。構造主義からポスト構造主義への変遷というのはこれが象徴している。ポスト構造主義も構造主義の亜種としては、面白いこともいっぱい言っています。構造主義を乗り越えて云々というのは、当時そういう触れ込みで出てきたが今客観的に見るとそうではない。また一般的にポストモダンやポストコロニアル批評などは、西洋内の西洋批判に日本人が乗っかりすぎていて、面白くない感じなんです。レヴィ＝ストロースを読んだりしながら、全然関係ない、東洋そのものに戻っていったりするほうが面白いし、ナーガールジュナを語りながら日本人が自前で思想を組み立てて西洋思想を乗り越えていくということに興味があります。

安田：今回はじめて参加しました。ありがとうございました。まだ理解しきれていないので、質問したいところまで固まっていません。またお話を聞かせていただきます。

清水：初めての参加で「一異門破」とかがわからないですか。もう少し時間をかけて説明した方がよかったですかね。

安田：いえでも、話を続けていただいた方がいいです。先生がナーガールジュナも「自問自答」なんだという話をしているのを聞いて、腑に落ちたことは、短絡的な答えを自分だったら出してしまいがちかなと。

清水：（自問自答ということでいえば、）諸研究がありますが、章ごとの順番の必然性はあんまりないように思われますね。第一章〔因縁の考察〕〔編註：目的因と他因の否定〕と第二章〔「去る者」と「去るはたらき」を巡る考察〕〔編註：「主語化」の否定〕は、絶対にこの順でなければならないとおもうんですよ。どうして第三章（認知能力の考察）で認知の話になったのか、長らく気になっていた主題を考察する鍵を一、二章から得たとしか思えないですね。第四章

（五蘊の考察）と第五章（六界の考察）はつながっています。それで第六章（「欲望によって汚れること」と「欲望によって汚れる者」の考察）になると、いきなり倫理的な問題になっているし、〔第七章（行によってつくられたもの（有為法、saṃskṛta-dharma）の考察の一六で〕突然、「寂静」というような答えが出てきたりだとか、不思議でしょうがないですよね〔編註：それゆえ自問自答である〕。〔編註：例えば桂・五島の解説では第一章、第二章は人無我・法無我の総論、第三章～第八章は法無我の各論、第九章～第一二章は人無我の各論、第一三章～第一七章は自性の否定と一切空の立証、第一八章は空性によって真実を明らかにする、第一九章～第二三章は空性によって輪廻を解説する、第二四章、第二五章は四諦・涅槃の再解釈、第二六章は十二支縁起の解説、第二七章は空性による自己と世界に関する諸見解の否定と説明されている。しかし本文をみて分かるように、各詩頌のつながりの論理的必然性を考えると自問自答と考えるのは自然に思われる〕。そんな感じがします。逆に何か、これは分かったみたいなところありますか。

安田：第一四章「合一と別異の考察」の四がよくわからないです。

清水：ここは難しいですよね。

四．そして「見られる対象（色）」〔と「見るはたらき（眼根）」〕などが互いに異なることがないだけではなく、あらゆるものにとって、〔それが〕あらゆるものと別異であるということは成りたたない。

僕はむしろこういう変な文章がでてくると「ああ、これは何だろうな」って惹かれるんですよ（笑）。ここは「ええっ？」と悩んでその後リターンがあるところですよ。ちょっと図を出しますと（図10－2）、こうなって二重化が二重に起こっていると〔編註：これまで、例えば第三章では見る「はたらき」と見る「主体」の一異門破で、ここではさらに見られる「対象」をすべて同時に議論に持ち込んでいる〕、「見る対象（色）」と「見るはたらき（眼根）」があり、「見る主体（眼識）」があって三つ繋がって「見る」ということが機能しているんだけれど、全体としては「見る主体（眼識）」の側から「見られる対象（色）」で、ループが起こっており、また「見られる対象（色）」はさまざまなものでもあるので、見る主体ということをいってしまったら、見られる対象同士も、どちらも間接的につながってくるという、そういう話じゃないですかね。もちろんある「見る主体（眼識）」がすべてのものを見るわけではないで

第一四章「合一と別異の考察」における
「一異門破」の変形パターン

見る主体（眼識）
↓　↑［二重化］
見るはたらき（眼根）
↓　↑［二重化］
見られる対象（色a,色b,色c…）

図 10-2

すが、「見られる対象（色）」があるところにはなんらかの「見る主体（眼識）」がある。「見られる対象（色）」が別の主体と被ってくると、それら同士も間接的に繋がる。そうなると「見られる対象」同士が互いにまったく別異であることもありえないので…「あらゆるものにとって、それがあらゆるものと別異であるということは成りたたない」。結局、垂直方向に一異門破の関係が成立しているから、横並びに「見られる対象（色）」の別のものがきても全部繋がってしまうんですね。「見る主体（眼識）」は無自性にして空なるものに読み換えられますから、これは「色即是空」と華厳を兼ねたようなヴィジョンなんですよ。狭い意味での垂直の一異門破だったものを、不同不異の構造そのものにしているわけです。不同不異の一即多的なアレンジというか。そうすることでさっき齋木さんも話していた、ショート・サーキット的な二重性〈編註：≒素朴目的因をもった対象〉を、本当の意味で批判できるようになるわけですよ。要するに個別の見られる対象から出発していない「構造そのもの」の中にそれを入れてしまえるわけですから。プドガラを持ち出したりして語っていたものも、「構造そのものの中にいれてしまった論」で、構造だけ残して、個々のものから出発しないで、先に語ってしまえる。パラドックスとしていちいち指摘するのではなくて、すでにそれが構造として語られてしまう、というものを並べたのが八不です。「不生不滅」と「不断不常」と「不一不異」と「不来不去」、これだけ言えてしまったら、ニルヴァーナがあろうがなかろうが解脱になる。これはうまくできているなと思いました。

森尻：【一四－三】の中村訳の「乳と水」の譬えがよくわかりません。「甲と乙と〈互いに異なったもの〉が集合する（たとえば乳と水）」というところですね。

三．甲と乙という、互いに異なるものは合一する。しかし「見られる対象（色）」〈と「見るはたらき（眼根）」〉などは互いに異なるものではない。それゆえ合一するには至らない。

清水：中村訳だと括弧で「甲と乙と〈互いに異なったもの〉が集合する（たとえば乳と水）」となっていますね。『中論』の歴史的な註釈で、せっかくナーガールジュナがダイナミックに構造を立ち上げているのに妙な具体例を挙げて説明したことにする例が結構ありますが、あまり説得力がありません。この「合一」（集合）の話は、第六章「「欲望によって汚れること」と「欲望によって汚れる者」の考察」で出てくる、「共存」の話と同じじゃないですかね。もし両者が同一であるならば共存が成立しないし、別のものであっても成立しない。不同不異として成立する。「異なったものではないのだから」、「合一」（集合）するまでもないということでしょう。異なったものとも言い切れないので、「不同不異のものだと、そもそも別のもの同士が集まった（合一した）という風には言わないだろう」ということですね。よく考えてありますよこれは。今回の講義に向けて、こうやって全部説明できるように、考えてきたんですけど、思ったよりしんどかったですよ、本当に（笑）。「同じもの」でもなく、しかし「互いにまったく別異のものでもない」、それゆえ集合するにはいたらない。集合するにはいたらないんだけど、ほぼ集合してもいるということなんですね、これは一異門破なので。

あえて言うまでもないんですが、集合してもいないないししていないのでもない、共存してもいないないし、共存していないのでもない。この共存ということを、【一四-四】の「「あらゆるものにとって、〔それが〕あらゆるものと別異であるということは成りたたない」というところまで拡げて捉えると、それがライプニッツの言う「コンポッシブル（com-possible）」ということだと思います。モナドとモナドが、ばらばらに多様なまま共に成立する。それらは「共-可能的」であるという風に言います。それこそが「定量的な自然記述を最も多様な形で可能にする世界がある」ということだと思いますよ。そういう意味がコンポッシブルという言葉にはあるんです。ナーガールジュナは「共存していない」とあえていっているけど、やっぱり〔編註：不同不異の構造において〕「共存している」と言いたいのだと思います。全部そのあたりも肯定しているわけですよ。

齋木：こういう第一四章の議論も量化という考え方で考えられるわけですか。「主体」と「作用」と「対象」と。

清水：要するに「はたらき」の「主体」というものを、無自性にして空なるものに読み換えて、多様な「色」との関係において捉え、「不同不異」の構造そのものでそれを語るわけですが、「同じ」ということと「異なっている」ことの関係そのものがここでは問われていて、「一即多」に近づいているんじゃないか。ヨーロッパだとライプニッツのように数や量化を意識して多様性を考えますが、それでもモナドロジーの世界観は全体としては生命的なものでもあるんです。ある意味、いわゆる人間的「主体」ではないノン・ヒューマンまでが「はたらき」の「主体」になっているわけですよ。それが重々無尽のモナド世界であり、非常に華厳に近い世界なんですが、そうやって一番多様なものが成立していて、機械論的他因でもなく、自己原因的な目的論でもないという風になるのが、量化革命の行き着く先だと思います。そこまで行けば無自性にして空なる「主体」になる。しかし、そういいながらも定方向的になっていくんですよね。コンピュータが発達してもそれで単純に一本調子に未来予想を考えて行くとか。たえず「ドクサ（思い込み）」や「とらわれ」に絡め取られてしまう。そういうところに、永遠に人類が陥りがちな罠があると思います。

齋木：今の第一四章でも「見るはたらき（眼根）」、「見る対象（色）」が出てきましたが、第三章の認知能力の考察のところは、「私は目はどうして見えるか」みたいな問題だと思ったのですけれどいかがでしょう。

清水：ここは気持ち悪いですよね。気持ち悪いところを考えていくのが面白いんですよ（笑）。【三ー二】のように、なぜ「みずから自身を見ることがないと見えない」ことになるのか。

実に「見るはたらき」は、みずから自身を見ることがない（＊見られる対象によって、その結果としてしか成立していない）。みずから自身を見ないものが、（「見るはたらき」の原因として）どうして他のものを見るであろうか？

これがへんてこりんすぎて、理解を絶するところですよね。要するに「見るはたらき（眼根）」というのは、先ほどの図で描かれたように、「見るはたらき（眼根）」⇅「見られる対象（色）」こういう関係のなかでしか成立しない。「⇅」こういう関係を「見るはたらき（眼根）」自身に圧縮して成立するなら、「見るはたらき（眼根）」単独で成立することになり、それが他のものを見ることになるだろうが、そうではない。すると「見るはたらき（眼根）」は「見られる対象（色）」の結果としてしかでてきていないことになるが、それが見るはたらきの原因としてまずあって見るというのは、おかしいだろうということなんですよ。

ミシェル・セールの弟子筋の学者でブリュノ・ラトゥールという京都賞を取った学者がいます。彼の方法論はアクター・ネットワーク論と呼ばれるものですが、科学社会学や哲学で世界的に圧倒的な影響力を持っていました。彼は「科学的な真理は研究者集団が社会的に合意することによって（人間の側から）作られるものだ」という考え（真理の社会構築論）と、「科学の対象は人間による働きかけ以前に最初から外在する」という素朴実在論の両方を、還元主義的であるとして批判したことで知られています。彼のアクター・ネットワーク論は、「学問の対象が、研究者集団による複数のアプローチとその対象とのインタラクションのなかで、徐々に現われてくる」その過程を詳しく分析していくものなんです。「学問対象」と「研究者集団」というと集合的ですが、ナーガールジュナが個人の「認知の対象」と「認知の主体」について語っていることも構造としてはまったく同じですね。単自然論を前提としないなら、自分がいなくても他者にとってこの同じ世界があるということは言えないので、個人の認知についてもすっかり同じことが言えるわけです。

齋木：第一四章はそうした関係が、主体・はたらき・対象と分かれていると考えていいんですか。

清水：そうですね。「見る主体（眼識）」⇄「見るはたらき（眼根）」⇄「見られる対象（色）」という具合に間接的に結びつけたんですね。「⇄」のところでループしているのに、その両側のどちらかが原因として先にあるということにするのは、おかしいということなんですよ。「見るはたらき（眼根）」⇄「見られる対象（色）」もそうだったんですが、「見る主体（眼識）」⇄「見るはたらき（眼根）」はますます「去るもの」が「去る」と同じなので、それを言っているんですよね。「はたらき」からその主体が事後的に作られる、ここは理解しにくいところですよ。例えばフランス語でも、「見る」という動詞から「見るもの」という言葉をつくるんです。Voir は見るという動詞ですが、現在分詞の voyant は見るものになります。

天才少年詩人アルチュール・ランボー（一八五四‐一八九一）が恩師イザンバールに宛てた手紙のなかで、「僕は voyant（見者）になりたい」（『見者の手紙』）と宣言したというのは有名ですね。そんな風に、普通に動詞から名詞を作り、それが何かの働きをするという言語はあります。「voyant が見る」のはフランス人としては当たり前ですが、「voyant だから見るのだ」というのと同じ調子で森羅万象を説明していたらおかしい、という話なんです。

他にもナーガールジュナには、六大について語るべきところで、空大についてしか言及しないで「あとは全部同じだ」と言って済ませるとか、頭が良すぎてしつこく言い過ぎるのが嫌だというところがあります。この視覚の話も、「見られる対象（色）」と「見るはたらき（眼根）」について語って、「あとの感覚もみんな同じだ」とか、「愛とか触とか受とかも同じように成立しない」とか、ループする垂直の議論を展開しておいて、横にずらすという技も使いますね。第九章の「三時門破と第四レンマについての考察」でも、感覚のことについて語り出すとかなり複雑になりますね。

森尻：第九章の「主体」は「アートマン」について言っているんですか。

清水：ここは読み返すと不思議な啓示のあるところで、ループする垂直の議論のなかでは眼識、耳識、鼻識などばらばらでも考えてきましたが、複数種の感覚の「主体」はそのまま複数ではなく人格的にも一つの「主体」なのだというんです。無自性にして空なる「主体」も、案外人格的であるというのが新鮮でした。それで「アートマン」と暫定的に述べているんですよね。安原さんが説一切有部のほうがわかるとおっしゃっていたけど、仏教はアートマンなどを否定しているんですが、実際のところ説一切有部も「アートマン」もバージョンアップして理論的に再構築しようとしていることが分かるところだと思います。

齋木：まだ時間があるのでここで一回区切らせてもらって、今後どうするかは先生とまた相談させてください。とりあえず、第一六章までの講義の時間はここまでとさせていただければと思います。ありがとうございました。一九時から宴会がありますので、一度温泉に入っていただきたいと思います。二一時から深夜の座談会を含めて、デザイナーの関川一郎さんを交えて、書籍化に向けての編集会議もさせていただきたいと思います。嵐渓荘の大竹社長も参加してくれるそうです。わからなかったところは、そこで先生に徹底的に聞いていきたいと思います。それではみなさんゆっくり温泉に入ってください。

第三回大会

蓬平温泉 和泉屋講義

『中論』第一七章から第二七章講読

はじめに（3）蓬平《よもぎひら》温泉 和泉屋大会開催の顛末

IAAB編集長　齋木 浩一郎

初雪が積もりはじめる弥彦温泉みのやで始まった清水高志先生による講義「私たちはどこから来てどこへ行くのか」は、梅雨が到来しつつある越後長野温泉 嵐渓荘にて『中論』全体を読み解いていこうと方向転換された。ナーガールジュナの論理展開を追うことに翻弄され嘆息して頭を掻きむしる私たちを横目に、隣のスノーピークでは雪峰祭が開催されていて老若男女が歓声をあげている。

そこに突如として難敵「説一切有部」が立ちはばかる。なぜ難敵なのかというと、説一切有部は私たちの大いなる問い「私たちはどこから来てどこへ行くのか」に応えてくれているからなのだ。「私たちはどこにも行かない。あらゆるダルマは過去・現在・未来と常に保存されている」と。非常に魅力的に聞こえるが、しかし何かが違っているような気がする……(私たちには、保存されたくないこともあるのだ)。

この説一切有部との対決のために、前期末でまたしても学務超多忙の清水先生に、第三回大会を準備していただいたのであった。

気づけば真夏になっていて、大会は連日三五度を超える猛暑日に、高龍神社のふもと蓬平温泉で開催された。ここは二〇〇四年の中越地震の震源地で大変な被害があったところであり、私たちは神祇不拝であるが、龍神をまつる地であり、ここで龍樹（ナーガールジュナ）の『中論』解読を終えることは、われわれ新潟県人として特別な思いがあった。

ナーガールジュナは十二支縁起の読解で、いかに世界が解像度をあげて認識されていくのか、それと同時にいかに私たちが迷っていくのか、認知の仕組みも解き明かしている。清水先生は『中論』を解像度を上げて読んでいく。同時に私たちはちんぷんかんぷんになり、愚かな質問を繰り返す。しかし、私たち真宗門徒の役割は、親鸞の「愚」を杖にして、眩しすぎる光源の解像度を、むしろ下げていくことなのかもしれない。

私事であるが、娘（四歳）が、「人はしむのか。そしたらどこへいくのか」と聞いてきた。私は平然として、「ああ、ちょうど今、その答えの本を作っているところなんだ。パパの子どもで、良かったな」と頭を撫でた。完成に向かって加速していくこの書物は、最初から私の手を離れていたのであろう。

資料編　Le chemin de l'accumlation——ナーガールジュナからブッダに還るための準備

（ＩＡＡＢ編集部）

【清水先生による事前資料】
『中論』読解：資料——いかに読み解くか

清水　高志

（前半部分は前回資料と同様のため、前文・「一異門破」の構造・「三時門破（三世門破）」の構造を省略し、「五求門破」の構造は第三回大会講義に直接関わるために残した）

「五求門破」の構造

これも「一異門破」から派生的に導き出された論法で、やはり繰り返し登場します。「はたらき」と「はたらきの主体」のようなＡとＢとについて、①ＡはＢと同じである（同一）②ＡはＢと別異である（別異）③ＡはＢを有する（具有）④ＡによってＢがある（能持）⑤ＢによってＡがある（所持）の五つの場合について検討し、そのいずれをも否定するというのがこの五求門破です。①と②を両方否定すると「一異門破」になるのはわかりますが、正直

③と④との違いが訳によっては分かりにくい。『中論』第一〇章の火と薪についての考察第一四偈でも出てきますが、「火は薪を有するのではない」「火のうちに薪があるのではない」となっていて何が違うのか分かりません（「火において（火によって）薪がある」と訳した方が正解だと思います）。

おそらく③と④の違いは、西洋哲学で言うところの「十分条件」と「必要条件」の違いであろうと思われます。③は十分条件を語っていて、AならばBが同時にすでに言えてしまう。④は必要条件なのでBが成立するためにAが必要である、という関係であり、⑤ではBがAの必要条件になっているわけです。この「十分条件」と「必要条件」は実は西洋哲学でも隠れた非常に重要なテーマで、十分条件で考えられたものを必要条件で組み立て直そうとすると、たとえばゼノンのパラドックスのような絶体絶命のパラドックスに陥ってしまいます。十分条件は自己原因的であり、必要条件は他因の考え方です。これらの関係をすり替えるということを西洋哲学はしばしばやっており、実はデカルトもまたその一人です。

（ここまでは前回資料と同様）

ナーガールジュナは従来の仏教をどう捉えたか？

『中論』の第一六章から、ナーガールジュナは輪廻、ニルヴァーナ、業と果報、など仏教で従来説かれてきた概念を回収しようとしてきます。輪廻ということを巡って、正量部や犢子部では「輪廻の主体（プドガラ）」というものを想定します。このプドガラは輪廻にさいして「（現世の）五蘊と同一でもなく、異なってもいない」ものとされますが、それは同一であるとすると同じ主体が常恒であるということになり、異なっているとすると輪廻によってみずからに起因しない果報を得ることになってしまうからです。

この五蘊と「同一でもなく、異なってもいない」プドガラは、第四レンマの「Aでもなく、非Aでもない」という第四レンマの構造を持っています。しかしそもそも、輪廻の数だけそのような第四レンマの主体を立てる必要があるのか？　という発想にナーガールジュナは立ちます。「無明→行→識→名色→六処→触→受→愛→取→有→生→老死→…（無明）」の「→…（無明）」のところで第四レンマのプドガラが跳躍するように現われるまでもない。実は「はたらく主体⇅はたらき⇅はたらく対象」、「認知の主体⇅認知のはたらき⇅認知の対象」といった風に、二重化の作用が十二支縁起のそれぞれの支分で起こっていて、それを正しく洞察できれば執着の対象によって縛られないようになるのだ、というのがナーガールジュナの考えなのです。その洞察のための武器が「一異門破」です。そこから、「不一不異」であるという構造そのものが、主体や主語を立てるまでもなく、それぞれの支分ごとに言えるのだということが明らかにされていきます。老死から無明という輪廻の循環があろうがあるまいが、実質的にそれぞれによる束縛を超えることができる。それは、あらゆるものが自性をもたず空であることを知ることによってです。

十二支縁起も五蘊も『雑阿含経《ぞうあごんきょう》』のような初期仏典からすでにでていますが、行や識、名色などの順番はそれらで多少前後します。また唯識は行から取までの過程を「識」におよそ含めてしまって、主客のインタラクションの関係を描きだしています（無明とか、生、老死などは、認知のあり方などよりもっと大きな「人生観」です）。仏教において核心的なのは、「認知の主体⇅認知の対象」のような、二重化の関係をいかに洞察し、そこに「不一不異」の構造を観るか。そしてあらゆるものに自性があるという誤りからいかに解放されるかということであると、彼は見抜いたのです。

『雑阿含経』（三四、二四　見「火は消えたり」）にこんな話があります。ヴァッチャというバラモンが仏陀を訪ねてきて、色々な議論をします。そこで仏陀は「不常不断」を説いたり、我見と執着を離れることを説いたりしているのですが、ヴァッチャは「そのように心解脱した者は、いずこに赴いて生じるのであろうか?」と問うのです。このとき仏陀は、（ニルヴァーナに）「赴き生じる、というのは適切ではない」といい、また「赴き生じない、というのは適切ではない」ともいいます。ヴァッチャが困惑していると、仏陀は「もしなんじの前に火が燃えているとしたら、なんじは―火が燃えている―と知ることができるか?」と問います。ヴァッチャは「むろん」と答えます。次に仏陀は、「この火は何によって燃えるのかと聞かれたら、なんじは何と答えるか？」と問います。「この火は、薪があるから燃えている」と答える、とヴァッチャは言います。

「では、なんじの前で火が消えたならば、なんじは火は消えた、と知ることができるか？」と仏陀は問います。「むろん」と答えるヴァッチャ。

「ではヴァッチャよ、かの火はどこに行ったかと問われたら、なんじはいかに答えるか？」

「世尊よ、それは問いが適切ではない。かの火は薪があったから燃えたのであり、薪が尽きたから消えたのである」

仏陀はうなずいて言う。「ヴァッチャよ、まったくその通りだ。それと同じように、かの色をもって人を示す者には、色が捨てられ、その根が絶たれるとき、その人はすでになく、また生ぜざる者となるだろう。そのときヴァッチャよ、人は色より解脱したのである。それは甚深無量にして底なき大海のごとくであって、赴きて生ずるというのも、赴きて生ぜずというのも、当たらないであろう。そしてヴァッチャよ、受についても、想についても、行についても、識についても、また同じである。」

そもそも仏陀がすでにナーガールジュナが語るようなことを考えていたのでなかったら、こういう言い方にはならないと思われます。

「一異門破」、「五求門破」、「三時門破」の応用

第一九章以降、ナーガールジュナは「五求門破」や「三時門破」といった自分の論理の武器を、さらに「一異門破」と組み合わせて解体していくという思考を展開します。これによって、もともと「五求門破」や「三時門破」がどうしてそのようなものとしてあったのかも、かえって分かってくる部分があるのです。

第一九章は、時間についての考察です。もともと説一切有部の「三世実有」（過去、現在、未来を通じて「法有」は存在する）に対抗する言論として、たとえば「過去における何々」「現在における何々」「未来における何々」といったものがそれぞれ自性をもったものとしては成立し得ないことを彼は指摘して行きます。その場合割合素朴に「過去」「現在」「未来」という時間区分そのものは前提されていたのですが、この三種類の時間の区分そのものがそれぞれ自性をもったものとしては成立しえないという主張がなされます。そこで展開されるのは次のような論法です。

一・もしも現在時と未来時が過去時に依るものであるなら、現在時と未来時は過去時のうちにすでにあることになろう。

二、もしも現在時と未来時が過去時のうちにすでにないなら、現在時と未来時はどうして過去時に依ってあることになろうか？

この「〜に依ってある」「〜のうちにある」という論法は、「五求門破」の後ろの三つの例ですでに出てきたものです。すでに述べたように

「はたらき」と「はたらきの主体」のようなAとBとについて、①AはBと同じである（同一）②AはBと別異である（別異）③AはBを有する（具有）④AによってBがある（能持）⑤BによってAがある（所持）の五つの場合について検討し、そのいずれをも否定する

というのが「五求門破」でしたね。このとき③は、AはBの「十分条件」である、ということも述べました。（十分条件とは、「りんごならば果物である」のようにそのままで条件を満たしているものです）そして④と⑤はそれぞれ、「AがBの必要条件」「BがAの必要条件」という関係です。（必要条件とは、「りんごであるためには果物である必要がある」というものです）十分条件ではAとBは一体ですが（同一）、必要条件ではAにとってBか、あるいはBにとってAが他因として立てられています（別異）。

第二〇章は原因と結果そのものについての考察ですが、ここでナーガールジュナはなんと五求門破の③で④を否定し（【二〇 - 一】）、④で③を否定して結局④も否定する（【二〇 - 二】）ということをやってのけています。ここには、じつは「十分条件から事後的に必要条件が立てられているのに、必要条件が事前にあった他因のように見なされている」という二重の構造の洞察があったのですが（「③で④を否定する」ことでこれが指摘されています）。そして一方では、「④で③を否定する」ことでAとBの別異を強調しています。五求門破の③と④（あるいは⑤）のあいだには、互いに一異門破の関係が成立しているわけです。

「Aのうちに Bがある」（十分条件）、「AによってBがある」（必要条件）という表現は、『中論』の第一章からたびたび出てきましたが、そもそもそれらは一異門破されるべきものとして置かれていたのです。そして「他因の事後的生成」という、「自己原因の事後的生成」（去者が去る、のようなもの）を反転した構造がここで洞察されるので、その場合のAとBは同一なのか別異なのか、と考えて行って、不一不異であるという結論を導く、つまり、五求門破の③と④、あるいは⑤では、いずれも単独の主張として成立せずに自動的に「破」が成立するという、そんな優れものの論法が五求門破だったのです。それゆえ、五求門破まで列挙しなくとも、ナーガールジュナは「〜によってある」とか「〜のうちにある」という仮定を何度も繰り返すわけです。

遍計所執性の一異門破だけでなく、依他起性の一異門破もちゃんとナーガールジュナは考えている。それが、「～によってある」とか「～のうちにある」であり、五求門破の後半だったんですね。

【智慧の海に迷わないための概略地図】（編集部作成資料）

第三回大会はナーガールジュナの『中論』第一七章から第二七章までを通読していくということであるが、以下の流れで講義がすすんだ。文脈がわからなくなった際は、ここに立ち戻ってもらいたい。

①第一七章「業と果報の考察」からは直接的に説一切有部との対決が始まる。「アートマンの考察」（一八）、「時間の考察」（一九）、「原因と結果の考察」（二〇）、「生成と壊滅の考察」（二一）、「如来の考察」（二二）、「顛倒の考察」（二三）、「四諦の考察」（二四）、「ニルヴァーナの考察」（二五）、「十二支縁起の考察」（二六）、「悪しき見解の考察」（二七）という題からわかるように、原因・結果という因果論と過去・現在・未来のような常識的な時間論を前提として説一切有部は議論を進めるが、ナーガールジュナは「原因」と「結果」という私たちの常識すら揺さぶってくる。自性（≒遍計所執性≒素朴目的因）があるものとみると変化することが説明できないし、他因（≒依他起性）だとすると連続が説明できない。ナーガールジュナはこれを例のごとく「一異門破（同一であることを否定し、異なることも否定する、肯定的にい

えば不一不異の構造として始めて成立する）で説明していく。第三回講義は主に時間論であり、それを解釈するのにライプニッツの「連続律」が補助線として使用された。つまり「静止」とは「無限小の運動である」ということである。「無限小」という概念をつかい「静止」と「運動」という反対のものをくっつけている。そもそも「一異門破」で表される肯定的な構造とは、それを援用すれば「連続（一）とは無限小の差異（異）」と表現できるのであり、これで連続と変化を同時にいうことができる。つまり「不一不異の構造」の独立したカップル同士が、つぎつぎに連続できることになるのである。

②これからの章ではこの「不一不異」の概念を時間論に応用することで、始まりも終わりもない非還元の「不生不滅」の構造と、有（常見）と無（断見）を離れる「不常不断」の構造と、構造の項目を主語化（素朴目的因化）させない「不来不去」の構造、つまり「八不」の構造が抽出されている。清水説では、これに「如来」（第二二章）であれ「ニルヴァーナ」（第二五章）であれ、主語化されたものを入れてしまうことは、論理の蒸し返しに過ぎず余計であるので、第四レンマまで否定されて、むしろ構造こそが重視される。自性としては否定されながら「無始無終」の構造の中で肯定され、どこにも還元が行なわれないことが「ニルヴァーナ」なのだということであろう。

③「四諦の考察」（二四）、「ニルヴァーナの考察」（二五）、「十二支縁起の考察」（二六）は、むしろ無自性、「空」によって「四諦」「十二支縁起」という初期仏教の教義が論理的な過誤

がなく説明できるのだということである。つまり不一不異の構造を前提に成立しているというのが清水説であり、第一回大会から継続して主張している「大乗非仏説」への批判が正鵠を射ていたことが明らかになる。「顛倒の考察」（二三）では三毒の煩悩の発生のもとは無常・苦・無我・不浄を常・楽・我・浄と顛倒してしまうことから起こると説明するが、それも不一不異関係からできるものであり、煩悩と菩提の不一不異の構造（煩悩即菩提）の萌芽も見られる。十二支縁起は五蘊や唯識でいわれる人間の認知の大きな構造の中に、「顛倒・無明」を入れてしまうと、解像度があがるように煩悩が増大していくが、不一不異の構造の中で成り立っていること（無自性・空）を明らかに知ることで還滅門（逆観）に転じていく。

【事前確認事項その1　ライプニッツの連続律・矛盾律・充足理由律・最善律】

①連続律「私は又、すべて創造された存在は変化を受ける。したがって創造された単子も変化を免れない。その上その変化は各の単子の中で連続的に行われるといふことは誰でも承知しているものと考える」（河野与一訳『単子論』一〇）。今回の講義の重要概念。

②矛盾律・充足理由律「我々の思惟は二大原理に基づいている。一つは矛盾の原理で、それによって我々は矛盾を含むものを偽と判断し偽に反対な若《も》しくは偽に矛盾するものを真と判断する」「もう一つは十分な理由の原理で、それによって我々は、「何故こうなってああはな

らないかという十分な理由がなければ、どんな事実も真であること若しくは実在していることができず、どんな命題も真実であることができない」と考える。尤《もっと》もそういう理由は我々に知られない場合が極めて多い」（『単子論』三一、三二）

③最善律　『形而上学序説』等に説かれる「予定調和説」。第一回大会・第二回大会講義で詳説された「定量的な自然記述を最も多様な形で可能にする世界を神は選んだ」ということ。

【事前確認事項その２　説一切有部・経量部・正量部の業説】

犢子部《とくしぶ》－正量部《しょうりょうぶ》は説一切有部から分派した流れ。経量部《きょうりょうぶ》には世親等が所属していた期間があるとも言われるが論書が残っていない。説一切有部と共にアビダルマ仏教とされるが、論書より経典を重んじた。『中論』第一七章「業と果報の考察」では説一切有部の「無表業説」、経量部の植物の譬喩による「心相続説」と正量部の債券のような「不失法説」がそれぞれ（苦しいながらも）業の連続を説明するために用いられる。

【事前確認事項その３　「戯論」・「仮設」のような「仏教語」について】

今回の講義では一般的に重視される「戯論（prapañca, プラパンチャ）」や「仮設（prajñapti,

プラジュニャプティ）」について、後の中国仏教を中心に展開するような専門用語ではなくあくまで日常の用法で読めるような扱いをすることが特徴である。すなわち、第一レンマ、第二レンマ、第三レンマまでの考えは当然「戯論」であり、第四レンマの構造の中で初めてなりたつ諸概念は「仮設」であると理解できるのであろう。

――灯火の炎の連続と消えゆくナーガールジュナ、『中論』第一七章から第二七章講読

▼二〇二四年七月二〇日　一六：〇〇から一九：〇〇
▼テーマ：ナーガールジュナの『中論』第一七章から第二七章（最終章）まで、時間論・因果論を中心に説一切有部との対決を講究し、さらにテトラレンマ（四句分別）に立ち返り「私たちはどこから来てどこへ行くのか」を明らかにする。
［編集部］齋木浩一郎　DJパクマン（森尻唯心）TOMOER［顧問］安原陽二
［一般参加］宇佐美基（撮影）光井証吾　松浦寿公　大竹啓五（嵐渓荘社長）関川一郎（デザイン）

【『中論』は超論理ではない】

第三回大会となりますが、よろしくお願いします。

さて、これまで読んできたこのナーガールジュナの『中論』は、実際には「超論理」としか考えられてこなくて、一八〇〇年以上理解されないものだったと思うんですよね。ちなみに、例えば昨年執筆した『空海論／仏教論』（以文社、二〇二三年）では、空海の『吽字義』

を読むことを試みたのですが、それは一二〇〇年ぐらい理解されてこなかったものです。さらに根本的なテキストを読みこんでいきたいという趣旨で、ナーガールジュナの『中論』を読んでいるということです〔編註：「超論理」とされてしまったがために論理的に一八〇〇年も理解されてこなかった歴史があるということ〕。

前回の嵐渓荘大会では第一六章「繫縛と解脱との考察」までを読んできて、あと十章ばかりを残したところで時間いっぱいになってしまいました。

今回は残りの第一七章「業と果報の考察」から続けます。

そして、これが同じような内容が繰り返されるのかなと思ったら、実に内容が詰まっていて、説一切有部との対決が本格的に始まってくるのです。第一七章から始めるのが適切だったのかな？ と後悔しました。説一切有部の説が何章にもわたって延々と語られる（第一八章「アートマンの考察」、第一九章「時間の考察」、第二〇章「原因と結果の考察」……）という厳しい展開なんですね（笑）。

それでまず、前回までの内容について振り返ってみようと思うんですね。今日の資料を参照してください。「五求門破」と「一異門破」について前回資料を添付しています。（第一回大会から話していたように）いわゆる「素朴目的論」〔編註：迷い①〕がヨーロッパでも東洋でもあるわけですよ。「石は落ちるものである」、「火は上がっていくものである」など、そういう性質を目的として持っている。それではその原因は何なのかというと「石自身がそういう目的性を持っている」と、現象自身に原因を帰してしまう。それが西洋の近代初期になると、原因は他にあって、他因が鎖のように連鎖して、歯車が噛み合うように説明される〔編註：「近代機械論」、迷い②〕。こういうものがデカルトだとか、ホッブズの考え方でした。

そして、東洋思想でも同じことを言うんです。要するに、あるものの表れ、「ありよう」がある。『中論』に即して言えば「何ものかが去る」という言葉があり、なぜ去るんだというと、「去るもの（去者）」が去るのだ、と「主語化」して、自己原因で目的を立てようという説明がなされるのです。これは仏教語では「遍計所執性」と言われまして、『中論』の第二章でボロボロに叩かれて、批判されることは既に確認したところです。

そして、もう一つ、他因があって世界ができているという世界観があるのですが〔編註：仏教語では「依他起性」〕、これも近代初期になってでてきました。しかし、これも前回も言いましたけれども、原因というものはあまり辿れないわけですね。落ちる「万有引力」が働いているからだとニュートンも説明するわけですが、「じゃあ、引力の原因は何？」と問われるともはや「神が……」とか言ってそれ以上辿れない。「原因を鎖のように辿っていく」という方法をデカルト等もぶち上げますが、そんなには成立していないわけなんですよ〔編者考察：原因ということについては今回の講義で扱う第二〇章「原因と結果の考察」で直接論じられるが、第一章「因縁の考察」から、『中論』が繰り返し洞察している重要なテーマであることがわかる〕。

また、前者については性質に着目して記述していくので「定性的な自然記述」と言いますが、これはアリストテレスや中世のスコラ学もみんなそうです。これは「ものには隠れた性質があって、だんだん自分でそれが発展していくのだ」という考え方です。

仏教はこれを否定していく。仏教だと「自性」と表現しますね。結論からいうと、ナーガールジュナは、ものは「無自性」であって、そして「空」であるという説なのです。「空」というのは、「無自性」〔編註：定性的な自然記述の否定〕ということなのです。

そして、西洋においてこの「定性的な自然記述」に代わって登場するのが「定量的な自然記述」なんですね。「数にする」ということはその中でも非常に大きな転換点で、「量化革命」が起こってきて、一回フラットな形で数理的に物理現象を説明する流れが出てくるのです。

【ライプニッツの連続律の「無限小」概念と「一異門破」】

ところが今回『中論』を読んでいて思ったのは、「一異門破」、同じでも違っているのでもないということを延々と繰り返していましたね。西洋の量化でいえば、ライプニッツは「微積分」というものを考えた人として有名ですが、そこで面白い表現をしていて、例えば「静止は無限小の運動である」というような定義をしています。これは全く反対なもの〔編註：ここでは「運動」と「静止」〕を、「無限小」概念を使うことによって、吸い付くようにくっつけてしまっているのです。この「無限小の運動」は微分で出てくる概念ですよ。

これまでの「連続性」を、無限小のなかで反対のもの同士がくっついているような形で考える、そうすると加速度が微妙に上がっていくとか、本当に初発の運動からその後の変化まで含めて運動の全体を捉えられる。ライプニッツはこういうことを考えたわけです。

それまでは「慣性運動」のように、同じものを引き伸ばしていくのが「連続性」だと考えられていた。だからこれは変化から運動を捉えるライプニッツとベクトルが全然違うんですね。反対のものを吸いつけるように考えて扱える。「これは良いことを思いついた！」とライプニッツは考えた。

もっと変な定義をいろいろしています。「与えられた二つのもの同士の差異が無限小であれば得られる結果の差異も、それら同士で無限小である」というような一般的な定義をしているんですね。これで反対のものを合わせるということを何か考えている。案外「一異門破」というものは、そういう〔編註：ライプニッツが定義したような〕ものなのではないかと思ってきましたね。

一異門破とは「不一不異」つまり「Aでも、非Aでもない」という構造です。インド人の論理では、これを例えばAという命題があると、「Aでもなく」(第一レンマ)、「非Aでもなく」(第二レンマ)、「Aかつ非Aでもなく」(第三レンマ)、「Aでもなく非Aでもない」。これをテトラレンマ(第四レンマ)といいます。一異門破はあらゆるところに第四レンマを考えていきます。

考えていくときに、何をしているかというと、ちょっとこの資料にも書いてあるのですが、要するに、「認識主体」と「認識の対象」で言えば（【☞第三章 認知能力の考察を見よ】、認識の対象があるから認識主体が出てくるのに、それがループしている。つまり対象の「結果」として実は認識主体が出てきているのに〔編註：対象を認識した事実から事後的に認識主体が確認されているのに〕、つまりはたらきが結果としてあるから、はたらきの主体とされるものがさらにその「結果」として現れているのに、いつのまにかそれが「原因」とされている。

これがナーガールジュナによって徹底的に批判されているという話なんです。またこのとき、それでは「認識主体と認識対象は一緒なんですか？」と言うとそれはおかしい。「違うんですか？」と言うとそれもおかしいということで、一異門破がずっとなされていくんですね。「原因」と「結果」のように反対のものが「どちらでもない」というロジックで個別撃破されていきます。

それで資料を見ていただきたいのですけれど、前回までの流れでは、ナーガールジュナは、彼以前に説かれていた概念を全部否定しているようで、実は救おうとしている。説一切有部（への批判）もそういう流れで出てくるんですね。

説一切有部から分派した正量部や犢子部では、「輪廻の主体」というものを考えるわけです。輪廻の主体を「プドガラ」といいます。いろいろな情念を人間が増大させて、それに絡めとられてしまうということをさまざまな人がいろいろに考えて、唯識だったらこういう構造ですよね。（図1－3）五感があって対象があって、フィードバックループがあって、それでだんだん執着や情念を自己増殖させてしまうというような話があるんです〔編者考察：例えば第四レンマの無始無終の「構造」の中に主語化によって自性として固定化された情念を入れ込むと、ハウリングでスピーカーの増幅された出力をマイクの入力が拾ってさらに増幅し続けるようになってしまう〕。

これも戻りますけれど、要するに「はたらき」から「はたらきの主体」が捏造されて強固になっていく〔編註：主体が前提とされてしまう〕のと同じようなことなんですが、それを考えた場合、古くから仏教で言う「五蘊」ということと関係するんですが、「色・受・想・行・識」ですよね。そういうものと輪廻主体、つまり生きていて、情念を増幅させているものと、輪廻主体は同じなのか、違うのかとい

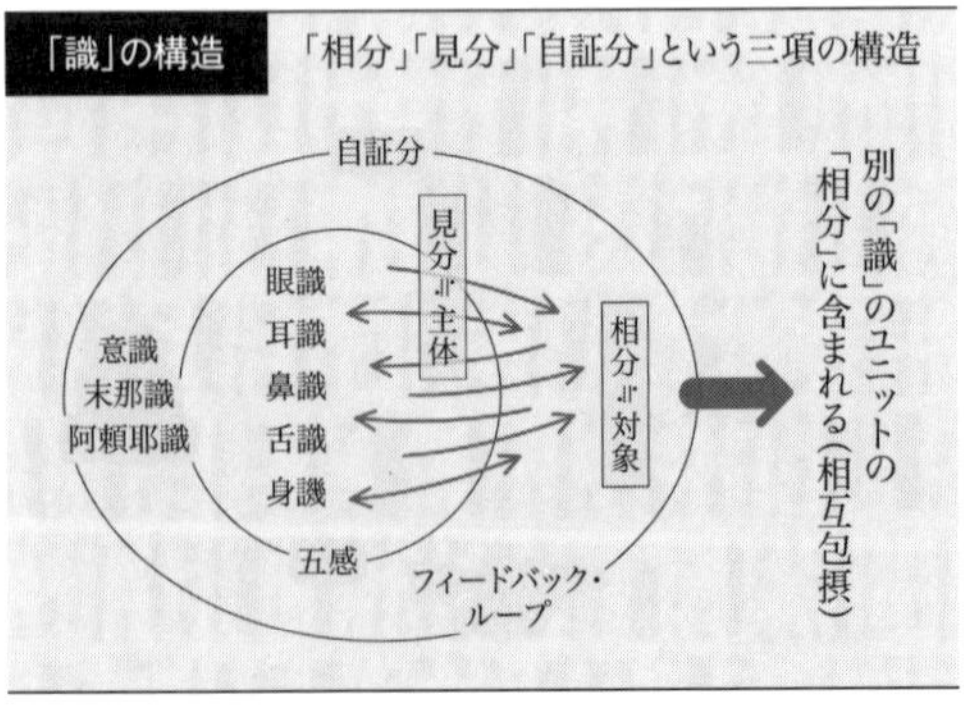

図 1-3

う話が出てきて、同一でもなく異なってもいないという「プドガラ」（非即非離蘊）というものを想定したわけですよね。これが正量部や犢子部が考えたことだった。

今回の資料（ナーガールジュナは従来の仏教をどう捉えたか？）ですが、十二支縁起が書いてあって、「無明」、つまり根本的な無知から「行」サンスカーラ（saṃskāra）ですね、何かに働きかけて、形成作用と結果の両方を意味する言葉ですが、そこから次に「識」というものが出てきますが、さらに「名色」と言って要するに、現象としての認知対象ですよね、また「六入（六処）」というのは五感があって＋意識があって六つで六入（六処）があらわれ、そこから「触」という外界との接触が生じて、「受」でそれを感受して、「愛」でそれを望む心が出てきて、「取」という執着が生まれ、このまま生まれなかったら解脱してしまうんだけれど、執着が生まれているからこんどは「有」がにわかにここでやっとでてきて、有があるから、「生」があって、生があるから、「老死」があってそれが輪廻していく。そういう世界観ですよね。

それでこのナーガールジュナの『中論』の最後の方まで読むと、十二支縁起はすごくよくできているなと思うようになりました〔編註：第二六章「十二支縁起の考察」〕。これまで解説されてきたほど、これは順番ではないと思うんですよね。

つまり初期仏教、例えば『雑阿含《ぞうあごん》』にも出てくる「五蘊」という考えだと、さっき言った通り、色・受・想・行・識だと「色」がつまり（十二支縁起でいう四番目の）「名色」が（十二支縁起でいう二番目の）「行」よりも前に出たりするんですよ。例えば唯識では「識」の中に「六入（六処）」にあたるもの、「触」にあたるもの「受」にあたるもの、「行」にあたるものが混じった感じになっていますよね。根本的に「これは何なんだろう?」〔編註：なぜ順番が入れ替わっているんだろうか〕ということが仏教を理解する上で大事だと感じていますが、だんだんその「構造」がナーガールジュナとともに解けてきたという気がするんですね。

ここにも書かれているプドガラというよくわからない輪廻主体のようなものをいちいち〔編註：原因的に別に〕立てるのではなく、例えば認識が起こって認識主体が発生するというような場合に、既に「一異門破（不一不異）」という形でループが起こっていて、同じでも異なっているのでもないという、そういう現象そのものが「主語なしに」成立するということを先に言ってしまえば、もはやそういう事柄を立てるまでもないのではないかというのが、ナーガールジュナのこれまでの論理だったんですよ。

それで資料ではちょっと『雑阿含』の中で面白いなと思ったものを挙げています。十二支縁起の話でも、「輪廻」というものが現代人はわからなくなっていて、近代以降の哲学者・仏教学者、例えば和辻哲郎とかもみんな「輪廻なんてありえない」と頭から思っているので、全然仏教がわからなくなっているのです。

しかし、認知の対象から逆に認知主体ができていく。それでフィードバックループでお互いを強化する。これは西洋哲学的な考えでは変な考えではないですよ。ウィリアム・ジェイムズはほぼそういう考え方です。経験一元論と、「一」と言ってしまうのが〔編註：還元的で〕良くないですが、西田もそうですよ。ベルクソンもほぼそうです。認識主体が認識対象とのインタラクションから出てくるという考えは、最初から認知できる主体があることを想定してしまうよりは、別に普通ではないでしょうか。そうであれば、例えばそのようなインタラクションが生まれると、「趣《しゅ》」という「生活環境」に落ちていく。悪い生活環境を「悪《あく》趣《しゅ》」という。餓鬼や畜生同然の生き方をする人もいる。そのような環境の中にとらわれた人が、そういう「人格」で固定化されてきたとして、その生活環境と認知対象があるのであれば、そこに生きていた人が死んだら、また同じようなところに吸い寄せられるという考え方はそれほどおかしくないとは思います。

それで輪廻をナーガールジュナが肯定するのかというと肯定もしないのだけれど、形としてはそうした前提も救われた感じになってしまうのです。

十二支縁起だと事前にこの構造で、「老死」まで行って、また「無明」に戻るのですが、それを（一異門破で）内部撃破していって解脱をするということですから、そう考えると、仏教は実によくできていると思うんです。

ところで『雑阿含経』の二四、三四を「火は消えたり」というタイトルで増谷文雄さんが翻訳したものがあります。『仏教の根本聖典』（大蔵出版）という、初期の経典をいろいろ取り上げた本が出版されたんですね。『雑阿含』とか、『相応部』は、仏典として一番古いものですよね。

ヴァッチャというバラモンが仏陀を訪ねてきて、色々な議論をします。そこで仏陀は「不常不断」を説いたり、我見と執着を離れることを説いたりしているのですが、ヴァッチャは「そのように心解脱した者は、いずこに赴いて生じるのであろうか？」と問うのです。このとき仏陀は、（ニルヴァーナに）「赴き生じる、というのは適切ではない」といい、また「赴き生じない、というのは適切ではない」ともいいます。

ヴァッチャはそのように心解脱したものが、「いずこに赴いて生じるのであろうか？」と問うのです。「赴く」というのが「去るもの」とか「来るもの」と関係しています。「不来不去」とかいう話をずっとしてきましたが、要するに、如来の原語ですら「タターガタ（tathāgata、如来、如去）」ですから、「来る」とか「行く」とかいう意味になるんですね。「タター（tathā）」の後に否定の接頭辞「ア（a）」が来ていると見るか見ないかで「来る（āgata）」とか「行く（gata）」とかになるのですが、これも重要な議論です。そうするとブッダはニルヴァーナに「赴き生じる、というのは適切ではない」と言っているんですよ。また「赴き生じない、というのは適切ではない」と、両方テトラレンマ（第四レンマ）的にブッダはわざわざ否定しています。

ヴァッチャが困惑していると、仏陀は「もしなんじの前に火が燃えているとしたら、なんじは—火が燃えている—と知ることができるか？」と問います。ヴァッチャは「むろん」と答えます。次に仏陀は、「この火は何によって燃えるのかと聞かれたら、なんじは何と答えるか？」と問います。「この火は、薪があるから燃えている」と答える、とヴァッチャは言います。

「では、なんじの前で火が消えたならば、なんじは火は消えた、と知ることができるか？」と仏陀は問います。「むろん」と答えるヴァッチャ。

ここで例えば、「去る」とか「来る」とか【☞第二章「去る者」と「去るはたらき」を巡る考察を見よ】、「薪」とか「火」とか【☞第一〇章「火と薪（燃料）」の譬えについての考察を見よ】、ナーガールジュナが使っている材料がもうここで出てきます。

「ではヴァッチャよ、かの火はどこに行ったかと問われたら、なんじはいかに答えるか？」「世尊よ、それは問いが適切ではない。かの火は薪があったから燃えたのであり、薪が尽きたから消えたのである」

仏陀はうなずいて言う。「ヴァッチャよ、まったくその通りだ。それと同じように、かの色をもって人を示す者には、色が捨てられ、その根が絶たれるとき、その人はすでになく、また生ぜざる者となるだろう。そのときヴァッチャよ、人は色より解脱したのである。それは甚深無量にして底なき大海のごとくであって、赴きて生ずるというのも、赴きて生ぜずというのも、当たらないであろう。そしてヴァッチャよ、受についても、想についても、行についても、識についても、また同じである。」

つまり、火がどこかに行ってしまったわけではないということです。「不生」（生ぜざる者）という概念が既にここに出ていますよね。そして、「受」についても「想」についても「行」についても「識」についても、薪が尽きて、消えるように一つ一つ消していくという事ですね。そもそもブッダがナーガールジュナが考えていたようなことを考えていなかったとしたら、こういう言い方にはならないと思うんですよ。だから説一切有部よりブッダの言っていることの方がナーガールジュナに近い。

これはもう最初期の経典ですから、そういう風になるんじゃないか〔編註：大乗仏教は初期仏教の根本を受け継いでいる〕ということですね。

それで、その十二因縁自体も、順観といって「無明」があるから「行」がある、「行」があるから「識」がある、「識」があるから……と展開していくものと、あと逆観というものがあって、「老死」がないから「生」がないとか言うのですけど、実際「老死」がないから

「生」がないって変じゃないですか。

だから、要するに十二支分の一つ一つを一異門破的に消していくということですよ。「主語」として。それを順繰りにやっているという風にしか考えられないですよね。実際にはブッダ自体がナーガールジュナの言うように考えていたのであろうということは、私にはもう疑う余地がなくなってきました。

「初期仏教と大乗仏教は全然違うものである」という説は、いったい何を錯覚していたのか、もうむしろ逆にわからなくなりましたね〔編註：第一回大会の「大乗非仏説」への反論を参照〕。「ブッダは最初からすべて考えているじゃないか」と。それでナーガールジュナがすごいというような話をすると、西洋の研究者がすごくムキになって絡んでくることがあるのですよ。「ブッダがテトラレンマを知っていたというエビデンスは、何の経典のどこにありますか」と、すごく間が抜けたことを聞いてきます。（先ほど確認したように）どこにでもあるんですよね。『雑阿含経』でも『相応部』でも、どこでもあるのですが、背景を考えると、ここまで複雑なことをインド人が考えていたということに対してコンプレックスを刺激されるんだと思いますね〔編註：例えば第一回大会に古代ウパニシャッドの哲人ウッダーラカ・アールニ（BC八〇〇頃）がエンペドクレス（BC四九〇頃-BC四三〇頃）の「四大元素説」よりはるか前に「三分結合説」を主張していることも指摘されていて、今回講義の質疑にても改めて確認される〕。僕はヨーロッパの哲学は体系的にギリシャからドイツから学んできたので（笑）、理解した上で「いや、インドはすごいよ」と言われると、ものすごく絡んでくるんですよ。

ちなみに最近「炎上」した「弥助」騒動も同じ感情に由来するのかもしれません。トーマス・ロックリーという人が、この人は英語の先生らしいのですが、その著作で「日本の戦国時代に黒人奴隷を使うことが流行していた」という説を流布していて、「それはおかしい」と日本人が騒いでたら、デイビッド・アトキンソン（経済学者）という人が「奴隷を使っていなかったというエビデンスはあるんですか？」と発言しました〔編註：「……が無い」という証明は不可能か非常に困難で「悪魔の証明」と呼ばれる〕。あれと同じ感じで絡んでくるんですよね。

それはともかくとして、これらを踏まえて内部へ入っていこうと思います。

【第一七章　業と果報の考察——説一切有部も経量部も正量部も連続をうまく説明できない、第三レンマから出られない】

第一七章　業と果報の考察

一．【説一切有部の主張】みずからを制し、他者を益する慈悲の心は、法（ダルマ）であって、今生においても来世においても果報を受ける種子である。

二．業には、「心に思っているもの（思業《しごう》）」と「心に思ってから表面に現われたもの（思已業《しいごう》）」があり、またその業にも多くの種別があると最高の聖仙（仏陀）は説かれた。

三．そのうち「心に思っているもの（思業）」は、〔身、口、意の三業のうちの〕意業であり、「心に思ってから表面に現われたもの（思已業）」には、身体に関わる身業と言葉に関わる口業がある。

四．〔業には〕①言葉によるもの（口業）、②身体による振るまい（身業）、③悪業になりうるが「いまだ効果が表に現われていない（無表）」もの、④それとは別の、功徳になりうるが「いまだ効果が表に現われていない（無表）」ものがあり、
五．また⑤〔善い果報の〕享受をもたらす功徳と、⑥同じく〔悪しき報いを〕享受させる

悪業と、⑦心に思っているもの〔思業〕の七種類が、業の特徴をしめしている。

六．【答え】もしその業が、果報が熟するまで持続しているのなら、それは常恒であることになる。またもしその業が滅してしまうのなら、すでに滅したものがどうして果報を生じるだろうか？

七．【経量部による有部批判】種子から芽を始めとする〔植物の〕連続〔相続〕が現われて、そこから果実が現われるが、種子がなければそうした連続〔相続〕は現われない。

八．種子からそうした連続〔相続〕が生じるが、その連続〔相続〕から果実が生じる。先に種子があり、〔連続〔相続〕を介して間接的に〕それを前提として果実が生じるのであるから、〔原因としての〕種子は断絶しているのでも、常住なのでもない。

九．〔原因としての〕かの心業から連続〔心相続〕が生じ、その連続〔心相続〕から果報が生じる。その連続〔心相続〕は、〔原因としての〕心業なくしては現われない。

一〇．心業から連続〔心相続〕が生じ、その連続〔心相続〕から果報が生じる。先に心業があり、その連続〔心相続〕を前提として果報が生じるのであるから、〔原因としての〕心業は断絶しているのでも、常住なのでもない。

一一．十白業道は、法にかなった行いを成就させる手段である。その果報は、今世と来世における感官の欲求の満足〔五欲楽〕である。

一二．【正量部による経量部批判】もしそのように分析するならば、多くの誤りがもたらされることになる。これらの点についてそのように考えることは不可能である。

一三．諸仏、独覚、声聞らによって説かれた、この問題に対する正しい考えを、私は説こう。

一四．〔業をなしたあと、その業は滅するがその果報（業果）を得るまで失われず存続する〕不《ふ》失法《しっぽう》は、債券のようなものであり、業は債務のようなものである。不失法は四界（欲界、色界、無色界、無漏界）にわたって四種であり、本性としては〔善でも悪でもなく〕無記である。

一五．それは、四諦を見ること（見道）によって〔智恵によって一度に〕断ぜられるもの（見道所断）ではなく、修道によって断ぜられるものであり、それゆえもろもろの業の果報が不失法によって生じるのである。

一六．〔不失法が、〕もし見道所断のものとして断ぜられるなら、あるいは業が〔違うあり方に〕移ることによって断ぜられるなら、業の破壊という誤謬がもたらされることになるだろう。

一七．あらゆる業は、同種なものも異種なものも同じ領域（界）でただ一つの不失法を生じる。

一八．この不失法という法（ダルマ）は、二種類（善悪）の業のすべてにおいて生じ、果報が熟したときにも存続している。

一九．不失法は果報の境地を超えるか、死〔とその後の再生〕によって滅する。その場合、「煩悩のないもの（無漏）」と「煩悩のあるもの」の違いが示されることになるだろう。

二〇．〔業が変移するので〕空性であって断滅論ではなく、〔来世まで存続するのは不失法だけなので〕輪廻であって常住論ではない、〔そのようにして不常不断な〕業の不失法は、仏陀の説くところである。

二一．【答え】業はなにゆえ生じることがないのか？　それは無自性なものだからである。またそれは生じないのであるから、滅することもない。

二二．もし業が自性をもつ（＊自己原因的な）ものとしてあるのなら、疑うことなく常住であろう。また業は（誰かによって）作られるものではなくなるだろう。常住なるものは〔誰かによって〕作られることがないからである。

二三．もし業が（誰かによって）作られたものでないなら、作られたことのない業の果報があることになるだろう。またその場合、「清浄な行い（梵行）」を実践しているのではないのに、「清浄な行い（梵行）」の果報があるということになるという誤謬が付随することになろう。

二四．そうすると疑いなく、世間のあらゆる営為が否定されてしまうことになる。また善をなす人と悪をなす人との区別もできないことになる。

二五．もしも業が「果報の時期が決まった業（決定業《けつじょうごう》）」であるから、自性があると言うのならば、すでに果報が熟した（ことによって決定した）業にさらにまた、果報が熟することになるだろう。

二六．業はそれ自体煩悩であるが、もろもろの煩悩は真実なものではない（空である）。もし煩悩が真実なものでない（空である）なら、どうして業が真実なものであることがあろうか？

二七．業ともろもろの煩悩は、もろもろの身体にとっての条件であると説かれている。もしも業ともろもろの煩悩が空であるなら、もろもろの身体について何を語ることがあろうか？

二八．【反論】無明に覆われ、渇愛という煩悩を持っているのが衆生であり、業の果報を享受する者である。彼は「業の主体」と異なっているのでも、同じなのでもない。

二九．【答え】業は縁によっても、縁でないものによっても生じない。「業の主体」もまた存在しない。

三〇．業も、「業の主体」も存在しないのであれば、「業の果報」はいかにしてあり得るであろうか？　また「業の果報」がないなら、その享受者がどうしてあり得ようか？

三一．あたかも神通力を備えた師（仏陀）が、それによって幻人を作りだし、その幻人がさらに別の幻人を作りだすように、

三二．「業の主体」はそうした幻人のようなものである。作りだされる業も、幻人によっ

て作られた別の幻人のようなものである。
三三．もろもろの煩悩も、もろもろの業も、もろもろの身体も、もろもろの「業の主体」も、もろもろの「業の果報」も、いずれも蜃気楼のようなものであり、陽炎や夢に似たものである。

これから読み進めていく第一七章は、説一切有部の説明が長くて、説一切有部の世界観に対して、「これは一異門破が起こっています」「これは一異門破三段活用です」と説明できる箇所が色々とあるんです（笑）。

説一切有部による業の分類が、この第一七章の冒頭では展開されるんですね。

まず、身・口・意の三業です。

身体的な業（身業）と、言葉（口業）と、心に思うこと（意業、思業）、思業《しごう》と言いますが、それを七つに分類しています。中村訳では「行為」と訳していますが、まあ業はもう日本語ですから、業と言った方がわかりやすい。【一七‐一】は今生においても来世についても過去がついて回る「業」があるという意味です。【一七‐二】からは業の分類です。

二．業には、「心に思っているもの（思業《しごう》）」と「心に思ってから表面に現われたもの（思已業《しいごう》）」があり、またその業にも多くの種別があると最高の聖仙（仏陀）は説かれた。

【一七－三】【一七－四】【一七－五】です。

三. そのうち「心に思っているもの（思業）」は、〔身、口、意の三業のうちの〕意業であり、「心に思ってから表面に現われたもの（思已業）」には、身体に関わる身業と言葉に関わる口業がある。

四. 〔業には〕①言葉によるもの（口業）、②身体による振るまい（身業）、③悪業になりうるが「いまだ効果が表に現われていない（無表）」もの、④それとは別の、功徳になりうるが「いまだ効果が表に現われていない（無表）」ものがあり、

五. また⑤〔善い果報の〕享受をもたらす功徳と、⑥同じく〔悪しき報いを〕享受させる悪業と、⑦心に思っているもの（思業）の七種類が、業の特徴をしめしている。

思業は「意業《いごう》」です。思已業《しいごう》はまず①言葉による業（口業）、そして、次に②身体的に行われた業（身業）。

次の③④無表というのが難しくて、無表というのは、悪業になり得るか、まだ現れていないものなのですが、これが本当に、ものすごくいろんな論争があるんですよ。世親と他の学者が論争したとも言われています。そして、これは例えば「殺人教唆」みたいなものと関係

すると考えて良いのではないでしょうか。

この間、アメリカの大統領候補のトランプ暗殺未遂事件がありましたが〔編註：二〇二四年七月七日のペンシルバニア州での演説の際に銃撃された事件〕、大統領のバイデンがその前に「トランプを標的にする時が来た」と言ったと。それで、その時はただの譬えだった（無表）かもしれないのだけれど、本当に未遂事件が起こると、それは表に現れた業になってしまう。そのように考えて良いのかもしれません。

それが悪になりうるか善になりうるかと二種類あって、あと、⑤善業、⑥悪業、そして心で思ったこと⑦思業というのがあるとか、くだくだしく説明しています〔編註：ここはあくまで説一切有部の分類〕。

今回、議論をすすめるにあたり、僕は説一切有部とはどういう者たちなのだろうかということを考えた末に、ちょっとピンときたことがあります。説一切有部は、「不常不断」とか、第四レンマを語っているように見えます。しかし実は説一切有部とは「第三レンマと第四レンマの区別がついてない者たち」なのではないか〔編註：端的には第二五章「ニルヴァーナの考察」で断見・常見についての議論がある。そこまでは有部との対決は続く〕。

説一切有部が、「こうこうこうだから常にあるのでも滅するのでもない」というような言い方をする時には、必ず一種の「タイムラグ」のようなものがあるんですよね。

「ある時は有であり、ある時は非有である」みたいな、第三レンマに当たるものを説明しているのですが、それをあたかも第四レンマであるかのように言うんですよね〔編註：二項対立を超えているかのように語る〕。

これまで見てきたように、ナーガールジュナは三時門破では「過去・今・未来」の三時について一つ一つ事例を挙げて破していきますよね。時間論という観点から、説一切有部とナーガールジュナの立場の違いを考察すると分かりやすいかも知れません。たとえば「今」というものを考えるとき、それを「原因としての過去からもたらされるもの」、「原因としての未来からもたらされるもの」と考えることを、それぞれ依他起性、遍計所執性に陥ってしまうとナーガールジュナは否定しますよね。

通常われわれは、「今」というものをそういう「過去と未来の中継点」のように捉えがちです。「未来でもあり、過去でもある」ような、時制における反対のものが被った第三レンマとして「今」を捉えている。しかしこれは過去のありよう、未来のありように引きずられて「今」を考えている、硬直的な見方なのではないでしょうか？

その意味で「過去・今・未来」の三時のケースを全部否定するのが三時門破でした。また第二章の「去る者は去らない」という議論においても、「すでに去った者は去らない」、「いまだ去らない者は去らない」というのはまだ分かりやすいのですが、「今去りつつある者は去らない」というのが一番難しかったですよね。なぜ「過去・今・未来」の全パターンがそれほどしつこく否定されねばならないのかと。

実のところ、ナーガールジュナにはどうもすでに述べた、第三レンマの「今」までを徹底的に否定することで、第四レンマの「今」に当たるものを強調したいという思いがあるようなのです。「過去でもなく、未来でもない」ものとしての「今」。まさにそのために、原因という観点からも遍計所執性、依他起性の両方が退けられねばならず、『中論』の第一章と第二章でそれが徹底されたわけです。

過去から見た「今」、未来から見た「今」は、依他起性や遍計所執性が否定されたときに一異門破のロジックがとことん駆使されたことからも分かるように、「同じでも異なってもいない」という初発の変化のモメントとして徹底的に捉え直されます。それこそが、素朴目的論にも機械論的な他因にも還元されない「今」だというわけです。

晩年の西田幾多郎も、目的論にも機械論にも還元されないところに「今」がある、そこにおいてこそポイエシス（創造・製作）というものがあると述べていました。それが有名な「絶対矛盾的自己同一」というものです。

説一切有部はこの第四レンマまで行かず、「未来でもあり、過去でもある」ような、つまり「Aであり、非Aでもある」第三レンマで思考して、それが第四レンマだと思っています。そもそも、第三レンマは西洋的な論理では矛盾律に抵触するのですが、時間的な幅をとれば、「（あるとき）Aであり、（別のときに）非Aである」ことは別に成立するので、これは西洋人でも普通に認めています。

そんなわけで、第三レンマは時間の概念と縁が深く、だから説一切有部にあっては、「時間の概念」「生滅の概念」の存在感がものすごく大きいんですよ〔編註：それに対応して第一九章「時間の考察」、第二一章「生成と壊滅の考察」がある〕。それを考えると、無表というのは、〔編註：説一切有部はそこまで考えられていないが、バイデンの言葉のように〕「結果から事後的に立てられた原因である」という定義が一番良いのではないでしょうか。「無表」については論争があったようで、加藤精神という人が九〇年前に、無表業とはあくまで生活習慣で戒を守ることでその善悪の結果がまだ表に出ていないことなのだと主張し、「無表業」が業の相続の根拠となるものであるという伝統は拡大解釈だと批判した過去があるのですが、一応、仏教学者同士ではいろんな解釈をしています〔編註：船橋水哉と荻原雲来との論争があった。『中論』には植物の譬喩も登場するが、唯識の「種子説」にも関わることである〕が、これは時間と関係した業ですよね。

それでですね、ここでは過去の業と未来の果報の関係を続けざまに論じています。それらはただ連続しているのか？　それとも断絶しているのか？　連続しているが途中で変化があったからどちらでもないと考えるべきなのか？　例えば【一七‐六】と【一七‐七】ですね。

六.【答え】もしその業が、果報が熟するまで持続しているのなら、それは常恒であることになる。またもしその業が滅してしまうのなら、すでに滅したものがどうして果報を生じるだろうか？

七.【経量部による有部批判】種子から芽を始めとする〔植物の〕連続（相続）が現われて、そこから果実が現われるが、種子がなければそうした連続（相続）は現われない。

それにナーガールジュナが答えます。もし業が過去が熟する時に至るまで存続しているのならば「常恒」であるということになるし、もし業が滅んでしまったならば、すでに滅び終わったものがどうして果報を生じるのか〔編註：「断絶」してしまうということ〕。

その時に、経量部が〔編註：説一切有部に代わって〕言うことはこういうことなんですよ。種子があって、植物の連続があって、果実があるように業がある。

第一五偈には〔編註：正量部が経量部の難を補って説明する〕「不失法」というものがでてくるのですが、輪廻によっても失われない存在ですよね。法とは「ダルマ」ですよね。「不失法」は、譬えるならスマホを買い換えるときのＳＩＭカードのようなもので、業が債務のように記録されるのですが、それ自体は業ではなく、輪廻によっても失われないとされます。業と果報の中間段階を、「種子から芽を始めとして果実に至る植物の連続変化」といった譬えで語るよりも良かろうと思ったんでしょう。

そもそも、この経量部の説はどちらかというと植物の譬喩をだして、（図11）、この一番上（種子）から真ん中（植物の連続）まで何かが続いてるんだけど、そして真ん中から最後（果実）も続いてるんだけど、必ずしも種子と果実はかぶってないみたいな、そういう理屈なんですよ。

それを称して「同じでも違っているのでもない」と説一切有部（とそこから派生した正量部・経量部）は言うのだけれど、これはしかしながら第三レンマに過ぎません。「不失法」と言っても同じことです。そうではなくライプニッツのように、例えば「静止は無限小の運動である」みたいな、こう「すいっ」とこういう反対のものがあるところでくっついてくるような、そういうロジックでは全然ないんですよ。この人たち（説一切有部・経量部・正量部）は。そんな風に、第三レンマと第四レンマを誤解しているんですよ。「（あるとき）Aであり、（別のときに）非Aである」という第三レンマの果てに、「Aでもなく、非Aでもない」という第四レンマがやがて起こってくると考えている。そ

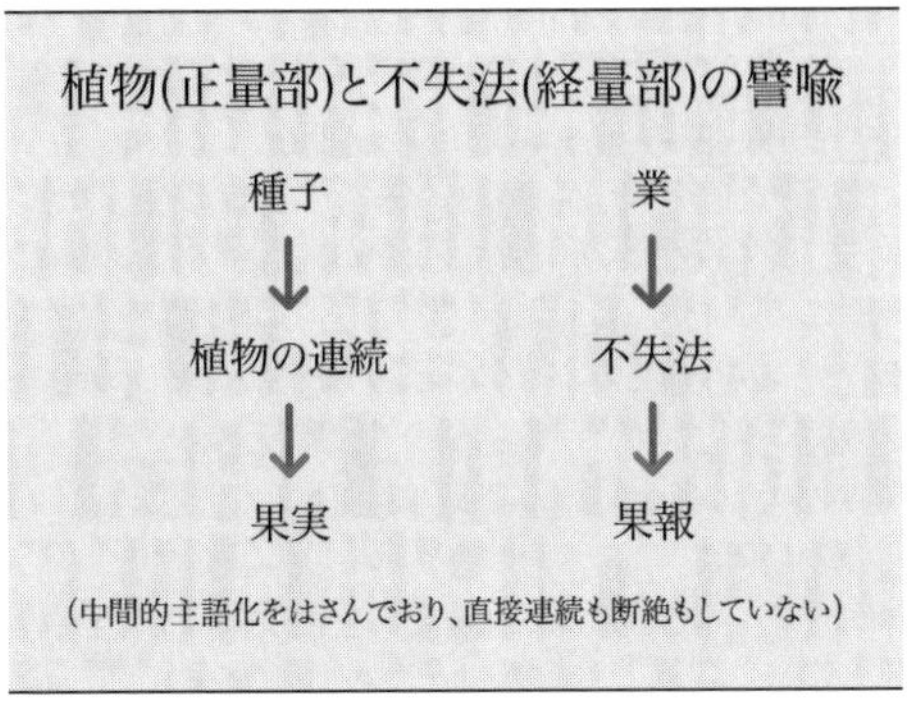

図 11

ういう余計な引き延ばしがあるわけです。

この第三レンマと第四レンマの違いが分かってくると、仏教のいろんな譬喩というのがすごくよく理解できてきます。鈴木大拙があげている禅の言葉があって、「仏教とは何でしょうか」と聞かれると、「ロバのことが終わってないうちに馬のことが起こる」〔編註：鈴木大拙『禅の思想』第二篇禅行為「驢事未了、馬事到来」（『景徳伝灯録』一一）〕。

「何を言っているのだろう?」と思うけれど、「すいっ」と反対のものがくっついてくるような、そういう話です。それで「無限小」というものはフィクションだとライプニッツも認めていますが、それに相当するのがナーガールジュナの「一異門破」なのです。「同じでも異なってもいないモメント」のような〔編者考察：ここでは過去の業の果報を受けるという仮定で、同じであれば「常恒」で業を受けられない、異なるのであれば「断絶」で業を受けられなくなる。説一切有部が「無表説」、経量部が「心相続説」、正量部が「不失法説」で、なんとか「異なるものが連続すること」を説明しようとしている。そしてさらに業を引き受ける「主体」が必要になってくるので、それが次章（第一八章「アートマンの考察」）につながる。しかし、ライプニッツが「静止は無限小の運動」であると定義することでその点（モメント）自体が加速度（運動）を持つように、連続を担保する第三の主体を立てずに連続性が説明できてしまう。一異門破もそのような「無限小の運動」が連続するものとして考えたらよいのではないかということ〕。

それでまた、例えば「仏教とはなんでしょうか」と聞かれると、中国のことわざを出して、禅では「耳が六つあるところでは謀《はかりごと》が漏れる」という。「何を言っているのだろう？」と思いますよね。これはだから、頭二つでこう「すいっ」と阿吽の呼吸で分からないといけないというもので、運動と静止がこう〔編註：間の説明をはさまずに〕ぐっとくっついてくる。その感じを言いたいんでしょうね。頭は三ついらないと〔編註：無用な業の主体を譬喩している〕。

こうした譬喩も、ナーガールジュナが仏教の勘所を語ってるところが理論的に納得できると、すごくわかるんですよ。それでね、大体ああ、そういうことかと思うんですが、『中論』のここでは説一切有部（派生した経量部）の説がまだいろいろ展開されて繋がっていきますよね。

それで、例えば【一七–九】で心の状態の連続（心相続）というようなことを言ったり、【一七–一〇】で心業から連続（心相続）が生じ、その連続から果報が生じる。しかし、先に業があって、それに基づいて果報が生じるのであるから、断絶でもなく常住でもないと言い張ったりしています。

九．〔原因としての〕かの心業から連続（心相続）が生じ、その連続（心相続）から果報が生じる。その連続（心相続）は、〔原因としての〕心業なくしては現われない。

一〇．心業から連続（心相続）が生じ、その連続（心相続）から果報が生じる。先に心業があり、その連続（心相続）を前提として果報が生じるのであるから、〔原因としての〕心

業は断絶しているのでも、常住なのでもない。

これは先〔編註：業〕と後〔編註：果報〕がはっきりしていますね。彼らはこんな風にすごく「時間的」なんですよ。ヨーロッパの論理だと、Aがあって非Aがある、ここまでで終わると言われています。よく、「Aであり、かつ非Aである」というのは「排中律」や「矛盾律」に抵触するのであり得ないとされている、と言われるのですが、先ほどもちょっと言いかけたように案外そうでもないんですよ。これは、時間を経たらある時（t_0）Aであって、ある時（t_1）非Aであるというのは、別に矛盾なく言えるんです〔編註：例えば生きるものが時間を経れば死ぬことは普通のことである。これで「生死一如」といってしまうのが第三レンマであり、実は共存していないために二項対立を超えていない〕。

そんなわけで矛盾律が成立するのは、いわゆる共存的、空間的秩序においてであるとライプニッツも言ってます。

ちなみに次の第一八章「アートマンの考察」で、またテトラレンマを八不でない方法〔第三レンマが省略されている〕で全部述べるところがあって（【一八-六】）、あれがわからないところなんですよ。「アートマンはある」〔第一レンマ〕、「アートマンはない」〔第二レンマ〕ときて、そして「アートマンはありかつない」〔第三レンマ〕が抜けている。考えていけば、この三までにタイムラグがあると見れば、Aがあって、ある時は非Aであって、だからAかつ非Aということが言えるのだけれど、それだと時間的には開いてしまっているわけです。生成したり滅したりしているが、何か部分的に残っていて、集合体としては形が崩れているけど本質は残っているというようなことを説一切有部は言うのですが、その特徴は、時間的に開いて生滅が起こるということを強調して言い続けるところにあります〔編註：時間的に開いている中でA（アートマンがある）かつ非A（アートマンがない）は当たり前すぎるので、【一八－六】では第一・第二レンマのみで第三レンマを省略している〕。

逆に、二項対立的なもの同士の差異はもう無限小だし、その関係が瞬間にもう決まってしまうのがナーガールジュナのロジックであるとも言えます。

それで、例えば【一七－一一】は（経量部の側から）、今世と来世の連続と区別を自分たちがどう考えるのか述べたところで、ここでは彼らの主張が出てきます。

一一．十白業道は、法にかなった行いを成就させる手段である。その果報は、今世と来世における感官の欲求の満足（五欲楽）である。

ここでは、今世と来世は「法にかなった行い」とその果報、というかたちで対照的に描かれています。今世で五欲楽を得ているのも前世の果報なんでしょう〔編註：それに対して正量部から補足が入ります〕。【一七－一二】です。

一二．【正量部による経量部批判】もしそのように分析するならば、多くの誤りがもたらされることになる。これらの点についてそのように考えることは不可能である。

この分析というのが、「今世と来世の区別」ということですよね。先があって後がある。「法にかなった行い」があって果報がある。そう考えると前後裁断してしまって第三レンマとしても単純すぎる、と正量部は考えるようです。

彼らの主張はもう少し複雑です。先ほど説明した連続性を債権のような「不失法」で説明する【一七－一五】のあたりを見てみましょう。

一五．それは、四諦を見ること〔見道〕によって〔智恵によって一度に〕断ぜられるもの〔見道所断〕ではなく、修道によって断ぜられるものであり、それゆえもろもろの業の果報が不失法によって生じるのである。

悟りを「見道」といって、「見道所断」と智慧で煩悩を断ち切るというだけではなくて、滅し続けないといけない。修道で何度も断じ続けなければいけないというのが結局説一切有部の考え方で、これはもうずっと続く、修行し続けるという考えですね。

僕はここを読んでいて、今世と来世を区別してはいけない、それらをまたいで修道し続けなければならないとなぜ考えるかというと、彼らは第三レンマと第四レンマの区別が、ついてないからなのだということに気が付いたところです。第三レンマを成立させる時間的な持続を、どうしても彼らは引っぱらないといけない。それで「〈あるときは〉Aであり、〈別のときには〉非Aである」という第三レンマを簡単に解消しないための道具立て（不失法）を考えたりしているうちに、これこそが第四レンマだと思うようになるんでしょうね。経量部のように「心相続」というとその都度変わってしまうだけですが、不失法という特定のものが持続しつつ、また変移していると彼らは主張したわけです。

しかし〈編註：【一七－一二】からナーガールジュナの説が展開されるように〉、テトラレンマにおいては瞬間的にAでもなく非Aでもないともうその時点で言えてしまうのであり、〈編註：有部のように〉ある時はこうで、ある時はこうでというものではないので、その「断滅」をもう先に言ってしまうのが仏教であるとすると、ある意味密教でいう「即身成仏」や、「生きながらにして実は悟っているのである」だとか、そういう考え方はむしろナーガールジュナにあるし、初期仏教にもあるだろうということがわかりますね。逆に、例えば先ほどの第一〇偈などは典型的に第三レンマですよ。

とはいえ、ちょっと注意がいるのは、【一七－二〇】の主張で、結構もっともらしく見えます。

二〇．〔業が変移するので〕空性であって断滅論ではなく、〔来世まで存続するのは不失法だけなので〕輪廻であって常住論ではない、〔そのようにして不常不断な〕業の不失法は、仏陀の説くところである。

中村訳で「業が消失しないという原理」の「原理」と訳してるのが実はダルマなんですよね。業が消失しない法がある。これは「不失法」という伝統的な用語で訳したほうが分かりやすいですね。不失法は変化するもので「空性」でもあり、それが連続するので断滅論ではなく輪廻であって、しかも何物かが恒常であるという意味での常住論ではないということが仏によって説かれたのだ、ということを正量部が言っています。説一切有部・経量部・正量部も「空」ということをここでは言うのですが、根本的に第三レンマと第四レンマの違いがわからないままです。

【一七-二一】からのナーガールジュナの一連の反駁はむしろすっきりします。

二一．【答え】業はなにゆえ生じることがないのか？　それは無自性なものだからである。またそれは生じないのであるから、滅することもない。

業はそもそも「無自性」で、自己原因的に生じないから、業は生じない。それで、滅することもない。つまり、「不生不滅」であるということですね。【一七－二二】です。

二二．もし業が自性をもつ（＊自己原因的な）ものとしてあるのなら、疑うことなく常住であろう。また業は（誰かによって）作られるものではなくなるだろう。常住なるものは〔誰かによって〕作られることがないからである。

また、業がそれ自体として存在するならば常住であることになるが、そうすると業は誰かによって作られたものではないということになってしまう。なぜならば自性があるものだから。続いて【一七－二三】【一七－二四】です。

二三．もし業が（誰かによって）作られたものでないなら、作られたことのない業の果報があることになるだろう。またその場合、「清浄な行い（梵行）」を実践しているのではないのに、「清浄な行い（梵行）」の果報があるということになるという誤謬が付随することになろう。

二四．そうすると疑いなく、世間のあらゆる営為が否定されてしまうことになる。また善をなす人と悪をなす人との区別もできないことになる。

そうなると、誰かによって作られたものではない、自己原因で生じた業に対して報いを受けないといけなくなるので駄目だといいます。これはもっともですよね。

それでは、善をなした人と悪をなした人の区別ができなくなる。つまり、業と果というものがいちいち、こうした法有という説一切有部（経量部・正量部）の考え方を前提にすると成立しないということになってしまいます。

ところで、偈の中でちょっと唐突で分かりにくいように思えるところ、【一七 - 二五】なども、むしろそれが基本的なナーガールジュナ説から来ていることが分かるとすぐに納得できます。時間の前後と原因と結果、それらの関係はナーガールジュナにとってきわめて重要ですが、業と果報についてもやはりそうした切り口から考察しています。

二五．もしも業が「果報の時期が決まった業（決定業）」であるから、自性があると言うのならば、すでに果報が熟した（ことによって決定した）業にさらにまた、果報が熟することになるだろう。

ここでもループの話をしているわけですが、これはいわゆる「決定業《けつじょうごう》」という概念で、

「善の果とか、悪の果というものが出てきた時に業として決定される」という説があって、それは結果から逆算してできているものだから、そういうものに自性があるというのは二重になるからおかしいよという、まさにナーガールジュナ的批判を「決定業」に対してしているということですね。

その後この章で説明されていることは同じようなことなのですが、【一七―三二】のところで、中村訳では「変化人」〔編註：漢訳（鳩摩羅什訳）〕とされるものがでてきます。

三二・あたかも神通力を備えた師（仏陀）が、それによって幻人を作りだし、その幻人がさらに別の幻人を作りだすように、

「幻人」と訳しましたが、これは「アバター」のような存在と捉えたらどうでしょうか。〔編註：無明からの業の展開を説明する〕十二支縁起の一つ一つ、「受」とか「想」とか「行」とか「識」において、それを生みだし、またそれに絡め取られているのはアバターみたいなもので、そんなものは自性としては存在していないのだという説です【☞第二六章　十二支縁起の考察を見よ】。これもイメージとしては湧きやすいですよね。「幻人（変化人）」という概念が出てきました。

【第一八章　アートマンの考察――ついに「我」を空じていく】

第一八章　アートマンの考察

一．もしもアートマン（我）が五蘊と同じであるなら、アートマンは生と滅を持つことになるだろう。アートマンが五蘊と異なっているならば、五蘊の特徴（相）をもたないものになるだろう。

二．アートマンが存在しないならば、アートマンに属するもの（我所）がどうしてあるだろうか？　アートマンとアートマンに属するもの（我所）が寂滅するので、「私のものである」とか「私」といった思いもなくなる。

三．「私のものである」とか「私」といった思いを離れた者は見いだされない。それらを離れた者を〔外的に〕見るとしたら、それは実は見えていないのである。

四．外的にも、内的にも、「私のものである」とか「私」といった思いを離れたとき、執着（取）は滅する。執着（取）が滅するとき（再度の）「生」も滅することになる。

五．業と煩悩が滅するとき、解脱がある。業と煩悩は二元論的発想（妄分別）から来る。そうした二元論的発想（妄分別）は、空疎な議論（戯論）から起こる。しかし戯論は空性において滅せられる。

六．諸仏らは、①アートマン（我）がある、②アートマン（我）はない、（＊①と②を述べて第三レンマに替える）④アートマン（我）はなく、非アートマンもない、と説いた。

七．〔戯論が寂滅して〕心の対象が滅するとき、言語の対象も滅する。あらゆるものの実相は不生不滅であり、ニルヴァーナのようである。

八．①一切は真実（如）である、②一切は真実（如）でない、③一切は真実（如）であり、〔ときに〕真実（如）でない、④一切は真実（如）でなく、真実（如）でないのでもない。これが諸仏の説くところである。

九．他のものによって知られず、寂静で、戯論によって語られることなく、二元論的発想（妄分別）を離れ、異なるものもない。あらゆるものの実相はこのようなものである。

一〇．あるものAによってあるものBが成り立つとき、あるものBはあるものAと同一ではない。またあるものBはあるものAと別異でもない。〔このとき原因は〕断滅するのでもなく、常恒でもない。

一一．あらゆるものは同一でも、異なるのでもなく（不一不異）、断滅するのでも、常恒なのでもない（不常不断）。これが世の導き手たる諸仏による甘露の教えである。


次の第一八章になると「アートマンの考察」が出てきます。これは「幻人（変化人）」の話から繫がっているると思うんですね。アートマンとはアートマンとブラフマン、つまり宇宙そのものと一対で語られる恒常的な自我の概念です。漢訳でいう「我」というのが一般的な言葉すぎるのと、中村訳でいう「五つの構成要素」がわかりにくいので、ここではアートマンと「五蘊」と訳しました。

この五蘊とアートマンが同じであったら、それは生と滅を持つことになるけれども、異なるものだったらそもそも五蘊の相を持たないであろうというような話をしています。

ここは、すでにもう第一六章「繫縛と解脱との考察」で、プドガラは五蘊か、あるいは五蘊じゃないのかという話が出てきたので、それならば輪廻のときに問題とされる輪廻主体ではなくて、「アートマン（我）」は「五蘊」なのかどうかという風に議論がここで進んでいるところです。【一八－一】です。同じであったらそれは生滅するものであり、梵我一如と呼ばれるようなものではないし、異なっているのならそれはなんら特徴（相）を持たないものになるだろうということを述べています。

一．もしもアートマン（我）が五蘊と同じであるなら、アートマンは生と滅を持つことになるだろう。アートマンが五蘊と異なっているならば、五蘊の特徴（相）をもたないものになるだろう。

続いて【一八－二】はアートマンに属するもの（我所）について述べていて、じゃあアートマンがそれに属するものを持たなければどうなるのかということを突っ込んでいますね。

二．アートマンが存在しないならば、アートマンに属するもの（我所）がどうしてあるだろうか？　アートマンとアートマンに属するもの（我所）が寂滅するので、「私のものである」とか「私」といった思いもなくなる。

これはもはや、認知主体と認知対象についての話と同じで【☞第三章　認知能力の考察を見よ】、アートマンにとってのアートマンに属するものというのは、認知主体にとっての認知対象と同じですね。言い方がやや捻れていて、アートマンを離れて、「我所」が単独で成立するわけではないと言っていますが、「我所」を離れたアートマンも単独で成立するはずがないというのは当然の前提のようです。だから「アートマンもアートマンに属するもの（我所）も寂滅する」というわけです。どちらも自性をもったものとしては成立しない。「私のもの」という思いを離れた「私」は見いだされないとも言っています。アートマンとアートマンに属するものは、同じでもあり得ないし、別異でもあり得ない、そういう一異門破が成立していますね。ここまで来ると、大体言われることは予期できてきます。

〔編者考察：清水講義では一般的に重視される【一八－五】の「戯論（prapañca, プラパンチャ）」の語をさらっと流しているように思われる。関連して【二四－一八】の「仮設（prajñapti, プラジュニャプティ）」（及び「空・仮・中」の扱い）も同様であり、専門用語ではなく日常の用法で読めるような扱いをしているのではないか。つまり、第一レンマ、第二レンマ、第三レンマまでの考えは当然「戯論」であり、第四レンマの構造の中で肯定されるものは当然すべて「仮設」であると理解できるのであろう。後者については師茂樹氏と亀山隆彦氏の鼎談（『空海論／仏教論』）の中で、「一異門破」を見出した吉蔵を、「空・仮・中の三諦円融」の思想を展開した天台大師よりも評価していることからも理解できる〕。

少しややこしいところは【一八－六】です〔編註：前章で言及した箇所〕。

六、諸仏らは、①アートマン（我）がある、②アートマン（我）はない、（＊①と②を述べて第三レンマに替える）④アートマン（我）はなく、非アートマンもない、と説いた。

ここに中村訳では「中観派には定説というものがないのである」という意味のわからない註がついています。そんなわけないじゃないですか（笑）。かえって僕は「これはなんだろう」とはたと思ったんですね。八不が「主語性」をなくすために作られてくるものだということは次第にわかってきたところでした。一異門破から「不一不異」と言われるものができるし、「不来不去」はそのループで主語を作ってはいけないという話だったし、「不常不断」は「〜がある・〜がない」をもう一異門破してしまっているので、議論を蒸し返して「ある」とか「ない」とか言い出してはいけないという話だったのですが、その八不ではなく、アートマン（我）について、しかもテトラレンマを四つではなく三つここであげている理由はなんだろうかということですね。

そこで考えたのは、ここにはテトラレンマの思考の流れがそのまま出ているということです。Aであって非Aであってというのは、①ある時はAであって、②ある時は非Aであるという感じで、おのずとそれが第三レンマに吸収されていくんですよ。だからそれを省略しているんです。そうなると、「第三レンマと第四レンマの違いはなんだろうか」ということが、あらためて大きな問題として浮かび上がってきます。

つまり、「四句分別」という四つのレンマは、それ自体思考の深化の過程として挙げられているものなのではないかと思ったのです。このとき第三レンマまでは時間的な推移とともに観ぜられているのですが、すでに述べたように収束していない。未完なわけです。Aと非Aの関係は第四レンマでようやく瞬時に記述されます。それが「④アートマン（我）はなく、非アートマンもない」ですね。〔編註：桂・五島『龍樹『根本中頌』を読む』（一五一頁）では四つの命題すべてが肯定的に提示される次の第八偈について「対機説法」といわれる聴衆のレベルに応じた説き方ではないかと解釈している。清水説はさらにアートマン的なものの回収も読み込んでいる」。

ここで「アートマン」という主語を立てつつ、第四レンマまで語っているのは問題ではないのか？　実はすぐ後の【一八－八】で「一切は」という主語が出てくるので、これは「主語的に何かを立てたというわけではない」ということになるのかもしれませんね。

八．①一切は真実（如）である、②一切は真実（如）でない、③一切は真実（如）であり、〔ときに〕真実（如）でない、④一切は真実（如）でなく、真実（如）でないのでもない。これが諸仏の説くところである。

こんな風に、四番目（第四レンマ）がそこで出てきていると。第四レンマの一異門破は、ある時はこうで、ある時はこうでないという変化をミニマムなループにして反対のものと結びつけている。

ただ、そうやって「一切」、つまり万象そのものを出してくると、その一切とまた逆のものとしての「アートマン」的なもの、これもそれによって肯定的に回収しようとしてくるのかなと思います。なぜなら、密教でもそういうことを言うわけですよ。

空海も「万法は唯心なり」とか「心（識）の実相はすなわちこれ一切種智であり、これがあらゆるものが法界であるということだ」という言い方をしていますが、一つの心（識）と万象（多なるもの）は一と多の二項対立を超えたものとして一体であるというのは当然、仏教でもそう考えるわけです。だからアートマンそのものについて第四レンマまで語っても、それを主語的に立てたということにはならない。ここは、プドガラとはえらく違いますね（笑）。

『中論』を読んでいるとナーガールジュナは、だんだん終盤に進むにつれ初期仏教の理論を順次回収していくんですが、それだけじゃなくて元々のインド宗教的なものも回収し、ある意味で復活させようとしてきているところがチラチラ出てきます。

この章では、テトラレンマが列挙されることと、時間性の問題が浮かび上がってきました。また第三レンマ的なものは、二項対立的な矛盾したもの同士を時間的に共存させることと関係があったわけですが、こうした反対のもの同士をミニマムに結びつけてしまうのが第四レンマで、第三レンマだと、その関係が開かれたまま収束しないか、反対のもののどちらか一方に推移して第三レンマですらなくなってしまうかのいずれかでしかない。説一切有部との立場の違いもそのあたりが勘所でした。そういうことを考えたときに、次に「時間の考察」が来るというのは、なるほど、必然性がありますね。

【第一九章　時間の考察――不一不異の関係から現在・未来・過去を肯定する】

第一九章　時間の考察

一．もしも現在時と未来時が過去時に依るものであるなら、現在時と未来時は過去時のうちにすでにあることになろう。

二．もしも現在時と未来時が過去時のうちにすでにないなら、現在時と未来時はどうして過去時に依ってあることになろうか？

三．しかし現在時と未来時というものは、過去時に依らずにはあり得ない。それゆえ現在時と未来時は存在しない。

四．〔未来時と過去時が現在時に依らずにはあり得ず、過去時と現在時が未来時に依らずにはあり得ない、という風に〕残りの二つの場合や、また上・中・下、一、二、多数などの〔三つの概念の〕関係も、このようにして順を逐って理解すべきである。

五．いまだ持続（住）しない時間は認識されない。しかしすでに持続（住）した時間で、かつ認識される時間は存在しない。またいまだ認識されない時間について、どのように語りうるだろうか？

六．もしもあるものに依って時間があるというのなら、そのあるものが無いのにどうして時間があろうか？　しかし、どのようなものも〔自性を持つものとしては〕存在しない。どうして時間というものが〔自性を持つものとして〕あり得るであろうか？

それで、第一九章では何をしているかというと、冒頭の【一九－一】に現在の時間（現在時）や未来の時間（未来時）が成立するために過去時が必要条件なのか、あるいは十分条件なのかという問題がでてきます。

一．もしも現在時と未来時が過去時に依るものであるなら、現在時と未来時は過去時のうちにすでにあることになろう。

ここはちょっと難しいですね。まず、過去時、現在時、未来時と三つ出てきますが、それらを順に考えると分かりにくい。過去時に現在時が加わって未来時になる、などのように考えてしまうからです。むしろここは「過去時⇅現在時」、「過去時⇅未来時」のような、二者間のループの話だと思うべきですね。また過去の一点というよりは、ひっくるめた過去のすべてだと考えないと話がおかしくなります。

ここでは「必要条件と十分条件のループ」というものが問題になっています。【一九－一】

の前半は、過去時が現在時や未来時の「必要条件である」という仮定です。それで後半は過去時が現在時や未来時の「十分条件である」、という主張なんですよ。十分条件が成立するのならば必要条件もすでに成立しているはずです。たとえば、江戸から京都まで弥次さん喜多さんが旅をする場合、桑名を通ることは必要条件ですが、二人が京都に着いていれば桑名を通ることはすでに十分条件的に満たしています。この「必要条件」と「十分条件」という概念は、原因を他因で考えるときに出てくるものですが、実際のところ「十分条件」の側から逆に「必要条件」を設定して、それをボトムアップで満たすことで結果が成立するという風に捉え直しているものなのではないか？「あるはたらき」と「はたらきの主体」についてループ構造の考察を繰り返してきたナーガールジュナは、ここでもそんな風に疑うわけです。とはいえ、まず時間論でそれを考えてみると、現在時にとって過去時は必要条件ですが、過去時（のもちろんすべて）のうちに現在時がすでにあることになり、「今」の独立性が怪しくなる。どうもこれはおかしいのではないか？　そういう問いかけだと思います。素朴な決定論の否定、と言ってもいいかと思います。第一九章の次に、第二〇章で原因と結果について考えるので（「原因と結果の考察」）、ここはもう先にそれを時間の話からはじめているんです。【一九―二】と対になっています。

二．もしも現在時と未来時が過去時のうちにすでにないなら、現在時と未来時はどうして過去時に依ってあることになろうか？

過去時が現在時や未来時にとって十分条件としてあるのでないならば、過去時が必要条件として成立し積み上がってくることによって、一方的に現在時や未来時が決定されるというのもおかしい。ここでは、過去によって、現在と未来があるという素朴な思考が否定されています。過去というものは事後的に作られた概念であるのに、それが原因的なものになるのはおかしいということですね〈編註：このあたりは難解であるが、ここから清水先生の資料に基づいた第一偈と第二偈の解説が続く〉。

そして、ここからナーガールジュナの技がややこしくなっていくんですよ。資料をちょっと見てもらいたいんですけど、「一異門破」、「五求門破」、「三時門破」の応用というのが出てくるんです。というのは、一異門破で五求門破を解体したり、三時門破を解体したりするわけですよ。

【資料（第一偈・第二偈の考察　要熟読）】

「一異門破」、「五求門破」、「三時門破」の応用

第一九章以降、ナーガールジュナは「五求門破」や「三時門破」といった自分の論理の武器を、さらに「一異門破」と組み合わせて解体していくという思考を展開します。これによって、もともと「五求門破」や「三時門破」がどうしてそのようなものとしてあったのかも、かえって分かってくる部分があるのです。

第一九章は、時間についての考察です。もともと説一切有部の「三世実有」（過去、現在、未来を通じて「法有」は存在する）に対抗する言論として、たとえば「過去における何々」「現在における何々」「未来における何々」といったものがそれぞれ自性をもったものとしては成立し得ないことを彼は指摘して行きます。その場合割合素朴に「過去」「現在」「未来」という時間区分そのものは前提されていたのですが、この三種類の時間の区分そのものがそれぞれ自性をもったものとしては成立しえないという主張がなされます。そこで展開されるのは次のような論法です。

一．もしも現在時と未来時が過去時に依るものであるなら、現在時と未来時は過去時のうちにすでにあることになろう。

二．もしも現在時と未来時が過去時のうちにすでにないなら、現在時と未来時はどうして過去時に依ってあることになろう？

この「～に依ってある」「～のうちにある」という論法は、「五求門破」の後ろの三つの例ですでに出てきたものです。すでに述べたように

「はたらき」と「はたらきの主体」のようなAとBとについて、①AはBと同じである（同一）②AはBと別異である（別異）③AはBを有する（具有）④AによってBがある（能持）⑤BによってAがある（所持）の五つの場合について検討し、そのいずれをも否定する

というのが「五求門破」でしたね。このとき③は、AはBの「十分条件」である、ということも述べました。（十分条件とは、「りんごならば果物である」のようにそのままで条件を満たしているものです）そして④と⑤はそれぞれ、「AがBの必要条件」「BがAの必要条件」という関係です。（必要条件とは、「りんごであるためには果物である必要がある」というものです）十分条件ではAとBは一体ですが（同一）、必要条件ではAにとってBか、あるいはBにとってAが他因として立てられています（別異）。

第二〇章は原因と結果そのものについての考察ですが、ここでナーガールジュナはなんと五求門破の③〈編註：十分条件の否定〉で④〈編註：必要条件〉を否定し（一）、④〈編

註：必要条件の否定〉で③〈編註：十分条件〉を否定して結局④〈編註：必要条件〉も否定する（二）ということをやってのけています。ここには、じつは「十分条件から事後的に必要条件が立てられているのに、必要条件が事前にあった他因のように見なされている」という二重の構造の洞察があったのですが（「③〈編註：十分条件〉で④〈編註：必要条件〉を否定する」ことでこれが指摘されています）。そして一方では、「④〈編註：必要条件の否定〉で③を否定する」ことでAとBの別異を強調しています。五求門破の③と④（あるいは⑤）のあいだには、互いに一異門破の関係が成立しているわけです。

「AのうちにBがある」（十分条件）、「AによってBがある」（必要条件）という表現は、『中論』の第一章からたびたび出てきましたが、そもそもそれらは一異門破されるべきものとして置かれていたのです。そして「他因の事後的生成」という、「自己原因の事後的生成」（去者が去る、のようなもの）を反転した構造がここで洞察されるので、その場合のAとBは同一なのか別異なのか、と考えて行って、不一不異であるという結論を導く、つまり、五求門破の③と④、あるいは⑤では、いずれも単独の主張として成立せずに自動的に「破」が成立するという、そんな優れものの論法が五求門破だったのです。それゆえ、五求門破まで列挙しなくとも、ナーガールジュナは「〜によってある」とか「〜のうちにある」という仮定を何度も繰り返すわけです。

遍計所執性の一異門破だけでなく、依他起性の一異門破もちゃんとナーガールジュナは考えている。それが、「〜によってある」とか「〜のうちにある」であり、五求門破の後半だったんですね。

「三時門破」は説一切有部の「法体恒有」の思想、要するに「過去」、「未来」、「現在」というものを素朴に前提として批判していたのですけれども、現在と過去と未来すら自性あるものとしては言えないようになる。「過去⇅現在」、「過去⇅未来」もループ構造のなかで始めて考えられ、一異門破の関係においてあるわけです。

だから逆に言うと、説一切有部は時間が直接的に推移していくということをわりあい素朴に前提していたわけなんですよね。

そんなわけで、「私たちはどこから来て どこへ行くのか」という今回の大テーマは、今考えると、本当に齋木さんが最初の挨拶で言ったように、根本的な問いだったと思うのです。ここではまた、「過去」、「未来」、「現在」が成立するための「必要条件」と「十分条件」という話で問題に斬り込んでいるわけです。

今回『中論』を読んでいて考えたのは、五求門破の中に、必要条件、「〜によってある」、十分条件、「〜のうちにある」というのが五求門破の三番目、四番目で出てくるのですが、それら同士の関係はどういうものなのかということです。

そもそも五求門破まで言わなくても、「〜によってある」、「〜のうちにある」という言い方をしたら、ああ、これは「必要条件」と「十分条件」の話だなということをもうわからないといけないんですよね。

ここでは時間について、まず過去のうちに全部、十分条件的に現在や未来が入っていると考えるとおかしいではないか〔編註：過去が「自性」としてあることの否定〕という話をしますよ（【一九－一】）。

そして、十分条件的に過去にあるのでなければ、過去に依存してあるということも言えない〔編註：過去が「他性」としてあることの否定〕ということで（【一九－二】）、実は、必要条件と十分条件のループというものを一異門破するのです。

このことについては「第二〇章原因と結果の考察」でさらに細かく出てくるので、ここでは、次に進んでいきましょう。

それでは、【一九－三】です。

三．しかし現在時と未来時というものは、過去時に依らずにはあり得ない。それゆえ現在時と未来時は存在しない。

そうすると、他方で現在時や未来時も、独立で自性があるわけではなくて、「過去に依存しなければ、成立しない」し、「それゆえに、現在の時と未来の時とは（自性をもつものとして）独立して存在はしていないのである」という言い方をする。過去時について自性が否定されたことが、現在時や未来時についても同じように言われるわけです〔編者考察：例えば事後的に仮設された「過去」の概念との関係で「現在」「未来」ということが成立してくる〕。

それから、【一九－四】のところでは、

四．〔未来時と過去時が現在時に依らずにはあり得ず、過去時と現在時が未来時に依らずにはあり得ない、という風に〕残りの二つの場合や、また上・中・下、一、二、多数などの〔三つの概念の〕関係も、このようにして順を逐って理解すべきである。

こんな風にして、順次に、残りの二つの時が現在時に依る場合や、未来時に依る場合、さらに、上・中・下、一、二、多数性などについても解すべきであると言っています。つまり「現在に依存しなければ過去もない」とか、「現在に依存しなければ未来もない」とか同じ論法で全部考えなさいと言うのだけれど、ナーガールジュナ的には当たり前すぎるので、「お前らやっとけよ」みたいな感じで放り投げています（笑）。

ここでの議論はそんな感じで、「時間」というのは素朴に前提してはいけないと仏教では色々言うのですけれど、まさにそれがここで出てきたところなんです。最後に【一九－六】です。

六．もしもあるものに依って時間があるというのなら、そのあるものが無いのにどうして時間があろうか？　しかし、どのようなものも〔自性を持つものとしては〕存在しない。どうして時間というものが〔自性を持つものとして〕あり得るであろうか？

これは当然、ナーガールジュナはこう言うだろうなという結論です。

【第二〇章　原因と結果の考察――ついに私たちの常識の因果関係（依他起性）が成り立たないことを五求門破・一異門破、三時門破を駆使して証明する】

二〇章　原因と結果の考察

一．もしも原因（直接的な他因）と諸縁（補助因）の和合によって結果が生ずるのであれば、結果はそれらの和合のうちにすでにあることになる。ではどうして原因（直接的な他因）と諸縁（補助因）の和合によって〔さらに〕結果が生じることになるのであろうか？

二．もしも原因（直接的な他因）と諸縁（補助因）の和合によって結果が生ずるのであれば、結果はそれらの和合のうちにいまだないことになる。ではどうして原因（直接的な他因）と諸縁（補助因）の和合によって結果が生じることになるのであろうか？

三．もしも原因（直接的な他因）と諸縁（補助因）の和合によって結果が生ずるのであれば、結果はそれらの和合のうちにすでに認識されるはずである。しかし結果はそれらの和合のうちにはいまだ認識されない。

四．もしも原因（直接的な他因）と諸縁（補助因）の和合のうちに結果がいまだないなら、もろもろの因（直接的な他因）と縁（補助因）とは、因でも縁でもないものと変わらなくなってしまうであろう。

五．もしも原因が結果に、原因たるものをすでに与え終わって滅するのだとすると、原因を与えられる結果と、消滅する原因という、原因の二つの自性があることになってしまう。

六．もしも原因が結果に、原因たるものをいまだ与えることなく滅するのだとすると、原因が滅してから生じたその結果は、原因を持たないものとなるだろう。

七．もしも結果が、原因（直接的な他因）と諸縁（補助因）の和合と〔同時に〕現われるのだとすると、生ずるものと生ぜられるものが〔第三レンマ的に〕同時であるということになってしまうだろう。

八．もしも結果が、原因（直接的な他因）と諸縁（補助因）の和合よりも前に現われるのだとすると、結果は因と縁から離れたものになってしまうだろう。

九．もしも結果が、原因が滅したときにあるのだとすると、〔第五偈のように〕原因たるものは結果に推移したことになる。またすでに生じていた原因が再び生じることになってしまう。

一〇．すでに滅して、消え去った原因が、どうしてすでに生じた結果を生じることがあるだろうか？　また原因が結果と結びつき持続（住）しているとしても、どうしてそれがさらに結果を生じうるであろうか？

一一．また結果と結びつかない原因が、どうして結果を生じさせることがあるだろうか？　というのも、原因はいまだ結果を見ることなく結果を生じることはないし、すでに結果を見終わった後に結果を生じるのでもないからである。

一二．「すでに過ぎ去った（過去の）」結果が、「すでに過ぎ去った（過去の）」原因と結びつくことはあり得ないし、「いまだ生じない（未来の）」原因や、「すでに生じた（今の）」原因と結びつくこともあり得ない。

一三．「すでに生じた（今の）」結果が、「いまだ生じない（未来の）」原因と結びつくことはあり得ないし、「すでに過ぎ去った（過去の）」原因や、「すでに生じた（今の）」原因と結びつくこともあり得ない。

一四．「いまだ生じない（未来の）」結果が、「すでに生じた（今の）」原因と結びつくことはあり得ないし、「いまだ生じない（未来の）」原因や、「すでに過ぎ去った（過去の）」原因と結びつくこともあり得ない。

一五．結びつくことがないときに、どうして原因が結果を生じるだろうか？　結びつくことがあるときに、どうしてさらに原因が結果を生じるだろうか？

一六．原因が結果について空しい（空）なら、どうして結果を生じ得るだろうか？　またもし原因が結果について空しくない（不空）なら、どうしてさらに結果を生じ得るだろうか？

一七．不空なる結果は生じないであろう。不空なる結果は滅さないであろう。不空なる結果は不生不滅であるだろう。

一八．空なる結果はどうして生じ得ようか？　空なる結果はどうして滅し得ようか？　空なる結果もまた不生不滅であるだろう。

一九．原因と結果が同一であるということは、決してあり得ない。原因と結果が別異であるということも、決してあり得ない。

二〇．もしも原因と結果が同一であるならば、生ずるものと生ぜられるものが同じであることになるだろう。もしも原因と結果が別異であるならば、原因は原因でないものと同じであることになるだろう。

二一．自性を持つものとしての結果を、どうして原因がさらに生ずることがあろうか？　無自性（空）なものとしての結果を、どうして原因が生ずることがあろうか？

二二．また、結果を生じないものが原因であることはあり得ない。そもそも原因であることがあり得ないときに、いかなる結果が生じ得るだろうか？

二三．（＊第七偈で述べたように、結果と同時に因縁の和合が成立することがあり得ないなら）もしも原因（直接的な他因）と諸縁（補助因）のこの和合が、みずから自身を生じるのでないならば、どうして結果を生ずることがあろうか？

二四．〔因縁の〕和合によって作られる結果はあり得ず、〔因縁の〕和合によって作られない結果もあり得ない。結果のないところに、どうして因ともろもろの縁の和合があり得るだろうか？

次に第二〇章なんですけど、ここも資料を作りました。五求門破をさらに一異門破で解体するという技ですよ。「原因と結果の考察」。これはもうものすごい。『中論』では最初から「ありよう」と「ありようの原因」とか言ってましたから、その本質に入ってきました。【二〇－一】です。

一．もしも原因（直接的な他因）と諸縁（補助因）の和合によって結果が生ずるのであれば、結果はそれらの和合のうちにすでにあることになる。ではどうして原因（直接的な他因）と諸縁（補助因）の和合によって〔さらに〕結果が生じることになるのであろうか？

原因ともろもろの縁の「和合」によって結果が生じる。これは説一切有部的な考え方なのですけど、では、どうして「和合」によって生じるのであろうかと言っているのですね。過去時と現在時の関係について先の章では考察しましたが、これも厳密には過去時のある時点と現在時ではなくて、さまざまな過去時の和合と現在時だったんでしょうね。そのあたりがまだ曖昧だったので、徹底的に考え直すという意味もあります〔編註：説一切有部の「和合」

によって因果を説明する考えは、第二一章「生成と壊滅の考察」でも前提となっているので注意〕。

【資料（要熟読）】

第二〇章は原因と結果そのものについての考察ですが、ここでナーガールジュナはなんと五求門破の③〔編註：十分条件〕で④〔編註：必要条件〕を否定し（【二〇－一】）、④で③を否定して結局④も否定する（【二〇－二】）ということをやってのけています。ここには、じつは「十分条件から事後的に必要条件が立てられているのに、必要条件が事前にあった他因のように見なされている」という二重の構造の洞察があったのですが（「③で④を否定する」ことでこれが指摘されています）。そして一方では、「④で③を否定する」ことでAとBの別異を強調しています。五求門破の③と④（あるいは⑤）のあいだには、互いに一異門破の関係が成立しているわけです。

「AのうちにBがある」（十分条件）、「AによってBがある」（必要条件）という表現は、『中論』の第一章からたびたび出てきましたが、そもそもそれらは一異門破されるべきものとして置かれていたのです。そして「他因の事後的生成」という、「自己原因の事後的生成」（去者が去る、のようなもの）を反転した構造がここで洞察されるので、その場合のAとBは同一なのか別異なのか、と考えて行って、不一不異であるという結論を導く、つまり、五求門破の③と④、あるいは⑤では、いずれも単独の主張として成立せずに自動的に「破」が成立するという、そんな優れものの論法が五求門破だったのです。それゆえ、五求門破まで列挙しなくとも、ナーガールジュナは「～によってある」とか「～のうちにある」という仮定を何度も繰り返すわけです。遍計所執性の一異門破だけでなく、依他起性の一異門破もちゃんとナーガールジュナは考えている。それが、「～によってある」とか「～のうちにある」であり、五求門破の後半だったんですね。

これもね、資料をちょっと作ってきたので、例えばもう一回五求門破を振り返ると、その四頁の最後の方にまたまとめてあります。

「はたらき」と「はたらきの主体」のようなAとBとについて、①AはBと同じである（同一）②AはBと別異である（別異）③AはBを有する（具有）④AによってBがある（能持）⑤BによってAがある（所持）の五つの場合について検討し、そのいずれをも否定する

というのが「五求門破」でしたね。このとき③は、AはBの「十分条件」である、とい

うことも述べました。（十分条件とは、「りんごならば果物である」のようにそのままで条件を満たしているものです）そして④と⑤はそれぞれ、「AがBの必要条件」「BがAの必要条件」という関係です。（必要条件とは、「りんごであるためには果物である必要がある」というものです）十分条件ではAとBは一体ですが（同一）、必要条件ではAにとってBか、あるいはBにとってAが他因として立てられています（別異）。

例えば「はたらき」と「はたらきの主体」のようなAとBとについて、五求門破では①AとBは同じであるという主張がなされる。この場合「同一」ということが否定されます。②AとBは「別異」であるという主張がなされる。これも否定されます。ここまでで「一異門破」で、三番目に、③AはBを有する、「具有」というのが出てきます。これは僕は十分理由、「十分条件」だと解釈していています。これはひっくり返したりして、こっちは成立しないとかいうことは言っても仕方がないです。成立しているから十分条件なので、どちらかというと「一体」と考えたらいいのではないでしょうか。

そして四番目が、④AによってBがある、「能持」ですね。五番目が⑤BによってAがある、「所持」というんですけれど、どちらかがどちらかのために必要だ、そういう必要条件としての「他因」である。それをいずれも否定すると。

これが五求門破なんです。十分条件は資料にあげた例がいいか悪いかわかりませんが〈編

註：りんごと果物だと、形相因的な分類に偏ってしまうため。アリストテレスの四原因説は質料因、形相因、作動因、目的因であるが、『中論』では作動因・機械論的な文脈でも十分条件・必要条件が考察されていく場合が多い〕、「りんごならば果物である」だとか、④と⑤は、AがBの必要条件、りんごであるためには果物である必要があるとかいうことですよね。それで、そういう必要条件を逆に立てたりもするということなのです。

それで、ちょっと気が付いたのは、第二〇章は原因と結果そのものについての考察ですが、ここでナーガールジュナは、なんと、五求門破の③〔編註：十分条件〕で④〔編註：必要条件=他因〕を否定している。それが【二〇－一】である。だから、「うちに」を出して、「よって」を否定してるんですよ。また、その一方で、④で③を否定して（【二〇－二】）、それで何をしているかと言うと、

二．もしも原因（直接的な他因）と諸縁（補助因）の和合によって結果が生ずるのであれば、結果はそれらの和合のうちにいまだないことになる。ではどうして原因（直接的な他因）と諸縁（補助因）の和合によって結果が生じることになるのであろうか？

原因（直接的な他因）と諸縁（補助因）との和合に「よって」という必要条件をはじめに出しておいて、そうであれば「結果は和合のうちにいまだない」と、③（十分条件）を否定す

るんです。そして「ではどうして原因（直接的な他因）と諸縁（補助因）の和合によって生ずるのであるか」と、返す刀でそもそもそれなら④（必要条件）の全体としても成立していないと否定しています。

どうも、「十分条件から事後的に必要条件が立てられているのに、必要条件が事前にあった他因のようにみなされている」という二重の構造の洞察がここにはあったはずだと思うんですね。

これは何が言いたいかというと、要するに「遍計所執性」、つまり「素朴目的論」（自己原因）によって起こってくる二重性は、第二章「「去る者」と「去るはたらき」を巡る考察」で徹底的に批判しましたが、ナーガールジュナは実は「依他起性」（他因）についても同じような二重性を見ているんですね。これら「遍計所執性」（素朴目的論）と「依他起性」（素朴他因論）が両方とも否定されたのは、いずれも「結果がすでに決まっているから」です。自己原因的なものを想定して、なんらかのありようがその結果として起こってきたと考えるが、実はそのありようからしか、自己原因的なものも考えられていない、つまり同じ状態を引き延ばすような考えに捕らわれている、というのが「遍計所執性」への批判でした。他因についても、「結果があるから始めて原因ということが言える」、というのは【一－五】でもすでに言われていて、普通に考えても機械論的な他因だけで世界のありようを説明できるとするなら、それはまったく固定的で決定論的なものになります。「未来」によって「今」が支配されるように決まるか、「過去」によって「今」が支配されるように決まるか、「未来⇅現在」の関係も「過去⇅現在」の関係も一方向的なものではあり得ない。「未来↓現在」ということになっているが本当は「未来⇅現在」だろうというのが「遍計所執性」の批判だとすると、「過去↓現在」ということになっているが本当は「過去⇅現在」だろう、という批判が「依他起性」の批判になるはずです。それで実際に「必要条件⇅十分条件」であるとか、「原因⇅結果」であるということを色々言うわけです。原因というものは結果が出た後でしか、原因として成立し得ない」というのは、実は西洋でもデカルトが語っていたことで（『反論と応答』）機械論的世界観のアポリアなんです。未来から現在、過去から現在という風に決定論的に語ってしまうのは無理があるので、「過去⇅現在」のように相方向的な関係として語ることになるわけですが、過去と現在との関係は「同じでも違っているのでもない」という一異門破になっていなければならない。実はその一異門破が、五求門破の最後の三つで自動的に起こってしまうという、そういうことなんじゃないでしょうか。

「AのうちにBがある」（十分条件）、「AによってBがある」（必要条件）という表現は、『中論』の第一章からたびたび出てきましたが、そもそもそれらは一異門破されるべきものとして置かれていたのです。そして「他因の事後的生成」という、「自己原因の事後的生成」（去者が去る、のようなもの）を反転した構造がここで洞察されるので、その場合のAとBは同一なのか別異なのか、と考えて行って、不一不異であるという結論を導く、つまり、五求門破の③と④、あるいは⑤では、いずれも単独の主張として成立せずに自動的に「破」が成立するという、そんな優れものの論法が五求門破だったのです。

要するに、遍計所執性の自己原因の事後的生成を反転した構造が依他起性についてここで洞察されているので、その場合もA（原因）とB（結果）は同一なのか別異なのかと考えていって、不一不異であるという結論を導く。

つまり、五求門破の③（十分条件）は④（必要条件）から考えるならば成立せず、だとすると④（必要条件）も成立しないという風に、それぞれが単独で成立していない。十分条件が必要条件を満たさずして成立しているというのもおかしい。なのでここでは「④によって③が破され、③によって④が破される」ことになっています。また、③と④がそれぞれ別のものとして独自に成立していないなら一異門破の「異」の否定がなされ、結果が決定論的に原因と同じでないなら一異門破の「一」の否定がなされるわけです。

そういう状態が自動的に五求門破の後半で成立しています。そんな「優れものの論法」が五求門破だった、このように資料に書きましたが、その「優れもの」って言い方が古いかなと思ったけど、同い年の安原さんがいるからいいかなと思って使ってみました。

そもそも、五求門破まで列挙しなくても、ナーガールジュナが「〜によってある（ならば）」、「〜のうちにある（ならば）」という仮定を『中論』で何度も繰り返しているということで、これが実は五求門破の後半だったのではないか、という風に論理構造が分析できるわけです。

この技をナーガールジュナはずっと駆使していますよ。たとえば「結果」について、【二〇－二】は、それと「原因」との相互成立的な二重性を踏まえて否定しました。その次の【二〇－三】ではどうでしょうか？

三．もしも原因（直接的な他因）と諸縁（補助因）の和合によって結果が生ずるのであれば、結果はそれらの和合のうちにすでに認識されるはずである。しかし結果はそれらの和合のうちにはいまだ認識されない。

もしも、原因（直接的な他因）と諸縁（補助因）との和合「によって」結果が生じるのであるならば、結果はそれらの和合「のうちに」すでに認識されるはずである。しかし、そんなふうにはいまだ認識されない。これは【二〇－二】のひっくり返した形ですよね。原因がすでに結果を完全に予期するものとなっているはずだ。しかしそうはなっていないと。③で④を否定している。そういうことをどんどんやる。【二〇－四】は、原因と結果についての一異門破です。

四．もしも原因〔直接的な他因〕と諸縁〔補助因〕の和合のうちに結果がいまだないなら、もろもろの因〔直接的な他因〕と縁〔補助因〕とは、因でも縁でもないものと変わらなくなってしまうであろう。

一異門破の一〔編註：原因と結果が一つ〕の否定がそもそもここまでの二、三だったということで、ここで両者が別異であることの否定がなされて一異門破が成立していますね。原因と結果でね。そしてそこから【二〇－五】以後の展開が何を言いたいのかちょっとわかりにくいんですよ。

五．もしも原因が結果に、原因たるものをすでに与え終わって滅するのだとすると、原因を与えられる結果と、消滅する原因という、原因の二つの自性があることになってしまう。

これはですね、結局、原因から結果という形で、ループではなく「流れ」が成立しているという説一切有部的な主張が間違っているということなのです。それをしつこくしつこく、何ケースも説明している。「三時門破」の要素もあります。「与え終わって」というのも、普通に考えても、「与え終わるまで待っている」ということで、「結果が出てくるまで被っているというのはおかしい」ということなんです。そして、【二〇‐六】です。

六．もしも原因が結果に、原因たるものをいまだ与えることなく滅するのだとすると、原因が滅してから生じたその結果は、原因を持たないものとなるだろう。

その原因が結果に原因を与えないで消滅するというのは、与える前にもう消滅しているということであれば、結果も無原因のものになるだろうということです。

そうであれば、同時に現れるのはどうかという仮定が【二〇‐七】です。

七．もしも結果が、原因〔直接的な他因〕と諸縁〔補助因〕の和合と〔同時に〕現れるのだとすると、生ずるものと生ぜられるものが〔第三レンマ的に〕同時であるということになってしまうだろう。

それはどうなんだと言ったら、これは「去者」という「去るもの」が今去るというのもおかしいということを三時門破でやっていましたが、これも同じパターンですよね。第三レンマ的に原因と結果が同時というのも駄目で、もちろんここは第四レンマ的に両者が瞬間に結びつくのでなければならない。
それで、【二〇－八】は和合より前に結果が現れるというケースですが、こんなことは普通に考えても全くおかしいので無理だということです。次は【二〇－九】です。

九．もしも結果が、原因が滅したときにあるのだとすると、〔第五偈のように〕原因たるものは結果に推移したことになる。またすでに生じていた原因が再び生じることになってしまう。

ここもまた、ちょっと最初はわからなかったんですが、原因が消滅した時に結果があるのであるならば、原因は結果に推移したことになってしまうであろうという、こういう時間的な流れを素朴に前提するのを、もうすでに第一九章で破してしまっています。原因を常恒なもののように結果まで引き延ばす、あるいは結果において再生させるというのは駄目だろうということですね。続いて【二〇－一〇】です。

一〇．すでに滅して、消え去った原因が、どうしてすでに生じた結果を生じることがあるだろうか？　また原因が結果と結びつき持続（住）しているとしても、どうしてそれがさらに結果を生じうるであろうか？

たとえば、すでに滅して、消え去った原因が、どうしてすでに生じた結果を生じることがあるだろうか？　また、これは一異門破の「異」の破の方ですよね。すでに結果と結合して持続している原因も、どうしてそれがさらに結果を生じうるであろうか。これは一異門破の「一」の破ですよね。両方破されましたね。

それで、【二〇－一一】は結果と結合しない原因が、いずれの結果を生じるであろうか。ということです。

一一．また結果と結びつかない原因が、どうして結果を生じさせることがあるだろうか？　というのも、原因はいまだ結果を見ることなく結果を生じることはないし、すでに結果を見終わった後に結果を生じるのでもないからである。

これもまた、相変わらず一異門破もやっています。この後ちょっと気になるのが【二〇－一二】ですよね。

一二．「すでに過ぎ去った（過去の）」結果が、「すでに過ぎ去った（過去の）」原因と結びつくことはあり得ないし、「いまだ生じない（未来の）」原因や、「すでに生じた（今の）」原因と結びつくこともあり得ない。
一三．「すでに生じた（今の）」結果が、「いまだ生じない（未来の）」原因と結びつくことはあり得ないし、「すでに過ぎ去った（過去の）」原因や、「すでに生じた（今の）」原因と結びつくこともあり得ない。
一四．「いまだ生じない（未来の）」結果が、「すでに生じた（今の）」原因と結びつくことはあり得ないし、「いまだ生じない（未来の）」原因や、「すでに過ぎ去った（過去の）」原因と結びつくこともあり得ない。

これもまた一異門破が続くんですが、ここで中村訳で「すでに生じたもの」という表現が何回かここから出てきます。これは三時門破における「過去」と「未来」との関係で出ているのですから、「すでに生じた」結果と言っているものは大体「今」のことなので、訳を補っておきました。

その「今」と「過去」と「未来」が一体化しないし、一体化しないのでもないし、ということが延々と説明されています。あんまり詳しく説明していっても同じかもしれないので、ちょっと先に進みましょうか。【二〇－二〇】です。

二〇．もしも原因と結果が同一であるならば、生ずるものと生ぜられるものが同じであることになるだろう。もしも原因と結果が別異であるならば、原因は原因でないものと同じであることになるだろう。

原因と結果は同一ではないし、別異であるならば、原因は原因ならざるものと等しくなってしまうだろう。これはもう本当に原因と結果の直球の一異門破ですね。これが締めくくりです。

【第二一章　生成と壊滅の考察――原因と結果の一異門破から「不生不滅」「不常不断」の構造をえぐりだす】

第二一章　生成と壊滅《えめつ》の考察

一．〔いまだ〕生成なしに、あるいは生成と同時に、壊滅することはあり得ない。〔いまだ〕壊滅なしに、あるいは壊滅と同時に、生成することはあり得ない。

二．〔いまだ〕生成なしに、どうして壊滅があるであろうか？〔もしそうなら、〕生なくして死があり得ることになってしまう。それゆえ生成なくして壊滅はないのである。

三．どうして壊滅が生成と同時にあり得るだろうか？というのも、生と死は同時にはあり得ないからである。

四．〔いまだ〕壊滅なしに、どうして生成があり得るであろうか？というのも、あらゆるものが無常でないことはないのだから。

五．どうして生成が壊滅と同時にあり得るだろうか？というのも、生と死は同時にはあり得ないのだから。

六．互いにともにあるにしても、互いに離れているにしても、〔自性をもって〕成立することがない二つのもの（＊生成と壊滅）が成立することが、どうしてあり得るであろうか？

七．壊滅には生成はあり得ない。また壊滅なきところにも生成はあり得ない。壊滅が〔さらに〕滅することはない。壊滅なきところにも滅することはあり得ない。

八．存在から離れて、生成も壊滅もあり得ない。生成と壊滅を離れて、存在はあり得ない。

九．空なるものには、生成も壊滅もあり得ない。空ならざるものにも、生成も壊滅もあり得ない。

一〇．生成と壊滅が同一であるということはあり得ない。生成と壊滅が別異であるということもあり得ない。

一一．「生成と壊滅は現に見られる」と汝は考えるであろう。しかしそれは、愚かな迷いによって見ていると思っているのである。

一二．有が有から生じることはない。有が無から生じることはない。無が無から生じることはない。無が有から生じることもない。

一三．事物は自性からも生じない。他性からも生じない。自性と他性とからも生じない。では何から生じるというのか？

一四．有を承認するひとには、事物が常恒であるという見方（常見）と事物が断滅するという見方〔断見〕が付き随う。というのも、その有は常恒であるか、断滅するかのいずれかであろうから。

一五．【反論】有を承認するひとには、断滅もないし、常恒もない。この〔われわれの〕生存（有）は、原因と結果の生成と壊滅の連続であるのだから。

一六．【答え】もしも原因と結果の生成と壊滅の連続が生存（有）であるならば、壊滅したものがさらに生じることはないから、原因が断滅していく〔断見〕になってしまう。

一七．自性をもって存在するものが、〔ときに〕存在しないということは、理に合わない（＊と見なしてそれを否定すると、常見になってしまう）。また、ニルヴァーナにおいては生存（有）の連続は寂静に帰するから、生存（有）が断滅する（断見になる）。

一八．〔前生の〕最後の生存（死有）が滅したとき、〔今生の〕最初の生存（生有）が生じるというのは、理に合わない。また、〔前生の〕最後の生存（死有）がいまだ滅さないときに、〔今生の〕最初の生存（生有）が生じるというのも、理に合わない。

一九．もしも〔前生の〕最後の生存（死有）が滅びつつあるとき、〔同時に今生の〕最初の生存（生有）が生じてくるというなら、滅びつつあるものが一つの生存（有）であり、生じつつあるものも一つの生存（有）である（＊という風に別々になる）ことになろう。

二〇．「今滅びつつある者」と「今生じつつある者」が同時であることが理に合わないと言うのであれば、〔逆に〕ある五蘊において死ぬ者が、また同じ五蘊において生まれるということになってしまう。
二一．このように三時（過去、現在、未来）において、生存（有）の連続があるというのは正しくない。三時のうちにない生存（有）の連続といったものがどうしてあり得ようか？

次は第二一章「生成と壊滅との考察」です。これはもはや「不生不滅」がテーマなのです。この章でも、第一九章「時間の考察」に引き続き、「生滅があるという説」を検討します。第三レンマと第四レンマの区別がついていないのが説一切有部であることが明らかにされてきましたので、その有部の核心に踏み込んできましたよ。「生成」は漢語の訳では「生起」です。はじめに【二一－一】を見てみましょう。

一．〔いまだ〕生成なしに、あるいは生成と同時に、壊滅することはあり得ない。〔いまだ〕壊滅なしに、あるいは壊滅と同時に、生成することはあり得ない。

これは生成と壊滅の一異門破です。生成を離れても、生成と共にあるにしても、壊滅はありえない。そして、壊滅を離れても、壊滅と共にあるにしても、生成はありえない。不生不滅だから、（生が成り立たない、滅が成り立たないと）どちらの場合もありえないということを当然言いますよね。それで、【二一－二】で〈編註：【二一－一】の最初の〉生成なしに壊滅する説も一応否定しておきます。

二．〈いまだ〉生成なしに、どうして壊滅があるであろうか？〈もしそうなら、〉生なくして死があり得ることになってしまう。それゆえ生成なくして壊滅はないのである。

そうすると「生なくして死があり得ることになってしまう」。このような展開ですね。この辺などは、十二支縁起の逆観を最後からやっていくと〈編註：老死がないから、生がない……〉、ナーガールジュナは絶対に、こういうことを言ってきますよね。

そして、【二一－三】では、〈編註：【二一－一】の〉壊滅が生成と共にある説を否定するようなことを具体的に語ってます。

三．どうして壊滅が生成と同時にあり得るだろうか？というのも、生と死は同時にはあり得ないからである。

大体このように続いていきます〈編註：【二一－四】、【二一－五】も【二一－一】に挙げられた残りの二説の説明〉。そして、【二一－六】を見てみましょう。

六．互いにともにあるにしても、互いに離れているにしても、〔自性をもって〕成立することがない二つのもの（＊生成と壊滅）が成立することが、どうしてあり得るであろうか？

こんな風に、「生成と壊滅は自性をもったものとしてはないよ」ということをずっと語っているのですね。このようなナーガールジュナの主張がさらに続きます。

そして【二一－一四】で、説一切有部の主張は釈尊が否定した「常見」「断見」となってしまうという説明がなされます。

一四．有を承認するひとには、事物が常恒であるという見方（常見）と事物が断滅するという見方（断見）が付き随う。というのも、その有は常恒であるか、断滅するかのいずれかであろうから。

それに対して、説一切有部が反論してきます。

一五．【反論】有を承認するひとには、断滅もないし、常恒もない。この〔われわれの〕

生存（有）は、原因と結果の生成と壊滅の連続であるのだから。

この説一切有部の主張を見ると、〔編註：第二〇章で考察したような〕「和合」で考えていて、我々の生存というものは原因と結果の生成・壊滅の連続であるといい、持続的にその和合が崩れて形を変じていくのを「滅」と呼んでいるということがわかります。それを称して「常住でもなく断滅でもない」という主張をしているんだなということです。

そんなわけで、もうここまでくると彼らが、完全に「第三レンマ（生であり滅である）」と「第四レンマ（生でなく滅でない）」を一緒にしてしまっている〔編註：すでに出たようにどちらも排中律を逃れているように思うが、第三レンマは普通の「排中律」を前提とした時間的な「分別」である〕ということがわかります。それが有部の「刹那滅」とか、「法体恒有」という考えになったということですね。

【二一―一六】からナーガールジュナが一気に畳みかけて反駁してきます。

一六．【答え】もしも原因と結果の生成と壊滅の連続が生存（有）であるならば、壊滅したものがさらに生じることはないから、原因が断滅していく〔断見〕になってしまう。

ここは不思議議（な反論）ですよね。原因と結果との生成と壊滅の連続が生存（有）であるならば、壊滅したものがさらに生じることはないから、原因が断滅していく〔断見〕になってしまう。説一切有部のように原因と結果に時間的な推移を素朴に前提するのであれば、徐々に原因は断滅するということですね。それゆえ因もまたなくなってしまうであろうということです。次は【二一－一七】です。

一七．自性をもって存在するものが、〔ときに〕存在しないということは、理に合わない（＊と見なしてそれを否定すると、常見になってしまう）。また、ニルヴァーナにおいては生存（有）の連続は寂静に帰するから、生存（有）が断滅する（断見になる）。

それ自体として（自性として）実在するものがときに非実在となるということはおかしい。そう思ってそれを否定すると、常見にならざるを得ない。また「ニルヴァーナ」の時には、生存の連続は寂静に帰するから、生存の連続は断滅する。そうするとニルヴァーナではなく「断見」そのものになってしまうと。

次の【二一－一八】はプドガラ説的なものの批判ですよね。

一八．〔前生の〕最後の生存（死有）が滅したとき、〔今生の〕最初の生存（生有）が生じるというのは、理に合わない。また、〔前生の〕最後の生存（死有）がいまだ滅さないときに、〔今生の〕最初の生存（生有）が生じるというのも、理に合わない。

要するに、その前生の最後の生存（死有）が滅んだ時に次に最初の生存（生有）が起こるというのは、素朴に時間的な流れを前提としてそのなかでの持続を考えているので、普通に考えてもおかしい。最後の生存（死有）がいまだ滅さないときに最初の生存が起こるというのも理に合わない。また同時に原因と結果が出てくることもないという。原因と結果の二重化否定の応用で、これは否定できますから。この第一八偈は過去について語っているということにも注意です。

そして【二一－一九】からは「三時門破」です。

一九．もしも〔前生の〕最後の生存（死有）が滅びつつあるとき、〔同時に今生の〕最初の生存（生有）が生じてくるというなら、滅びつつあるものが一つの生存（有）であり、生じつつあるものも一つの生存（有）である（＊という風に別々になる）ことになろう。

生存が二重になってしまう。これは現在（今）における三時門破ですね。三時門破の現在編。

そして、【二一－二〇】。

二〇．「今滅びつつある者」と「今生じつつある者」が同時であることが理に合わないと言うのであれば、〔逆に〕ある五蘊において死ぬ者が、また同じ五蘊において生まれるということになってしまう。

これ、前半は第一九偈と同じことを繰り返していますが、「五蘊において死ぬ」、「また同じ五蘊において生まれる」というのはこれは「未来」の話です。前世と今生とが別々になるのがおかしいので、今生と来生を同じように考えると、恒常なもののように今生と来生で持続するかのように再生することになって、おかしいということが言いたいんですね。これで、【二一－二一】は結論です。

二一．このように三時（過去、現在、未来）において、生存（有）の連続があるというのは正しくない。三時のうちにない生存（有）の連続といったものがどうしてあり得ようか？

このように三時門破をいちいち丁寧にやりましたという宣言ですね。これによって、生成と壊滅の関係、つまり「不生不滅」が説明されています。ただし、三時門破で過去、現在、未来の三時がすべて否定されても、第四レンマ的な現在（今）についてはナーガールジュナは肯定していたように、この「不生不滅」も決して虚無的なものではなく、生成と壊滅が一異門破的に瞬時に結びついてそれが変化しながら連続するイメージなのだと思います。

【第二二章　如来の考察――五蘊と如来の一異門破を通じて「煩悩即菩提」の原型にいたる】

第二二章　如来の考察

一．如来は五蘊と同じではなく、五蘊と異なるものでもなく、如来のうちに五蘊が含まれるのでもなく、五蘊のうちに如来が含まれるのでもなく、如来が五蘊を持つのでもない。如来はいかなるものとしてあり得るのだろうか？

二．もしも仏陀が五蘊に執着（取）しそれに依ってあるならば、仏陀は自性をもつものとしては存在しない。自性をもって存在しないものが、どうして〔五蘊という〕他性によって存在するだろうか？

三．他性に依って生じるものは非我である、というのは正しい。非我であるものがどうして如来になり得るだろうか？

四．もしも自性がなければ、どうして他性があり得るだろうか？　自性も他性もないのであれば、如来はどのようなものとしてあり得ようか？

五．もしも五蘊への執着（取）なくして如来がすでに存在するならば、〔その〕如来は五蘊に執着（取）することもできよう。そうすると五蘊への執着（取）によって如来があることになろう。

六．もしも五蘊への執着（取）がないならば、いかなる如来もあり得ない。しかし五蘊に執着（取）しないものが存在しないなら、どうして五蘊に執着（取）することができようか？

七．執着（取）されることがなければ、〔五蘊は〕存在しない。またなんら執着（取）するということも存在しない。そして執着（取）することのない如来も存在しない。

八．〔五求門破によって〕五蘊と同一であるとか、別異であるとかいう風に、五種に求めても見いだされない如来が、どうして執着（取）することから仮名《けみょう》を得る（＊概念化される）のであろうか？

九．また執着（取）される五蘊も、自性を持つものとしては存在しない。自性を持つものとして存在しないものが、どうして他性としてあり得るだろうか？

一〇．このように執着（取）される五蘊も、執着（取）する者もいずれも空である。ならば空なる五蘊によって、空なる如来がいかにして仮名を得るのであろうか？

一一．〔何者かが〕「空である」と言ってはならない。「空でない」、「空であって空でない」、「空でもなく、不空でもない」と言ってもならない。これらは仮名のために説かれるのである。

一二．寂静なる境地に、どうして常恒である、断滅するなどの四句分別が成立するであろうか？　寂静なる境地に、どうして有限である、無限であるなどの四句分別が成立するであろうか？

一三．しかし如来に強い執着を抱く者は、ニルヴァーナに入った如来についても「如来が（そこに）いる」、「如来が（そこに）いない」などと妄想して分別するであろう。

一四．とはいえ如来は自性なく空であるから、この如来が入滅後に「存在する」、「存在しない」などの思索は成り立たない。

一五．戯論を超えた不滅の仏陀について、あれこれと戯論をなす者たちは、すべて戯論に毒されており如来を見ない。

一六．如来の自性とは、この世界の自性である。しかるに如来は自性を持たない。この世界もまた自性を持たない。


そして二一章の後、「如来の考察」というものが出てきます。これは冒頭【二二－一】の五求門破が少し変則的なんです。

一．如来は五蘊と同じではなく、五蘊と異なるものでもなく、如来のうちに五蘊が含まれるのでもなく、五蘊のうちに如来が含まれるのでもなく、如来が五蘊を持つのでもない。如来はいかなるものとしてあり得るのだろうか？

如来は五蘊と同じではなく、異なるものでもなく、如来のうちに……と書いてありますから、これは五求門破をやってないとおかしいですね。そうすると五求門破であれば、①如来が五蘊と同じではないが「同一」を否定している、②五蘊と異なるものでもない、これが「別異」を否定している。それで、次に出てくるのが、少し順番が変わっていて、後ろの方に如来がそれらの五蘊を持つのでもないという風に、「十分条件」が一番最後に出てきていますよ。そして如来のうちに五蘊が含まれるというのと、五蘊のうちに如来が含まれるという、十分条件をひっくり返してしまっている。

如来「によって」五蘊があるのではなく、五蘊「によって」如来があるのでもないという風にひっくり返すのが通常の五求門破ですが、五蘊はそれを含む主体をみずからによって作るものであると思われがちなので、こういう言い方をしたのかも知れません。たしかに、「りんご」ならば「果物」という条件を備えている、というのとは違っているとも言えそうです。如来のうちに五蘊が含まれるというのも、万象を包摂するイメージで仮定しておいて否定する、という感じでしょうか。

それで、これはどちらにしても如来と五蘊の関係を五求門破したものです。

この後も不思議なことを言いますね。中村訳では五蘊を「執着して取ってブッダが成立しているのであるならば、ブッダはそれ自体として成立しない」とあります。次のように訳し直しました。

二．もしも仏陀が五蘊に執着（取）しそれに依ってあるならば、仏陀は自性をもつものとしては存在しない。自性をもって存在しないものが、どうして〔五蘊という〕他性によって存在するだろうか？

それ自体として存在するものでないものが、どうして（それ自体自性を持った）他性によって存在するであろうか。と、仏陀も五蘊も別々に自性のあるものとしてまずあるわけではないので、どちらかがどちらかによって生まれるわけではないというロジックです。それで、ちょっと変なのが、【二二－五】です。

五．もしも五蘊への執着（取）なくして如来がすでに存在するならば、〔その〕如来は五蘊に執着（取）することもできよう。そうすると五蘊への執着（取）によって如来があることになろう。

たとえば、認識対象の全くない認識主体のようなものを仮定するのはおかしいのですが、仮にそんなものがまず認識主体としてあるのならば認識対象を持つこともできるわけで、そうするとその認識対象の認識主体というものに結局なってしまう。如来と五蘊についても同じ関係が成立するということを言っているのではないでしょうか。そして【二二－六】です。

六．もしも五蘊への執着（取）がないならば、いかなる如来もあり得ない。しかし五蘊に執着（取）しないものが存在しないなら、どうして五蘊に執着（取）することができようか？

先の例でいえば、認識対象の全くない認識主体というものが仮にあり、しかもそれがいかなる認識対象も持とうとしないのであれば、それは何の認識主体でもない。五蘊と如来にもそのような関係が成立していて、この場合はいかなる如来でもないということになる。またそうであれば、いかなる如来としても存在していないものはそもそも五蘊に執着（取）することもできない、ということです。【二二－六】は【二二－五】の仮定の否定であるということもできる。認識主体なり如来なりを単独で立てることは結局出来ないと言っているんですから。そういう風に【二二－五】の否定であって、では五蘊と如来が同じかというところの章の冒頭でそれは否定していますから、繰り返し一異門破が掘り下げられているわけなんですよね。
【二二－八】では、五種に求めても存在しない如来が、どうして執着（取）によって仮名を得る（＊概念化される）のかということを問うています。

八．〔五求門破によって〕五蘊と同一であるとか、別異であるとかいう風に、五種に求めても見いだされない如来が、どうして執着（取）することから仮名《けみょう》を得る（＊概念化される）のであろうか？

ここでは、「執着（取）」ということ自体に、「自性がない」というようなことがさまざまな角度から語られていますね。つまり「執着（取）」というはたらきも、「執着（取）」する主体も全く空である。では、空である如来はどうして空なるものによって仮名《けみょう》を得る（＊概念化される）のか、漢語の訳語でいうと仮設されるのか。「仮設」とは「依拠することによって名付けられたもの」という意味ですね。

続く【二二－一一】では「何者かが空である」とは言ってはならないと説明されます。

一一．〔何者かが〕「空である」と言ってはならない。「空でない」、「空であって空でない」、「空でもなく、不空でもない」と言ってもならない。これらは仮名のために説かれるのである。

「空ではない」とか、「空であって空ではない」、「両者である」とか、または「両者ではない」と言ってはならず、要するにそれが依拠する対象との関係のなかで、一異門破するための材料として仮に名前が付けられているだけなのだから、「その仮名をそのまま主語化して、それが単独で空であると言ってはいけない」ということですね。

そしてその後の、【二二－一三】がちょっと日本語だとわかりにくい。

一三．しかし如来に強い執着を抱く者は、ニルヴァーナに入った如来についても「如来が（そこに）いる」、「如来が（そこに）いない」などと妄想して分別するであろう。

如来は「タターガタ（tathāgata）」ですから、「来る（āgata）」とか「去る（gata）」とかいうニュアンスが元々あるので、ニルヴァーナに入った如来は「去った」のだとか「来た」のだとか考えがちですが、それはちょっと違っているよということですよね。

そして、そのような話をしてから、【二二－一五】で「戯論」についての言及が登場します（【☞第一八章 アートマンの考察を見よ】）。

一五．戯論を超えた不滅の仏陀について、あれこれと戯論をなす者たちは、すべて戯論に毒されており如来を見ない。

「形而上学的論議を超絶し不壊なる仏を」と中村訳では書いてありますが、初期仏教のブッダは形而上学的なことを考えなかったという表現は言い過ぎですよね。

ブッダは考えていますよ。「不常不断」から「有限でも無限でもない」まで、何から何まで考えていて、しかもそれは「論理の否定」ではなくて、そういう「論理」なんですよね。「Aなのか、非Aなのか」でどちらかを選ぶような議論は出来ないし、「Aは〜である」、「非Aは〜である」という議論もできない。そういうものを退けているわけです。

そして、

一六．如来の自性とは、この世界の自性である。しかるに如来は自性を持たない。この世界もまた自性を持たない。

この世界とは衆生〔編註：衆生世間〕ですよね。如来は自性を持たないので、この世界もまた自性を持たない。この世界もしくは衆生（世間）も自性をもたない。

考えると五蘊と如来の関係でこれを語ったというのが非常に大乗仏教的ですよね。「煩悩即菩提」〔編註：煩悩と菩提は構造の中でしか成り立たない。次章でも詳説される〕のロジックがまさにナーガールジュナにおいてはっきりここで出てきたわけです。

確かに初期仏教の言い方でも「中道」は語られますが、ここまではっきり論理的に「煩悩即菩提」を導く考え方は出てこないし、その意味で親鸞がナーガールジュナを七高僧の第一として尊敬しているのも納得できます。

【第二三章　顛倒の考察——三毒の煩悩は顛倒から生じるので存在しないし、顛倒も無我、不浄、無常、苦すら存在しない！】

第二三章　顛倒《てんどう》（誤った見解）の考察

一．「貪欲《とんよく》、瞋恚《しんに》、愚痴《ぐち》（貪りと怒りと愚かしさ、の三毒）」は分別する思いから生じると言われる。なぜならば、それは「好ましい（浄）」、「好ましくない（不浄）」と、〔常、楽、我、浄〕の四つの誤った見解（顛倒）から生じるからである。

二．浄と不浄と顛倒を原因として生じるそれらのものは、自性を持つものとして存在することはない。ゆえにもろもろの煩悩は真実には存在しない。

三．アートマンの存在と非存在は、決して成立しない。それがあり得ないのに、煩悩の存在と非存在がどうして成立するであろうか？

四．これらの煩悩は、何者かに属するものである。しかしその何者かが成立しない。属する何者かがないのであれば、もろもろの煩悩は誰にとっても存在しない。

五．自己の身体をアートマンであると見なす場合と同じく、もろもろの煩悩と煩悩を持つ者との関係を五種に求めてみても、煩悩を持つ者は存在しない。

六．浄と不浄と顛倒とは、自性を持つものとしては存在しない。ならばもろもろの煩悩は、いかなる浄と不浄と顛倒を原因として生じるのであろうか？

七．【反論】色、声、香、味、触、法の六境が、「貪欲、瞋恚、愚痴」の三毒にとっての六種の対象であると考えられている。

八．【答え】色、声、香、味、触、法の六境は、ただ蜃気楼のようなものであり、陽炎や夢のようなものに過ぎない。

九．こうした幻人のようなもの、影法師のようなものに、どうして浄だの不浄だのがあり得ようか？

一〇．浄なくしては不浄はあり得ない。しかし不浄に依ってわれらは浄に仮名を与えている。それゆえ浄は成り立たない。

一一．不浄なくしては浄はあり得ない。しかし浄に依ってわれらは不浄に仮名を与えている。それゆえ不浄は成り立たない。

一二．好ましき（浄）ものがないとき、どうして貪欲が生じるだろうか？　また好ましくない（不浄）ものがないとき、どうして怒り（瞋恚）が生じるだろうか？

一三．もしも無常なものについて、常恒であると執着することが顛倒なのであれば、空においては無常なもの〔というものさえ〕存在しない。そうした執着が顛倒になるということがいかにして成立するのだろうか？

一四．もしも無常なものについて、それを常恒であると執着することが顛倒なのであれば、それを《無常なもの》であると執着することが、空においてどうして顛倒にならないことがあろうか？

一五．執着するやり方も、どのような執着かも、執着する者も、執着の対象も、すべては寂静に帰している。それゆえ執着は存在しない。

一六．間違っていようと、正しかろうと、執着が成立しないのなら、誰にとって顛倒があろうか？　また非顛倒があるだろうか？

一七．すでに顛倒した者にとって、顛倒は起こらない。いまだ顛倒していない者にとっても顛倒は起こりえない。

一八．今顛倒しつつある者にとっても、〔さらに〕顛倒は起こりえない。いかなる者にとって顛倒が起こり得るのか、汝みずから熟考してみよ。

一九．いまだ生じない顛倒が、どうして生じ得るだろうか？　顛倒がいまだ生じないのに、どうして顛倒を持つ者があろうか？

二〇．もしも我、浄、常、楽に自性があるのなら、顛倒は生じない。

二一．もしも我、浄、常、楽に自性がないなら、無我、不浄、無常、苦も存在しない。

二二．このように四顛倒が滅するがゆえに、無明が滅する。無明が滅するとき、行(Saṃskāra、行動によって働きかける衝動）など〔の十二支縁起の支分〕も滅する。

二三．もしも何者かに、何らかの煩悩が自性を持つものとして存するのであれば、どうしてそれを捨て去ることが出来ようか？　誰がその自性を捨てることが出来るだろうか？

二四．もしも何者かに、何らかの煩悩が自性を持たないものとして存するのであれば、どうしてそれを捨て去ることが出来ようか？　誰が自性を持たないものを捨てることが出来るだろうか？

第二三章「顚倒した見解の考察」に進もうと思います。まず【二三－一】は「三毒」つまり「貪欲」と「瞋恚」と「愚痴」ですよね。

一．「貪欲《とんよく》、瞋恚《しんに》、愚痴《ぐち》（貪りと怒りと愚かしさ、の三毒）」は分別する思いから生じると言われる。なぜならば、それは「好ましい（浄）」、「好ましくない（不浄）」と、〔常、楽、我、浄〕の四つの誤った見解（顚倒）から生じるからである。

これも例によって【二三－二】で「浄」と「不浄」と、顚倒を原因として生じるそれらのものは、自性を持つものとしては存在しないことが説明されます。ここは顚倒やら「好ましい（浄）」、「好ましくない（不浄）」を通じて、第二二章の最後で言及した「煩悩即菩提」〔編

註：煩悩と菩提を同時否定しながら自性のないものとして肯定されるという大乗仏教の論理であることが前章までで確認された〕のような主題に、直接踏み込んでいっているところですね。【二三－三】【二三－四】で論じられるのは、アートマン（我）と煩悩についてです。

二．浄と不浄と顛倒を原因として生じるそれらのものは、自性を持つものとして存在することはない。ゆえにもろもろの煩悩は真実には存在しない。

三．アートマンの存在と非存在は、決して成立しない。それがあり得ないのに、煩悩の存在と非存在がどうして成立するであろうか？

四．これらの煩悩は、何者かに属するものである。しかしその何者かが成立しない。属する何者かがないのであれば、もろもろの煩悩は誰にとっても存在しない。


その煩悩は誰かに属するものとして存在しているのだけれど、その人が成立しないのに、なんで煩悩が成立するのかといいます。

【二三－五】では、例えば、自分の身体をアートマンと見なす場合と同様に、もろもろの煩悩と煩悩を持つ者との関係を五種に求めてみても、それらは存在しない（五求門破）と書いてありますね。

五．自己の身体をアートマンであると見なす場合と同じく、もろもろの煩悩と煩悩を持つ者との関係を五種に求めてみても、煩悩を持つ者は存在しない。

これは（五求門破の一々が説明されずに省略されているので）、煩悩とアートマンではなく凡夫で、五求門破をちょっとやってみようと思いました。実際にやってみましょう。

【exercise】

①は同一ですから「凡夫はそれ自体煩悩である」。
②は別異ですから「凡夫は煩悩ではない」。
③は十分条件ですから「凡夫なら煩悩を持っている」。
④は必要条件ですから「煩悩によって凡夫がある」になるはずなんです。
⑤は同じく必要条件で「凡夫によって煩悩がある」という説になるはずなんですね。

この五つがすべて成り立たないということです。

ここまで「五求門破」が……、「一異門破」が……、と言い続けて、だんだん使えるようになってきました（笑）。

要するに、ナーガールジュナはつねに譬喩としては「去る」とか「去らない」とか「薪」とか「火」とか、初期仏典からある譬喩を使っているわけなんですよね。その譬喩に出てくる素材をAとかBとかに置き換えても、論理的にナーガールジュナの説が成立する。

そのような仕事をしたいなと僕は思っています。

たとえば、「一異門破」を「無限小概念」で説明することができたり、仏教に特有の概念と思われるものも人類の思想史で幾度か浮上した例があり、いろいろなものに置き換えられることがある。このとき、西洋の哲学のこういう考え方が正しい、という思いから仏教をそれに寄せて解釈するのではなく、西洋でもそういう発想があったがあまり上手くいかなかったものが、仏教でも間違った世界観であるとされることがあって、それが参考になる。はるか以前に仏教が間違いに気付いていてその方面が全然発達しなかったということが多々あるわけです。実際に「素朴目的論」と「機械論」を両方否定していくということは、ライプニッツも行っている。その後も科学は、「進化論」も、「分子生物学」もそういう流れの中で発展しているということは、前回も説明したところです。

第二三章の続きに戻りましょう。【二三－七】では、説一切有部が反論してきます。

七．【反論】色、声、香、味、触、法の六境が、「貪欲、瞋恚、愚痴」の三毒にとって

の六種の対象であると考えられている。

これは「六境」というものですね。「眼識、耳識、鼻識、舌識、身識、意識」で六識、これが「認知主体」、「眼、耳、鼻、舌、身、意」で六根、これが「認知のはたらき」、「色、声、香、味、触、法」で六境、これが「認知の対象」です。要するにその六境が三毒の対象になっているという主張です。

ナーガールジュナの答えである【二三―八】だと、それらはもう自性が全部ない、蜃気楼や陽炎や夢のようなものであると語られます。

八.【答え】色、声、香、味、触、法の六境は、ただ蜃気楼のようなものであり、陽炎や夢のようなものに過ぎない。

こういう風に今後否定していくんだな、ということがよくわかります。そして例えば【二三―一三】【二三―一四】です。

一三.もしも無常なものについて、常恒であると執着することが顛倒なのであれば、空においては無常なもの〔というものさえ〕存在しない。そうした執着が顛倒になるということがいかにして成立するのだろうか？
一四．もしも無常なものについて、それを常恒であると執着することが顛倒なのであれば、それを《無常なもの》であると執着することが、空においてどうして顛倒にならないことがあろうか？

ここまで来るとかなり考えが煮詰まってきて、無常であるいうことすら存在しないのではないか。空なるものに執着することは顛倒ではないのか、ということまで論じられます。「無常なものを常恒であると執着することが顛倒」という「顛倒」の定義そのものに踏み込んでいるわけですね。常恒を無常にひっくり返せばファイナルアンサーではない。常恒と無常の関係すら一異門破的に捉えなければならない。というのも、そもそも一異門破は「同じでもなく、異なってもいない」というカテゴライズの問題ではなく、「不来不去」を語った第二章で繰り返し登場していたことからも分かるように、運動や変化にまつわるモメントであると考えないと不可解なものになるわけです。無常の問題はまさに、一異門破的な構造で考えねばならず、常恒と無常も不一不異です。同様に、常・楽・我・浄の顛倒というものもすべてそうした構造において一方に偏することから生まれているわけです。

あらゆる論法を駆使して、ナーガールジュナはここで「煩悩即菩提」の思想的根拠となる内容を説き、この場でとどめを刺すような言葉が、【二三－一七】、【二三－一八】、【二三－

一九】で語られます、ここでまた「三時門破」が出てきますね。


一七．すでに顛倒した者にとって、顛倒は起こらない。いまだ顛倒していない者にとっても顛倒は起こりえない。

一八．今顛倒しつつある者にとっても、〔さらに〕顛倒は起こりえない。いかなる者にとって顛倒が起こり得るのか、汝みずから熟考してみよ。

一九．いまだ生じない顛倒が、どうして生じ得るだろうか？　顛倒がいまだ生じないのに、どうして顛倒を持つ者があろうか？


これはすでに三時において論破したということです。最初は意図を図りかねたんですが、ここまでくると、ナーガールジュナの言いたいことや動機が大体わかってきたような気がするんですね。まさに大乗仏教そのものを強靭な思索を通じて浮かび上がらせているところですね〔編者考察：第二一偈で我、浄、常、楽に自性がないなら、無我、不浄、無常、苦も存在しないと説明され「無常」と「苦」も無始無終の構造の中で成立することが言われ、次章「四諦の考察」（つまり「苦・集・滅・道」の主題となっている）〕。

【二三－二二】では十二支縁起がでてきます。

二二．このように四顛倒が滅するがゆえに、無明が滅する。無明が滅するとき、行（Saṃskāra、行動によって働きかける衝動）など〔の十二支縁起の支分〕も滅する。

このように顛倒が滅するがゆえに、無明が滅する。無明が滅するとき、行も滅するといって、次第に「十二支縁起」とか「四諦」とか、ここから初期仏教を回収する気満々になってきました〔編者考察：無明とは顛倒であることが理解できる〕。

二三．もしも何者かに、何らかの煩悩が自性を持つものとして存するのであれば、どうしてそれを捨て去ることが出来ようか？　誰がその自性を捨てることが出来るだろうか？

二四．もしも何者かに、何らかの煩悩が自性を持たないものとして存するのであれば、どうしてそれを捨て去ることが出来ようか？　誰が自性を持たないものを捨てることが出来るだろうか？

自性を持つものとして何者かに煩悩が属しているのなら、そんなものは捨てることはできない（【二三－二三】）。そして煩悩が自性を持たないものならば捨てることはできないと書いてあって（【二三－二四】）、これはもう、それが洞察できるならすでに悟っている、というまさにそのことを説明しているところですね。

【第二四章　四諦の考察――縁起を見るものは四諦を見る！　苦の原因はなんだ！】

第二四章　四諦《したい》の考察

一．【反論】もしもこの一切が空であるなら、生も滅もない。生も滅もなければあなたには四諦がないということになるだろう。

二．もしも四諦がないなら、①この世が苦であることを知ること（知）、②煩悩を断ずること（断）、③道を修めること（修）、④ニルヴァーナの体得（証）もあり得ない。

三．それら四諦（知・断・修・証）がないなら、預流果《よるか》、一来果《いちらいか》、不還果《ふげんか》、阿羅漢果《あらかんか》といった聖なる修行の階位（四聖果）もあり得ない。四聖果がなければ、それらに住する者たち（四果）もそれらを目標とすること（四向）もない。

四．もしもそれら四向四果の聖者（八賢聖《はっけんじょう》）がいなければ、僧団はあり得ない。また四諦がないから、正しい教えも存在しない。

五．法も僧も存在しないとき、どうして仏があり得ようか？　空を説くことによって汝は、仏・法・僧の三宝を破壊するのである。

六．また果報の実在、善と非善、および世俗のあらゆる営みをも破壊するのである。

七．【答え】ここにおいて我々は答えよう。汝は空性（śūnyatāyā）の功徳、空そのものと空性の意義を知らない。それで汝はそのように無駄な議論をしているのだ。

八．諸仏は二諦によって法を説いた。それは世俗的な教え（俗諦）と、究極の教え（勝義諦）である。

九．この二諦の違いを知らない者は、仏陀の教えの深秘な真理を理解していないのだ。

一〇．世俗的な教え（俗諦）によらずに、究極の教え（勝義諦）を説くことはできない。究極の教え（勝義諦）を理解しなければ、ニルヴァーナの体得（証）もあり得ない。

一一．空性は間違って理解されると、智恵の劣ったものを破滅させる。あたかも不用意に捕えられた蛇や、中途半端な呪術のように。

一二．それゆえその教えが愚かなものたちには理解し難いことを思い、教えを説こうとする聖者（仏陀）の心はとどめられた。

一三．およそ、汝が空性をどのように非難しようと、われわれのうちには過誤はない。空性において過誤があることはあり得ないからである。

一四．空性が妥当するものに対しては、あらゆるものが妥当する。空性が妥当しないものに対しては、あらゆるものが妥当しない。

一五．それゆえ、汝はみずからの過誤をわれわれに向かって投げつけているのだ。汝は馬に乗っていながら、それを忘れて〔馬はどこだと騒いで〕いるのである。

一六．もしも汝が、あらゆるものは自性を持って存在すると見なすならば、汝はあらゆるものを因縁（直接的な他因と補助因）なきものと見なすのである。

一七．そして汝は原因と結果、行為する者、行為するやり方、行為されるもの、生成と壊滅、そして果報を破壊することになる。

一八．いかなる縁起であれ、われわれはそれを空であると説く。それは何かを原因（因）として、仮名にあずかることであって、それが即ち中道に等しいのである。

一九．何であれ縁起によらないで生じるものはないので、空でないものは何もない。

二〇．もしもこの一切が空でないなら、何者も生じたり、滅したりすることはない。そうして汝にとっては四諦がないことになるであろう。

二一．縁起によらずして苦がどうして生じるであろうか？　無常は苦であると仏陀は説かれたが、自性を持つものには無常はない。

二二．自性を持つものが、どうしてさらに生成するだろうか？　それゆえ空であることを否定する者には、苦の原因にまつわる真理（集諦《じったい》）が存在しないことになる。

二三．自性を持つものとしての苦が滅することはあり得ない。汝が自性に固執する限り、苦が滅するということ（滅諦）を否定することになる。

二四．〔苦を滅するための八正道　などの〕道に自性があるのならば、そうした道の実践は（＊苦を滅する過程そのものに自性があるとしたら滅諦の真理は完成しないので）成り立たない。

にもかかわらず修道が実践されるのであれば、道には汝の説くように自性があるわけではないのである。

二五．苦諦と集諦と滅諦が成立しないとき、どんな苦を滅ぼす道（道諦）がニルヴァーナに到達させるというのであろうか？

二六．もしも苦がその自性において完全に知られないものであるなら、どうしてそれが後に知られるようになるであろうか？　自性はとどまるものであると言われているではないか。

二七．かくして〔苦の真実を〕完全に知り、〔苦の原因を〕断滅し、〔苦の滅を〕証得し、修道を実践することも、四聖果も、理に合わないことになってしまう。

二八．果報は自性を持つものとして証得されない。どうして自性に固執する人に、後に果報を証得することがあるであろうか？

二九．果報（四聖果）が成立しないならば、そこに住している人（四果）も、それを求める人（四向）も存在しない。それら八種類の人々がいなければ、僧団はあり得ない。

三〇．また四諦が成立しないので、正しい教えも存在しない。法と僧の集まりがないのに、どうして仏があり得るであろうか。

三一．汝には、悟り（法）に依らずして仏があり、仏に依らずして悟り（法）がある、という誤りがともなうことになる。

三二．汝の考えに従えば、その自性において仏でないものは、たとえ悟りを得る努力をしても、菩薩行において悟りを得ることはないであろう。

三三．さらにまた、何者も善、不善の行いをなすことがないであろう。〔自性があり〕空でないものにとって何のなすべきことがあろうか？　というのも、自性というものは作られるものではないからである。

三四．汝の考えに従えば、善、不善の行いがなくとも果報があることになる。汝にとっては善、不善の行いを原因とする果報はないことになる。

三五．あるいはもし、汝にとって善、不善の行いを原因とした果報があるのであれば、善、不善の行いを原因とする果報は、汝にとってどうして〔自性のある〕不空なものであり得ようか？

三六．縁起が空であることを否定するならば、汝は世俗のあらゆる営みを否定することになる。

三七．空性を否定する者にとっては、なされるべき行いはなく、行いにはそれをなすものがなく、それをなすものには行いがない、ということになろう。

三八．この世界を自性あるものと見なすと、それはさまざまな状態を欠いた不生不滅で、常恒のものとなるだろう。

三九．もしも一切が空でないなら、いまだ悟りを得ない者が悟ることはなく、苦を滅することも、あらゆる煩悩を断ち切ることもまたあり得ない。
四〇．この縁起を見るものが、まさに苦、集、滅、道の四諦を見る。

第二四章は中村訳では「四つのすぐれた真理の考察」と書いてありますが、これは仏教語でいう「四諦」ですので、そのまま訳しました。冒頭【二四－一】からまた説一切有部が登場します。

一．【反論】もしもこの一切が空であるなら、生も滅もない。生も滅もなければあなたには四諦がないということになるだろう。

また繰り返しています。生と滅とが存在しないと気が済まないのが有部なんです（笑）。なぜならば第三レンマなので。そうなると、【二四－二】のように続きます。

二．もしも四諦がないなら、①この世が苦であることを知ること（知）、②煩悩を断ずること（断）、③道を修めること（修）、④ニルヴァーナの体得（証）もあり得ない。

四諦では知・断・修・証と言っていたので、「滅がないと四諦が成立しないじゃないか」

という理屈をかざして、〔説一切有部が〕チャレンジしてきましたよ。

そうすると、この世が苦であると知ること〔中村訳では「ここを完全に熟知すること」〕、これを説一切有部はどこまでも「時間的に開かれた」感じで、熟知〔知〕しようと思ってるんですよ。最後の最後まで。その一方でナーガールジュナは、第四レンマで瞬間的に成り立つような世界観です。

説一切有部からの論難が【二四－六】まで続きます。「熟知し」、「煩悩を断じ」……というのを、全部「生滅」や「時間」の文脈で捉えていて、「道を修習して」「ニルヴァーナを体得する」ということが「知」・「断」・「修」・「証」なのですが、それができないではないかと主張します〔編註：ナーガールジュナは「滅」がないというので〕。

そうすると、「四聖果」というものが存在しない（【二四－三】）。

三．それら四諦（知・断・修・証）がないなら、預流果、一来果、不還果、阿羅漢果といった聖なる修行の階位（四聖果）もあり得ない。四聖果がなければ、それらに住する者たち（四果）もそれらを目標とすること（四向）もない。

説一切有部の考えだと、そうなると預流果・一来果・不還果・阿羅漢果が成立しない。四諦の結果としての状態がなく、それに向かうこともなくなってしまうと述べています。また

【二四－四】では「八賢聖」といって、四向四果の八つを体現した聖者が存在しないのならば、僧団（サンガ）が存在しないといいます。

四．もしもそれら四向四果の聖者（八賢聖）がいなければ、僧団はあり得ない。また四諦がないから、正しい教えも存在しない。

サンガつまり僧侶の集いが存在しない。またそもそも、四諦が存在しないから、正しい教えもまた存在しない。さらに論難は【二四－五】に続きます。

五．法も僧も存在しないとき、どうして仏があり得ようか？　空を説くことによって汝は、仏・法・僧の三宝を破壊するのである。

法すなわち教えがなくなって、また僧がいないのに、どうして仏があり得ようか。つまり仏、法、僧が成立しなくなってしまう。そうすると、「空を説く汝〔編註：ナーガールジュナ〕は三宝を破壊するのだ」と言って攻撃してきました。さらに【二四－六】に続きます。

六．また果報の実在、善と非善、および世俗のあらゆる営みをも破壊するのである。

これは「倫理がなくなってしまう」という主張なんですね。大乗仏教の概念が前章までに出てきたのに続いて、僧団的にそれはどうなんだという論難をぶつけてきます。

これらは「空」の思想に対してよくありがちな批判なんですが、これに対してナーガールジュナはどうやって反論していくのかということに注目して読んでいきましょう。

次の【二四－七】からは反駁のターンになります。

七．【答え】ここにおいて我々は答えよう。汝は空性（śūnyatāyā）の功徳、空そのものと空性の意義を知らない。それで汝はそのように無駄な議論をしているのだ。

空性の功徳は註釈などでは「空用」と呼ばれるものですね。汝は「空性」そのものおよび、空の意義〈編註：「空義」〉を知らない。だから、そのような無駄な議論をするのだと〈編註：この第七偈及び第一八偈は古来重視されてきたもの。「空用」は空性によってこそ初期仏教からブッダがいってきたこと（四諦・八聖道・十二因縁）が可能になること、「空義」は第一八偈にあるように「縁起」である〉。

続く【二四－八】【二四－九】では「二諦説」がでてきます。

八．諸仏は二諦によって法を説いた。それは世俗的な教え（俗諦）と、究極の教え（勝義諦）である。
九．この二諦の違いを知らない者は、仏陀の教えの深秘な真理を理解していないのだ。

また、仏陀の教えには二諦、すなわち俗諦と勝義の真諦がある。あんまり難しいことを言うとわからないので、ちょっと一般向けに語っている俗諦と、両方があるのがわかっていないのだという風に言いますね。そして、二つの真理の区別を知らない人は、仏陀の教えにおける深秘な真理を理解していないということが語られます。【二四－一〇】【二四－一一】【二四－一二】もその内容です。

一〇．世俗的な教え（俗諦）によらずに、究極の教え（勝義諦）を説くことはできない。究極の教え（勝義諦）を理解しなければ、ニルヴァーナの体得（証）もあり得ない。
一一．空性は間違って理解されると、智恵の劣ったものを破滅させる。あたかも不用意に捕えられた蛇や、中途半端な呪術のように。
一二．それゆえその教えが愚かなものたちには理解し難いことを思い、教えを説こうとする聖者（仏陀）の心はとどめられた。

こういった説明は、応機説法のために、高級な教えと簡単な教えを説いたという、古代から言われてきたことですが、ここもそれを一番はっきり言ってる箇所ですよね。

そして仏教自体がその説明に沿った形で、いまだに続いているということがちょっと良くないかなと思いましたね〔編註：「真諦」、超論理という理屈で、空をはじめとした仏教を論理的に説明することを怠ってきた歴史がある。そして、ここにおいてわれら（ＩＡＡＢ）はこの本を製作した〕。

それで、【二四－一三】は「空」について語ります。

一三．およそ、汝が空性をどのように非難しようと、われわれのうちには過誤はない。空性において過誤があることはあり得ないからである。

このように、次の【二四－一四】とともに「空」を推してきます。

一四．空性が妥当するものに対しては、あらゆるものが妥当する。空性が妥当しないものに対しては、あらゆるものが妥当しない。

「あらゆるものが妥当する」、「あらゆるものが妥当しない」とは何のことかというと、もうここで、「四諦」から「十二支縁起」から、（初期仏教からの論理は）全部「空性」を認めることによって逆に成立するんだという意味なんですね。

そして逆手をとって【二四－一六】で有部の自性がある説を論駁し始めます。

一六．もしも汝が、あらゆるものは自性を持って存在すると見なすならば、汝はあらゆるものを因縁（直接的な他因と補助因）なきものと見なすのである。

縁起説そのものが成立しなくなる、という批判です。『中論』を読んでいくと、ナーガールジュナはこの先の第二六章（十二支縁起の考察）で縁起の話を蒸し返しますが（この第二四章の結論第四〇偈が「この縁起を見るものが、まさに苦、集、滅、道の四諦を見る」）、それが全然どうも理解できない人がいるらしくて、依他起性の批判（【☞第二〇章 因縁の考察を見よ】）を前の章で行っているのに、なぜナーガールジュナがまた縁起の話を蒸し返しているのだろうと不思議に思うらしいんですけど、これまで見てきたように、「四諦」だけはなく、「十二支縁起」自体がナーガールジュナの考えによってむしろ成立するということを、ここからだんだん強調してきます。

畳みかけるように【二四－一七】です。

一七．そして汝は原因と結果、行為する者、行為するやり方、行為されるもの、生成と壊滅、そして果報を破壊することになる。

中村訳がちょっとわかりにくく思ったので修正しました〔編註：行動主体（中村訳）↓行為する者、手段（中村訳）↓行為するやり方、作用（中村訳）↓、行為されるものに修正〕。これはよく出てくる三段活用ですね。ここで手段と訳されているのはむしろ行為するやり方なんですよ。そして作用は「行」ですよね、サンスカーラですよね。生成と壊滅は、少なくともナーガールジュナは否定してるんじゃないかということはあるんだけど（笑）【☞第一六章　生成と壊滅の考察を見よ】、「それは君たち説一切有部の議論でも肯定できてないよ」ということを言っているのでしょう。そして【二四－一八】【二四－一九】です。

一八．いかなる縁起であれ、われわれはそれを空であると説く。それは何かを原因（因）として、仮名にあずかることであって、それが即ち中道に等しいのである。
一九．何であれ縁起によらないで生じるものはないので、空でないものは何もない。

いかなる縁起であれ、それをわれわれは空であると説くが、それは何かを原因とし仮名にあずかることであって、それがまさに中道であるということなんですが、第二二章でも、何ものかを単独で「空である」と呼ぶのは誤りで、その何ものかはそれが依拠する対象との関係のなかで、一異門破するための材料として仮に名前が付けられているだけであるということが説かれていました。その関係というものが縁起であり、またそこから無自性にして空であるという概念が出てきて、仮名というものも説かれる。一異門破が駆使されるので「どちらでもない」という意味での「中」も大きな役割を果たしている。これらはすべて一揃いの概念として組み合わさっているんですね……（ここで講師が息切れ）ここまでずっと講義してきてですね、ちょっとだけ一服入れていいですか〔編註：第一八偈は古来重視され、縁起が「空であり、仮であり、中道である（空・仮・中）」という言葉は例えば天台教学の根本用語になるところであり、比叡山で学んだ親鸞にも当然影響を与えている〕。

（小休憩）

清水：こういう研究会って、最初始める時は「これだけやらなければ」という業務プレッシャーがあるじゃないですか〔編者考察：ゼノンのパラドクスを生むような必要条件に類似している〕。ある程度やって終えてきて、一服してまた始める時が一番元気になりますね（笑）。

齋木：後半になって、いきなり一章一章が長くなってきているような気がするのですが……〔編註：ゼノンのパラドクスの必要条件に類似している〕。

森尻：説一切有部の主張がでてくると長くなりますね……〔編註：自説を補強するための必要条件が四方八方に生じてきてしまって迂回し続けている〕。

清水：説一切有部との対論は確かにしつこいですよね。

それではゆっくり再開しましょうか。それでここからまた「四諦」の話になるんですけれど、なんでこんなに説一切有部がしつこいのかっていうことなんですよね（笑）。

「分別知はいけない」とは、よく鈴木大拙も言いますよね。「西洋的な二元論的知性が」と言うのだけれど、しかし実際はあらゆる民族が分別するんですよね。前回講義でも語りましたが、そのものの「性質」とか「度合い」とかいうものは、要するに「重い」とか「軽い」とか、反対のものの間に色々性質を決められるということがあるんですよね。

そして、それを「数」などで表現することがヨーロッパでは主流になっていくのですが、そうしない人たちはどういう方法をとるか。例えばアマゾンのジャングルにいる人でも、「この葉っぱとこの葉っぱの性質は逆である」だとか、二つのものに分けて世界を無限に分別していく。もちろんそれによって彼らは驚くほど自然に精通します。そういうことはよくあることなのです。

生活実践の中でもそういう風になっているし、放っておいたらインド人でも、もう無限に二つずつに分けていく。

たとえばプラトンでも、『ポリティコス』や『ソピステス』で使っていますが、技術には

「捕獲する技術」と「作る技術」があるとか、その「捕獲する技術」の中でもまた二つあるとか、そういう風に議論を進める「分割法」という妙な弁論技法があります。結構恣意的な分割だったりするのですが、二つに分けて反対のものを立てて考えるんですね。

これはもう人類に本当に普遍的な発想で、例えば中世の「魔女」と言われた人たちや、アマゾンの「メディシンマン」は、大概反対のものの性質を熟知していて、この「ズルカマラ」や「ベラドンナ」というハーブを使うと、鎮痛効果があるのだけれど、あまり飲みすぎると失明するとか、そういうことをよく知っている（笑）。つまり、同じものの中に「毒」が反対に「薬」に転じる現象を見出したりするんですが、そういうのも二分法の裏返しです。そんなことを非西洋の世界、あるいは西洋の中においても民衆は偏執的にやっているのです。

その意味で、「魔女」などは、薬と毒のように「何かが反対に転ずる怪しいことをしている」というので、迫害されたりするわけなんです。

それで話を戻しますと、説一切有部は、（仏教において）そんな風に二つに分類したり分けたり、概念をどんどん増やしてしまう癖が爆発した人たちなんですよ（笑）〔編註：ダルマを「五位七十五法」に分類し、やがて唯識の「五位百法」に展開していく。だから、議論が長くなるということ〕。

それに対してナーガールジュナが批判をしていますね。それで第二四章の第二〇偈の前まで行ったんですね。【二四－二〇】から再開します。

二〇．もしもこの一切が空でないなら、何者も生じたり、滅したりすることはない。そうして汝にとっては四諦がないことになるであろう。

これはもう説一切有部の説と反対で、「一切が空だからこそ縁起というものは成立して、しかもだからこそ「生成」もするし、自性なきものとしては、「滅する」ということもある」ということを語っていますね。これは、ナーガールジュナは三時門破で過去、今、未来をすべて否定して、「過去でもあるし未来でもある」ような第三レンマ的な「今」もやはり破されたのですが、暗に「過去でも未来でもない」第四レンマ的な「今」は否定していない、というのと同じ構造だと思うんです。第三レンマ的な生滅、説一切有部流の「時間的に開かれた生滅」ではなくて、生成と壊滅が一異門破的に結びついて連続するようなものは肯定するんでしょう。真の意味での生滅を語れるのは自分の立場であるということです。

そうなると、「説一切有部にとっては四諦が成立しないということになるであろう」という風に締めくくっていますね。

かくして、縁起というものが我々のロジックによってこそ成立するということを語ったので、ここから（ナーガールジュナは）強気になってきますね。【二四－二一】では「苦諦」です。

二一．縁起によらずして苦がどうして生じるであろうか？　無常は苦であると仏陀は説かれたが、自性を持つものには無常はない。

縁起によらずして苦しみがどうして生じるであろうか？　と言って、なおかつ無常は苦であると仏陀は説かれたとも語ります。これは「苦諦」ですよね。無常性は自性を有するものには存在しないから、君たちの論理だとそれが掴めないんだよと言っています〔編註：縁起の構造によって苦が成り立つのだ〕。

次に【二四－二二】は「集諦」です。

二二．自性を持つものが、どうしてさらに生成するだろうか？　それゆえ空であることを否定する者には、苦の原因にまつわる真理（集諦《じったい》）が存在しないことになる。

そして【二四－二三】は「滅諦」です。

二三．自性を持つものとしての苦が滅することはあり得ない。汝が自性に固執する限り、苦が滅するということ（滅諦）を否定することになる。

要するに、自性を持ったものとしての苦はもうもはや消滅できない。汝は自性に固執するから滅諦まで破壊してしまう。つまり苦しみの消滅までも破壊してしまうのだと言っています。こうやって四諦を破壊しているのは君たちだぞということを、説一切有部に対して反論していきます。

こんな風に、ここで〔編註：四諦の〕全部を説明するんだなということがわかるんですが、【二四－二四】は「道諦」です。

二四．〔苦を滅するための八正道などの〕道に自性があるのならば、そうした道の実践は（＊苦を滅する過程そのものに自性があるとしたら滅諦の真理は完成しないので）成り立たない。にもかかわらず修道が実践されるのであれば、道には汝の説くように自性があるわけではないのである。

そして【二四－二五】です。

二五．苦諦と集諦と滅諦が成立しないとき、どんな苦を滅ぼす道（道諦）がニルヴァーナに到達させるというのであろうか？

苦諦と集諦と滅諦が成立しないとき、どんな苦を滅ぼす道（道諦）がニルヴァーナに到達させるのかというと、そういうことはできない。そしてこの【二四-二六】がちょっと引っかかるところです。

二六．もしも苦がその自性において完全に知られないものであるなら、どうしてそれが後に知られるようになるであろうか？　自性はとどまるものであると言われているではないか。

もし苦しみが自性を持ち、かつ自性として完全に知られないならば、それではどうしてそれが後になって知られるということがあるだろうかと述べています。

この第二六偈は説一切有部の難点を意識したものですね。これは要するに、「苦を自性を持ったものとして完全に知ることはどちらにしてもできない」という批判だと思うんですね。

要するに、説一切有部は第三レンマ的な人たちなので、変化している、矛盾している状態を時間的に開いた「生滅」においてずっと引っ張る人たちだから、完全に知るということはできないんだということですね。

その一方で、説一切有部の思想でいうと、自性はむしろとどまるものなんですが、そういう生滅が開いたままで、恒常的な「法有」があって、また「刹那滅」もあるということを語っているので、どのみち完全に知るというような完結したところまではいかないのだという主張です。

それでは、ナーガールジュナはどうするのかというと、苦を「自性」として知るのではなく、第四レンマ的な「空」として即時に知る。「空性として端的に知る」ということが、われわれによってこそできるのだということを述べているんですね。

続いて【二四―二七】【二四―二八】です。

二七．かくして〔苦の真実を〕完全に知り、〔苦の原因を〕断滅し、〔苦の滅を〕証得し、修道を実践することも、四聖果も、理に合わないことになってしまう。

二八．果報は自性を持つものとして証得されない。どうして自性に固執する人に、後に果報を証得することがあるであろうか？

そんなわけで完全に知ること（遍知）も、苦の原因を断滅することも、ニルヴァーナを証得することも、道を実践することも、四つの果報がこんなふうに全部理に合わないようになるから、説一切有部の説では駄目だ。自性を持ったものとして証得されない四果を、彼らがどうして証得することができるだろうかというのが【二四－二八】の主張です。

ここから先、【二四－二九】、【二四－三〇】、【二四－三二】は（第五偈で批判された）仏、法、僧の話をしていますね。

二九．果報（四聖果）が成立しないならば、そこに住している人（四果）も、それを求める人（四向）も存在しない。それら八種類の人々がいなければ、僧団はあり得ない。

これは前に説一切有部が言っていたことを全部逆手にとって、君たちの解釈だとまず僧団が存在しないことになるだろうと指摘します。

三〇．また四諦が成立しないので、正しい教えも存在しない。法と僧の集まりがないのに、どうして仏があり得るであろうか。

三一．汝には、悟り（法）に依らずして仏があり、仏に依らずして悟り（法）がある、という誤りがともなうことになる。

三二．汝の考えに従えば、その自性において仏でないものは、たとえ悟りを得る努力をしても、菩薩行において悟りを得ることはないであろう。

また、【二四－三〇】だと四諦が存在しないから悟り（法）、正しい教えが存在しないだろう。そうすると、悟り（法）が存在しないのに、どうして仏が存在するであろうかと畳みかけてきました。

【二四－三二】では悟り（法）が存在しない。悟りによらないでも仏があるという難点が生じる。あるいは仏によらないでも悟り（法）があるという誤りがともなうことになる。それらの両方を自性のあるものとして考えているので間違っているということが語られて、【二四－三二】で仏法僧が有部の説によると成立しないということが完全に説かれたということですね。

加えて【二四－三三】では一見変わったことを言っています。

三三．さらにまた、何者も善、不善の行いをなすことがないであろう。〔自性があり〕空でないものにとって何のなすべきことがあろうか？　というのも、自性というものは作られるものではないからである。

説一切有部が説くような「空」でない「自性」をもつものは有為法ではない。つまり、他によって作られたものではなくて自己原因であるので、何らかの行いをなすということもしない。つまり何からも影響を受けず「自分しかない」ということなんですね。そうすると、善、不善の行いすら、有部の説だとできないことになってしまう。善、不善の行いが起こるのも何らかの対象との関係に入るからで、その関係構造のなかでの行いなわけです。その流れで【二四－三四】では次にようにいわれます。

三四．汝の考えに従えば、善、不善の行いがなくとも果報があることになる。汝にとっては善、不善の行いを原因とする果報はないことになる。

そうなると果報なども存在しなくなるであろうということです。【二四－三五】も続きです。

三五．あるいはもし、汝にとって善、不善の行いを原因とした果報があるのであれば、善、不善の行いを原因とする果報は、汝にとってどうして〔自性のある〕不空なものであり得ようか？

逆に果報があるのであれば、どうしてそれが不空であり得るのか〔自性があるといえるのか〕ということを言ってます。【二四－三六】はもう決めゼリフですね。

三六．縁起が空であることを否定するならば、汝は世俗のあらゆる営みを否定することになる。

ついには「汝は世俗のあらゆる営みを否定することになる」と、相手の主張（第六偈）を全部言い返します。【二四－三七】です。

三七．空性を否定する者にとっては、なされるべき行いはなく、行いにはそれをなすものがなく、それをなすものには行いがない、ということになろう。

空性を否定する者にとっては、なされるべき行いはなく、行いの主体は何もしないことになるであろう。何らかのはたらきとはたらきの主体を仮設すること自体、縁起の構造においてなされねばならず、そしてそれらの構造はすべて空性によって保証されているのである、という強い主張がなされています。【二四－三八】に続きます。

三八．この世界を自性あるものと見なすと、それはさまざまな状態を欠いた不生不滅で、常恒のものとなるだろう。

有部の主張のように、世界を自性あるものと見なすとしても、それは行いもその主体もない、さまざまなものを欠いた、常恒なるものになる。生滅すら成立しないから、どっちにしても不生不滅なのだということを言っています。これは辛辣ですね。続いて【二四－三九】です。

三九．もしも一切が空でないなら、いまだ悟りを得ない者が悟ることはなく、苦を滅することも、あらゆる煩悩を断ち切ることもまたあり得ない。

こんな風に、徹底的にとどめを指しました。【二四－四〇】のこの決めゼリフは、もはや有部に対して言われたものでもないのでしょう。

四〇．この縁起を見るものが、まさに苦、集、滅、道の四諦を見る。

これはまさに四諦の再定義です。そしてまた縁起の再定義がナーガールジュナによって、これからかなり執拗に展開されるのですが、この第四〇偈はもうナーガールジュナが自分自身に対して語っているような感じの一文ですよね。この瞬間に、ナーガールジュナ自身の悟りが凝縮されている感じがありますね。

【第二五章　ニルヴァーナの考察――有無を離れて「不常不断」の構造を明らかにする】

第二五章　ニルヴァーナの考察

一．【反論】もしもこの一切が空であるなら、何ものかが生じることも、また滅することもあり得ない。何ものを断じ、また何ものを滅することにより涅槃が得られるとされるのだろうか？

二．【答え】もしもこの一切が空でないなら、何ものかが生じることも、また滅することもあり得ない。何ものを断じ、また何ものを滅することにより涅槃が得られるとされるのだろうか？

三．捨てられることも、得られることもなく、不断、不常、不滅、不生。これがニルヴァーナであると説かれている。

四．まずニルヴァーナは有（bhava、生存、有為法）ではない。もし有であるならば、老死の相を離れることはできない。老死の相を離れては有はあり得ないからである。

五．もしもニルヴァーナが有であるなら、それは作られたもの（有為）であることになろう。作られたものでない（無為）有は、決して存在しないからである。
六、もしもニルヴァーナが有であるなら、それは何ものかに依ってあることになろう。いかなる有であれ、何ものかに依らないでは知られ得ないからである。
七、もしもニルヴァーナが有でないなら、どうしてニルヴァーナが非有であり得ようか？〔対比される〕有なくしては、非有も知られ得ないからである。
八、また、もしニルヴァーナが無であるなら、どうしてそのニルヴァーナは他のものに依らずにあり得るだろうか？というのも、他のものに依らずに無は知られ得ないからである。
九、輪廻の生死往来は、もろもろの原因（因）や縁（補助因）を取る（upādāna、執着する）ことによって生じるが、それらを取る（upādāna、執着する）ことがないとき、これがニルヴァーナであると説かれる。
一〇、仏陀は有（bhava、生存、有為法）への欲求も、非有への欲求も捨てよと説いた。それゆえ「ニルヴァーナは有にあらず、非有にあらず」というのは理に適っている。
一一、もしもニルヴァーナがその両者、有であり無（＊第三レンマ）であるなら、解脱もまた有であり、無であるということになろう。しかしそれは理に合わない。
一二、もしもニルヴァーナがその両者、有であり無（＊第三レンマ）であるなら、ニルヴァーナは他のものに依らずにはあり得ないことになろう。というのも有と無の両者は、他のものに依って成立しているからである。

一三．ニルヴァーナがどうして有と無の両者であり得ようか？　というのも、ニルヴァーナは〔他によって〕作られたものでない（無為）が、有と無は〔他によって〕作られたもの（有為）だからである。

一四．どうしてニルヴァーナのうちに有と無の両者があり得ようか？　というのも、それらは光と闇のように同時に同じところにはあり得ないからである。

一五．《ニルヴァーナは無でもなく、有でもない》という主張は、無と有が成立していてこそ成立する。

一六．ニルヴァーナが無としても知られず、有としても知られないのであれば、《ニルヴァーナは無でもなく、有でもない》ということは何を根拠に示されるのであろうか？

一七．《世尊は入滅後にも存在している》と主張することはできない。《存在していない》とも、《存在しかつ存在しない》とも、また両者でもない（《存在しているのでも、存在していないのでもない》）とも主張できない。

一八．世尊がこの世におられるときに、《世尊は今存在しつつある》と主張することはできない。②《存在しない》と主張することもできない。③《存在し、かつ存在しない》と主張することも、④そのいずれでもない（《存在しているのでも、存在していないのでもない》と主張することもできない。

一九．輪廻をニルヴァーナと区別するものは何もなく、ニルヴァーナを輪廻と区別するものは何もない。

二〇．ニルヴァーナの極みは輪廻の極みであり、輪廻の極みがニルヴァーナである。両者の間には最も微細ないかなる隔たりもない。

二一．《如来が入滅後に存在する》、《世界は有限なものである》《世界は常住である》などの見解は、ニルヴァーナと、未来の世界と、過去の世界を〔自性あるものとして〕措くことによって述べられている。

二二．一切のものが空であるとき、何ものが無限なのであろうか？　何ものが有限なのであろうか？　何ものが無限かつ有限なのであろうか？　何ものが無限でもなく有限でもないのであろうか？

二三．何ものが同一であり、何ものが別異なのか？　何ものが常住であり、何ものが無常なのか？　また何ものが常住でかつ無常なのであろうか？　また何ものがその両者でない（常住でもなく無常でもない）のか？

二四．ニルヴァーナとは、一切の認識の対象（有所得《うしょとく》）が滅し、戯論が滅した吉祥なる境地である。仏陀はどこにおいても、誰に対しても、いかなる教えも説きはしなかった。


第二五章「ニルヴァーナの考察」です。「ニルヴァーナがありかつない」といった話は、かなり昔からナーガールジュナの『中論』で、わからないなと思っていたところなんです〔編註：第四レンマで「あるのでもなくないのでもないもの」として肯定されるわけですらないので〕。テトラレンマを四つまですべて批判、否定をしてしまうというところで（【二五－一七】【二五－一八】）、涅槃がなくなるというのがよくわかりませんでした。

ニルヴァーナ、つまり「涅槃」があるのかないのかに関しては、六師外道の一人であるサンジャヤという懐疑主義の人がいるのですけれども、それすら「「涅槃がありかつない、あの世がありかつない」ですら正しいとは言わない」という態度を取っています。〔編註：「うなぎ論法」とも呼ばれる〕。ですからブッダは当時からこのようなすべて否定される四句分別については考えていると思うんですね。

ナーガールジュナの議論で一番よくわからない箇所の一つが、この第二五章なんですが、このロジックは六師外道がもうすでに語っていて、しかも六師外道のサンジャヤの高弟であったサーリプッタ（舎利弗）とモッガラーナ（目連）がブッダの話を聞いて帰依しますよね。そしてサンジャヤの弟子二五〇人を連れてブッダ教団に移ってしまうということですから、〔編註：両者の論理には大きな間隙があるということなので〕これはもう当然このあたりには大きなヒントが隠されているはずなんです。

まず、【二五－一】はナーガールジュナへの反論で始まります。

一．【反論】もしもこの一切が空であるなら、何ものかが生じることも、また滅することもあり得ない。何ものを断じ、また何ものを滅することにより涅槃が得られるとされるのだろうか？

この話者は、「何ものかが生じ……」、「何ものを断じ」「何ものを滅する」と「何もの」というのを立てるというところが、いかにもあくまでも「生滅」に固執している説一切有部らしいですよね。

それに対するナーガールジュナの答えが【二五－二】です。

二．【答え】もしもこの一切が空でないなら、何ものかが生じることも、また滅することもあり得ない。何ものを断じ、また何ものを滅することにより涅槃が得られるとされるのだろうか？

もしもこの一切が空で「ない」ならば、これはまたオウム返しの不思議議なところですよね。だったら何ものを断じて、何ものを滅することによりニルヴァーナが得られると考えるのかと論難します。「何ものを」と言っているのがすでに無理筋だという含みですね。そして【二五－三】です。

三、捨てられることも、得られることもなく、不断、不常、不滅、不生。これがニルヴァーナであると説かれている。

これはナーガールジュナ以降の仏教そのものですよね。不常不断などの八不は、それが「構造的に」言えるということが重要だということをこの『中論』学習会でずっと考察してきました。しかし中村訳でここで註がついているのを見ると、「ニルヴァーナを説明するためには、否定的言辞をもってするよりもほかにしかたがない」と書いてあります。これは、根本的にわかってないなと感じます。これはヤージュニャヴァルキア（BC七五〇－BC七〇〇頃、ウッダーラカ・アールニの弟子）がアートマンについては「ネーティ・ネーティ（neti,neti……にあらず、……にあらず）」としか言えないと語ったようなものとして、中村元さんは、この八不を考えてしまったのでしょうね。

ここではまず、【二五－四】でニルヴァーナは「有」ではない。有だと老いて死するという性質を持っているであろうと述べられています。さらに【二五－五】では、もし「有」であるなら、ニルヴァーナは有為法、つくられたものになってしまうなどと、「有」である場合に起こる事態が説明されます。また、【二五－六】では、有為法であるならばニルヴァーナは何か他のものに依ってあることになるという。また【二五－七】では、ニルヴァーナが

「非有」であることはありうるかということが考察され、〔対比される〕「有」なくしては「非有」も知られ得ないので、「非有」がニルヴァーナであるということも否定されています。こうしてニルヴァーナについて、八不の不常不断、不生不滅ということがまず語られましたが、以降この不常不断、「有」と「非有」の問題についての掘り下げがこの章では特になされています。ずっとニルヴァーナについて語っていますが、むしろ「一切のもの」についての話をずっとしているという印象です。

ちょっと先に行きます。この【二五－一〇】から【二五－一五】で、僕は第一五偈が一番不思議だったんですけど、最初もかなり不思議です。

一〇．仏陀は有（bhava、生存、有為法）への欲求も、非有への欲求も捨てよと説いた。それゆえ「ニルヴァーナは有にあらず、非有にあらず」というのは理に適っている。

これはたとえば『スッタニパータ』でも「〔蛇が皮を脱ぐように、〕あの世とこの世を共に捨てる」と〔編註：典型的な第四レンマを〕語っている。それゆえニルヴァーナは有にあらず無にあらずというのも理に合っていると言っているように思えますが、一見すると、これは第四レンマのことかなと思うんですけど、文脈からすると、これはちょっと違っているのかなと僕は思いますね。これはただ、第一レンマ（Aではない）と第二レンマ（非Aでもない）を句読点を挟んで順番に否定したような、そんな感じなのではないかなと思いました〔編註：次に第三レンマがでてくるので〕。

ここからもっと畳みかけてきます。ニルヴァーナが有と無の両者（有にしてかつ無）つまり第三レンマであるならば、解脱は無でもあり有でもあるということになるだろう。それは正しくない。ここで第三レンマの否定が出てくる。だから この【二五－一〇】で第一レンマ、第二レンマが出て、自然に第三レンマに【二五－一一】で流れ込んできたという文脈で考えたらいいのではないでしょうか。

一一．もしもニルヴァーナがその両者、有であり無（＊第三レンマ）であるなら、解脱もまた有であり、無であるということになろう。しかしそれは理に合わない。

このように、第三レンマであるなら、ニルヴァーナが他のものに依らないで成立していることはあり得ないということになる。というのも、有と対比されてこその非有（無）だからです。【二五－一二】で、それがあっさり確認されていますね。

一二．もしもニルヴァーナがその両者、有であり無（＊第三レンマ）であるなら、ニルヴァーナは他のものに依らずにはあり得ないことになろう。というのも有と無の両者は、他のものに依って成立しているからである。

さらに【二五－一三】でその批判が深まっていきます。先に「有」であれば有為法、「他によって作られたもの」だと言われていましたが、非有（無）も結局「有」との対比で作られるものなんですね。

一三．ニルヴァーナがどうして有と無の両者であり得ようか？　というのも、ニルヴァーナは〔他によって〕作られたものでない（無為）が、有と無は〔他によって〕作られたもの（有為）だからである。

【二五－一四】では光明と暗黒という譬喩がまたでてきました。

一四．どうしてニルヴァーナのうちに有と無の両者があり得ようか？　というのも、それらは光と闇のように同時に同じところにはあり得ないからである。

第三レンマ否定は、この第一四偈まででしょうか。第三レンマは矛盾したものの共存を許しますが、ある時点で「同時に」第三レンマの状態が成立するということは、ナーガールジュナはちゃんと批判するんです。後にもそういう例が出てきます。

続いて〔編註：先に一番不思議だったと指摘した〕【二五－一五】です。

一五．《ニルヴァーナは無でもなく、有でもない》という主張は、無と有が成立していてこそ成立する。

ここでニルヴァーナは無でもなく有でもないという想定は、有と無が成立してこそ成立しうるのであると言っていて、「それでは《何ものか》については、第四レンマすら成立しないのだ」ということが僕はここで分かったんです。「不常不断（常見＝有、断見＝無の両者を否定する構造）」という第四レンマが成立したら、もはや別に新たに主語を立てて、「～はある」とか「～はない」とか言うことはできないとナーガールジュナが釘を刺していることが、はっきりとわかるところです。

そうなると、【二五－一六】で有でもなく無でもない構造に言及してきます。

一六．ニルヴァーナが無としても知られず、有としても知られないのであれば、《ニルヴァーナは無でもなく、有でもない》ということは何を根拠に示されるのであろうか？

「無でもなく有でもない」（不常不断）ということが成立するならば、無も有も自性あるものとして成立していないので、何らかの主語をあらたに判断して何らかの結論を導く根拠にはならない。そのように主語を立てるのではなく、さまざまなものを仮名として扱って、これを一異門破の素材にするとそれが空性というものの根拠を示すことになる。「無でもなく、有でもない」は、議論のそうした位相においてようやく語られ得ることなんです。

その後、【二五－一七】では（第四レンマの前に）第三レンマに言及します。

一七．《世尊は入滅後にも存在している》と主張することはできない。《存在していない》とも、《存在しかつ存在しない》とも、また両者でもない（《存在しているのでも、存在していないのでもない》）とも主張できない。

この辺をどう解釈するかということですが、ある意味では、この第三レンマというのは、「価値相対論」あるいは「懐疑主義」みたいなものだと言うこともできます。「ある時はこうだし、ある時はこうである」と言ってしまえば、全てが言えてしまう。

二一世紀になって脚光を浴びた、カンタン・メイヤスー（一九六七-）というフランスの哲学者がいますが、「死後の生存はあるか」という類の議論を展開しています。彼は多分にカソリック的な人ですね。日本語訳の『有限性の後で』（人文書院、二〇一六）だと、ちょうど一〇〇頁ぐらいでそういう話をしています。

そこでは、四人の論者が登場して議論をしています。最初に出てくるのは「神の永遠の観想の下に死後の魂は存在する」という素朴実在論者（「キリスト教の独断論者」）で、次にいや、それは「存在しない」という者（「無神論の独断論者」）が出てくる。その次に「存在するともしないとも言えない」という者（「相関主義の不可知論者」）が出てくるとか、そういう議論があって、つまり第三レンマまで行って、大体ポストモダンまでは第三レンマだという主張が展開されます。われわれは認識主体に知られ得るかぎりの世界しか知り得ない、というのがメイヤスーによる批判の内容で、従来の哲学はそうした主客の「相関主義」から脱し得ていないと言うのです。それで、認識主体が生まれる前とか、死んだあとを考えることが出来るのか？　というこれまでの議論とも繋がるような思考実験をしているわけです。さて、ここで第三の論者が何らはっきりした見解を打ち出していないことを批判し、自分が死後に今自分が世界と相関的にあるのとは「別様に」、なんらかの世界と相関的に存在し得るということを否定する要素はないという、第四の意見（思弁的哲学者）が出てきます。これはメイヤスー自身の立場なのですけれど、相関性を前提としながらそれが《別様に》、成立し続けるということは、少なくとも必然的に言えると主張します。仏教的に言うと第三の論者までは状況依存的な相対否定で、認知主体から見た世界との関係を不安定だと考えている。しかしある主客の相関性が持続しなくても、言い換えればその主客のどちらも恒常的なものでなかったとしても、相関性そのものはまた成立し続けるだろうというのは、状況の持続を絶対否定しながら、逆説的にその場で確かなことを言ったことになります。マルチ・パースペクティブな世界観でもあるし、仏教的な多重世界論で第四レンマ的ですね。要するにヨーロッパは結構長い時間をかけて、東洋的ロジックにだんだん近づいて来つつあるというのが僕の観測です。

ともあれ『中論』ではこんな風に第四レンマまで、「ブッダ（世尊）」や「ニルヴァーナ」まで「主語として立てること」を否定されてしまっているというのが、これが徹底したところなんですね。

それで、【二五－二二】、【二五－二三】があります。第二二偈はもう初期仏教から語られていることですね。

二二．一切のものが空であるとき、何ものが無限なのであろうか？　何ものが有限なのであろうか？　何ものが無限かつ有限なのであろうか？　何ものが無限でもなく有限でもないのであろうか？

二三．何ものが同一であり、何ものが別異なのか？　何ものが常住であり、何ものが無常なのか？　また何ものが常住でかつ無常なのであろうか？　また何ものがその両者でない（常住でもなく無常でもない）のか？

一切が「空」なのだから、これらのことを問題にするのは意味がないということをブッダは語っている。つまり《何ものか》を立てて、そういうことを言う〔編註：主語化してしまう〕ことには意味がないということです。

第二三偈では一異門破から主語化を避けるかたちで「不一不異」がもう完全に出てきました。常住と無常についても同じことが言えて、それで「不常不断」が示されました。ということで、【二五―二四】です。

二四．ニルヴァーナとは、一切の認識の対象（有所得《うしょとく》）が滅し、戯論が滅した吉祥なる境地である。仏陀はどこにおいても、誰に対しても、いかなる教えも説きはしなかった。

これも、この最後の句はもう自分に対して、誰が聞いているともなく、ナーガールジュナがつぶやいているという感じですよね。この辺が実に不思議です。「誰」とか「どこ」とかいう話ではもはやないわけです。八不が理論的に完全に揃って出てきたのは、この第二五章であって、そして「帰敬序」でそれが高らかに宣言されたということなのでしょうね。八不の構造のなかで真理の言葉だけが反響しているようです。

【第二六章　十二支縁起の考察――二重化のループで解像度が上がる構造を捉える】

第二六章　十二支縁起の考察

一．無明に覆われた者は、再生へと導く三業を行い、その業によってさまざまな境涯（趣）におもむく。

二．「行（Saṃskāra、行動によって働きかける衝動）」を縁として、「識」は「趣」に入る。そうして「識」が「趣」に入ることで、「名色」（名称と実際の形態）が発展する。

三．「名色」（名称と実際の形態）が発展すると、「六入」（六処）が生じ、「六入」が生じたのちに（「六識」が「六入」と結びつくことで）「触」（感官と対象との接触）が起こる。

四．（たとえば）眼〔根〕と色〔境〕と注意の集中を縁として、つまりは名色を縁として、〔眼〕「識」は起こる。（＊ここでは十二支縁起における一般的な「識」→「名色」が、「名色」→「識」という順番に入れ替わっており、両者のループする関係が読み込まれている）

五．色〔境〕、〔眼〕識、眼〔根〕の三者が和合したものが、「触」である。その「触」から、「受」（感官による感受）が起こる。

六．「受」によって「愛」（盲目的な愛着）が生じる。なぜならば、「受」の対象に愛着を抱くからである。愛着を抱くことによって、〔欲取、見取、戒禁取、我語取の〕四種類の執着（「取」）が起こる。

七．執着する（「取」）とき、その執着する者には「有」（生存）が起こる。なぜなら、執着がないならば、ひとは解脱してしまって「有」（生存）は起こらないからである。

八．その「有」（生存）は「五蘊」である。「有」（生存）から「生」（誕生）が起こる。

九．「生」（誕生）から、「老死」や、憂いや悲しみ、苦しみ、悩みが生じる。このようにして、紛うかたなき苦の集まり（苦陰《くおん》）が生じるのである。

一〇．「無明」に覆われた者は、それゆえ生死流転の根本原因であるもろもろの「行」をなす。「無明」に覆われた者は「業の主体」である。賢者が見るのは真実である。（＊以下、「見る」とは十二支縁起の真実を逆観で見ることである、という含みがある）

一一．「無明」が滅するなら、もろもろの「行」はない。「無明」の滅は、まさにこの十二支縁起を修習することによって実現する。

一二．十二支縁起のそれぞれ前の支分が滅するならば、後の支分は生じない。かくして、この紛うかたなき苦の集まり（苦陰）は完全に滅せられるのである。

それで、第二六章がまた大きいですよね。ここを読んでいて、十二支縁起は結構よくできているなと思いましたね。人間の認知や心理と現象界がどうお互いを生みだし、その関係がどう固定化されていくかというのは、ここで実にうまく語られている。はじめに【二六－一】です。

一．無明に覆われた者は、再生へと導く三業を行い、その業によってさまざまな境涯（趣）におもむく。

中村訳の「三種の行為」というのは「三業」と訳しました。身・口・意の三業ですよね。またその三種の業によってさまざまな境涯（六趣）におもむくということです。

二．「行（Saṃskāra、行動によって働きかける衝動）」を縁として、「識」は「趣」に入る。そうして「識」が「趣」に入ることで、「名色」（名称と実際の形態）が発展する。

中村訳で「潜在的形成力」と訳されていたのは「行（サンスカーラ）」ですので、「行動によって働きかける衝動」と意味を補足しました。無明から何かこう、赤ん坊が手をバタバタと振り回すみたいな、なんらかの行為をするわけでしょう。それによってなにか作られてくるものもあるということで、つくられたものという意味も、サンスカーラは持っている。「行」を縁として「識」が「趣」に入る。要するに、その境涯・生存環境に入る。識は唯識の「識」ですね。そんな風にして、「行」があるから「識」がある。これは当然ですよね。「識」あっての「行」ではなくて、まず最初に認識になってないようなふるまいがあって、それに対するインタラクションを得ることで「識」というものができてくるということで、こういう順番で起こると語っているのですが、識が趣に入った時、「名色」（名称と実際の形態）が発生すると言います。

例えば、「行」があって「識」があると言うと、「行」と「識」の相互影響はいわばループしていると思われるじゃないですか。生存環境（「趣」）へのはたらきかけによって「識」には「名色」、個別に認知されるものたち（それらを区別するのが名称です）と、具体的なさまざまな形態が現われてくる。そしてそれが「識」に影響を与えるということが【二六－三】で語られています。

三．「名色」（名称と実際の形態）が発展すると、「六入」（六処）が生じ、「六入」が生じたのちに（「六識」が「六入」と結びつくことで）「触」（感官と対象との接触）が起こる。

このとき認知主体、認知のはたらき、認知の対象は、「六識」（眼識・耳識・鼻識・舌識・身識・意識）⇅「六根」（眼根・耳根・鼻根・舌根・身根・意根）⇅「六境」（色境・声境・香境・味境・触境・法境）という風に三段階になっていて、このうち「六根」を内の「六入」、「六境」

を外の「六入」と呼んでいます。それで、「六識」に「六根」と「六境」が結びつくことで、「触」（感官と対象の接触）が起こってくるわけですね。

次の【二六－四】でさらに、ナーガールジュナが

四．〔たとえば〕眼〔根〕と色〔境〕と注意の集中を縁として、つまりは名色を縁として、〔眼〕「識」は起こる。（＊ここでは十二支縁起における一般的な「識」→「名色」が、「名色」→「識」という順番に入れ替わっており、両者のループする関係が読み込まれている）

と、述べているのも面白いですね。十二支縁起では普通「識」→「名色」の順で語られるのですが、はっきりと「名色」を縁として「識」が起こると順番を入れ替えている。「名色」と「識」の関係がループしていることを読み込んでいるわけです。唯識における「識」の説明でも「識」の内部に「相分」と「見分」があり、そこでも「見分」の側に「六識」があって、対象世界の現われである「相分」とのあいだにインタラクションが生じていましたよね。十二支縁起の「無明、行、識、名色、六入、触、受、取、愛、有（生存）、生、老死」の、頭の「無明」や、最後のほうの「生」、「老死」などは認知の対象や認知主体の成立にまつわるものではありませんが、そのあいだの「行」から「受」ぐらいまでは唯識だと「識」のなかにすべて入っている印象がある。そしてループ構造のなかで現象世界の解像度が良く

も悪くも上がっていく、そういう仕組みになっているし、すでに十二支縁起自体がそれを説明しているんだ、ということですね。（図1-4）

そして【二六-五】では、

> 五．色（境）、（眼）識、眼（根）の三者が和合したものが、「触」である。その「触」から、「受」（感官による感受）が起こる。

ということが述べられます。「境」（認知の対象）と「識」（認知主体）と「根」（認知のはたらき）の三者の和合、という言い方をしていて、もはや認知の対象と認知主体のあいだに前後関係はないわけですね。ナーガールジュナのこれまでの主張からしても当然そうなります。これによって「触」（感官と対象の接触）が起こり、「受」（感官による感受）が起こってきます。認知の対象と認知主体のフィードバック、二重化、そしてそれらが自性あるものとして主語的に

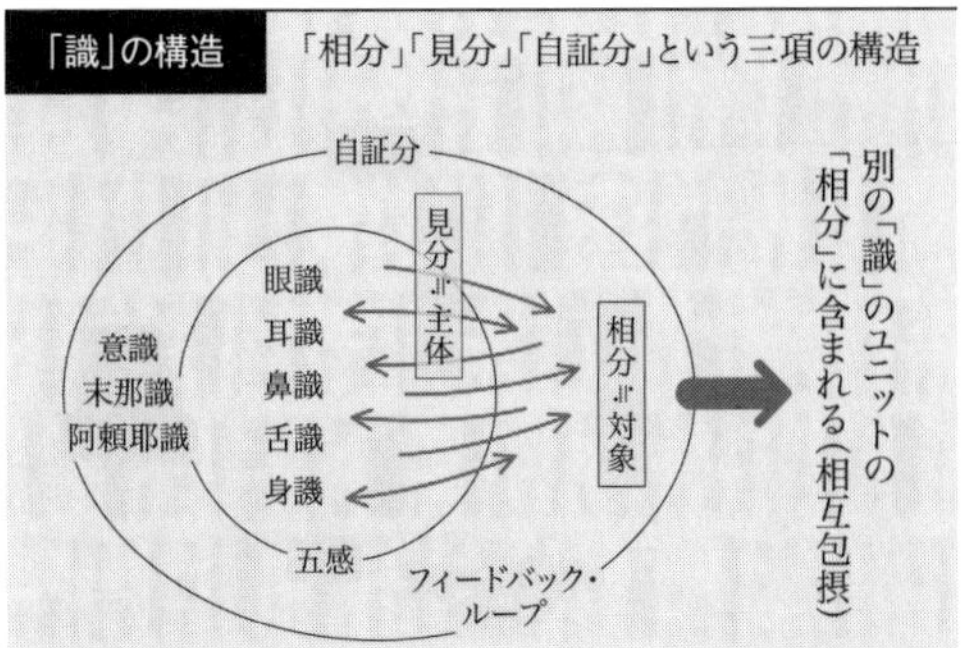

図 1-4

立てられるという錯覚、その仕組みを説いているのが十二支縁起だと言うわけです。【二六－六】です。

六．「受」によって「愛」（盲目的な愛着）が生じる。なぜならば、「受」の対象に愛着を抱くからである。愛着を抱くことによって、〔欲取、見取、戒禁取、我語取の〕四種類の執着（「取」）が起こる。

「受」（感官による感受）が生じると、ここからあとは、およそ人生観というか、普通の人生観ですよね。「受」が生じて対象世界が感じられると、これに対しての渇愛、「愛」というものが生じて、これが欲しいというような欲求が生まれて、そうして執着が生じて、それが「取」と呼ばれるわけです。

この「取」にも四種類あると言う。それは「欲取」、「戒禁取」、「我語取」、「見取」ですよね。欲望の執着と、戒禁取は、要するに禁だとか戒だとかいうものに対する執着、あと我語取というのは、アートマンに対する執着であり、見取というのが、ものの解釈に対する執着。この四つの執着が出てくる。そして【二六－七】では「有」がでてきます。

七．執着する（「取」）とき、その執着する者には「有」（生存）が起こる。なぜなら、執着がないならば、ひとは解脱してしまって「有」（生存）は起こらないからである。

そして「取」がある時、取の主体に対して「有」が生じると書いてあって、これは十二支縁起を見ている時に生存、「有」がやや後になって出てきて、やっとここで存在したのかと思うのですけど、この説明がナーガールジュナによって非常に明確になされています。もし「無取」であるならば、人は解脱し、有（生存）は起こらないと言います。【二六－八】です。

八．その「有」（生存）は「五蘊」である。「有」（生存）から「生」（誕生）が起こる。

中村訳で「生存」とあるのは「有」ですね、生じる。なるほどそうなっていくだろうと。これまで述べてきたループによって、解脱ではなくて生存状態になる。これだけ後になってやっと「有」が出たり、「有」の次は「生」（誕生）ですよね。十二支縁起ではようやくこの順番に出てきます。続いて【二六－九】は「老死」です。

九．「生」（誕生）から、「老死」や、憂いや悲しみ、苦しみ、悩みが生じる。このようにして、紛うかたなき苦の集まり（苦陰《くおん》）が生じるのである。

そして、誕生があると、次には苦陰ですよね。苦の集まり。それが纏わりつくように出てくるということです。「愛」があったあと「取」があって、「有」があって、「生」があって、「老死」があるという、その全体はもう、先ほども述べましたが、「無明」があって、「行」から（「行」「識」「名色」「六入」「触」「受」「取」）「取」くらいまでが大体この「識」の構造の中に唯識だと入ってしまいますが、そこからあとはまさにこれが仏教の「人生観」じゃないですか。そういうものとしても縁起はできている。【二六－一〇】からは十二支縁起を逆観で見ていきます。

一〇．「無明」に覆われた者は、それゆえ生死流転の根本原因であるもろもろの「行」をなす。「無明」に覆われた者は「業の主体」である。賢者が見るのは真実である。（＊以下、「見る」とは十二支縁起の真実を逆観で見ることである、という含みがある）

無明に覆われた者は、生死流転の根本であるもろもろの行、サンスカーラを形成すると。だから無明に覆われたものは業を作る主体であり、主体は本来はないのですが、あるような錯覚に陥ることになる。だから賢者は縁起の真実を逆観で見ることで、みずからを自性あるものとして主体化することを回避する。【二六－一一】、【二六－一二】では縁起の逆観が続きます。

一一．「無明」が滅するなら、もろもろの「行」はない。「無明」の滅は、まさにこの十二支縁起を修習することによって実現する。
一二．十二支縁起のそれぞれ前の支分が滅するならば、後の支分は生じない。かくして、この紛うかたなき苦の集まり（苦陰）は完全に滅せられるのである。

無明が滅した時、諸々の形成作用、「諸行」は成立しないということを言っています。これにはもう註がついていて、「『中論』は縁起の逆観を成立せしめていることがわかる」と中村訳でも書いてありますね。真実を見る、というのはこれまで認知の対象と認知主体について語られたことを、深く洞察していくとどうなるか、それによって逆観が成立してくるというのが真実なんだということです。

これまで見たところでは、どんどんと解像度が上がっていくように認知の対象と認知主体、「名色」と「識」などはループ構造を何度も辿って、それらの実在感が増幅されていました。ナーガールジュナの議論だとこうした一対のものの関係は、すべて一異門破で考えられたんですが、それらが主語として一異門破的に否定されていくということは、ここで説かれた一つ一つの支分が消えるということなんです。何かがないから……というのも全部そういう形で消えていくというのが逆観の真実の意味であるということが、ここでナーガールジュナによって明らかになった。

これはそもそも、「ドミノのように一つ一つが原因となって次の支分が消える」という素朴な話ではなくて、先ほどの資料に出てきた『雑阿含経』「火は消えたり」でも、薪がなくなったから火が消えたんだということを言っていて、どこかへ行ったわけでもなく、そこで消えるんですよね。

そんな風に支分一つ一つで消えていって、順番に消えていくというのが実態で、だからブッダは「受」においても、「想」においても、「行」においても、「識」においても、「色」においても、それが捨てられる時にこの「主体」がなくなっていく。そうするとその人はすでに生ぜざるものになる、と語っていた。ここでもう「不生不滅」ということが最初から語られていますし、また初期仏典にも「空」ということはすでに実際に言われているんですね。

このように十二支縁起のもろもろの項目のうちで、最初のものが滅したらすべてが自動的に滅する、というのは違っていて、そもそも最初の無明を滅するために十二支縁起すべてを深く吟味しなければならない。そしてナーガールジュナによる十二支縁起の吟味はここで見るかぎり、およそ「無明、行⇅識⇅名色⇅六入⇅触⇅受、取、愛、有（生存）、生、老死」というような構造になっていて、ループを描いているところでは一異門破的な関係が成立するので、それら一つ一つの支分も実のところ無自性で「空」であり、それによって取、愛、有、生、老死なども成立せず、それを洞察することが無明を滅することである、そんな風にナーガールジュナは言いたいのだと思うのです。

【第二七章　悪しき見解の考察――ランダムに燃える灯火の炎の連続のような生を明らかにする】

第二七章　悪しき見解の考察

一．「過去世において私は存在した」、「過去世において私は存在しなかった」、「世界は常住である」などの見解は、過去（過去際）があったという想定に依拠している。

二．「未来世において私は存在するだろうか？」、「未来世において私は存在しないだろうか？」、「世界は有限である」などの見解は、未来（未来際）があるという想定に依拠している。

三．「過去世において私は存在した」ということは、成立しない。というのも前の生においてあったものは、そのままこの私ではないからである。

四．前の世にあったアートマンが、今この私になっているのだとすると、五蘊とアートマンは区別されてしまう。では五蘊を離れたいかなるアートマンがあなたにあるのだろうか？

五．「五蘊を離れたアートマンは存在しない」ということが成り立つのなら、アートマンは五蘊であるということになる。だとすると汝には「アートマンは存在しない」ということになろう。

六．また五蘊はアートマンとそのまま同じではない。五蘊は滅したり、また起こったりたりするからである。どうして五蘊が、五蘊を取る（執着する）者（＝アートマン）と同一であるということがあり得ようか？

七．しかし五蘊と別異なものとしてアートマンがあるということもあり得ない。というのも、もし両者が別異であれば、五蘊を離れた「五蘊を取る（執着する）者」（＝アートマン）が把捉されるはずだが、〔そうしたものは〕把捉されないからである。

八．かくしてアートマンは五蘊と別異でもないし、同一でもない。五蘊なくしてアートマンは存在せず、しかし存在しないとも決定することはできない。

九．「過去世において私は存在しなかった」ということは、成立しない。というのも前の生においてあったものとまったく別異なものが、この私ではないからである。

一〇．もしも今のこの私が、前の生とまったく別異なものであるとしたら、前の生におけるアートマンを捨てて私は存在するのであろう。すると以前のアートマンはそのままで存続することになろう。あるいは不死のものとして、また〔どこかで〕生まれてくることになるだろう。

一一．さもなければ、断滅が起こって業は果報をもたらすことなく滅することになり、あるいは他のものの業の報いを別のものが受けることにもなろう。

一二．アートマンはかつてなく、今生じてきたものではない。もしそうならば、次のような不都合がともなうことになる。――アートマンは〔条件によってたまたま〕作られたもの（有為法）になってしまうか、あるいは原因なく生じたもの（無為法）になってしまう。

一三．かくして、「過去世において私は存在しなかった」とか、「過去世において私は存在した」とか、「両者であった」（「過去世において私は存在し、かつ存在しなかった」）とか、「両者でなかった」（「過去世において私は存在したのでも、存在しなかったのでもない」）という見解は、成立しない。

一四．「未来世において私は存在するだろうか？」、「未来世において私は存在しないだろうか？」という見解も、過去世の場合と同様に成立しない。

一五．もしも人がデーヴァ（神）であったとするなら、その見解は常住を執することになろう。またデーヴァ（神）は生じないことになるだろう。というのも、常住なるものには生じることがないのだから。

一六．もしも人がデーヴァ（神）と別異であったとするなら、その見解は断滅を執することになろう。もしもそうだとすれば、個体の連続性（相続）はあり得ないのだから。

一七．もし連続する個体の一部分が（*第三レンマ的に）神に属し、一部分が人間に属すると言うならば、〔同時に〕常住でもあり、無常（断滅）でもあることになろう。しかしそのことは理に合わない。

一八．もしその両者がともに成立するならば、《常住でもあり、無常（断滅）でもある》ということが、〔どちらでも〕思いのままに成立することになろう。

一九．もしも何ものかがどこかから来て、またどこかへ去るというのであれば、それゆえ輪廻は始まりを持たないものになるだろう。しかしそうした何ものかは存在しない。

二〇．もしも①いかなる常住なるものもあり得ない、ならば、②いかなる無常なるものがあり得るであろうか？　また③いかなる常住でありかつ無常なもの、④いかなる常住でもなく、無常でもないものがあり得るであろうか？

二一．もしもこの世界が〔時間的に限られていて〕有限ならば、どうして他の世界（来世）があるだろうか？　もしもこの世界が〔時間的に限られていておらず〕無限ならば、どうして他の世界（来世）があるだろうか？

二二．もろもろの五蘊の連続（相続）は、灯火の炎の連続のように（＊ちらほらと無秩序に）現われる。それゆえ世界が時間的に有限であるとか無限であるとか言うことは理に合わない。

二三．もしも過去世の五蘊が壊滅し、この五蘊を縁として後の五蘊が生起しないのだとすると、この世界は時間的に有限であるということになるだろう。

二四．もしも過去世の五蘊が壊滅しないで、この五蘊を縁として後の五蘊が生起することがないのだとすると、この世界は時間的に無限であるということになるだろう。

二五．もしも世界の一部分が時間的に有限で、一部分が無限であるとすると、世界は時間的に有限でもあり、無限でもあることになろう。しかしそのことは理に合わない。

二六．まず五蘊を取る〔執着する〕者（＝アートマン）の一部分が滅して、一部分が滅しないということがどうしてあり得るだろうか？　このようなことも理に合わない。

二七．また五蘊の一部分が滅して、一部分が滅しないということがどうしてあり得ようか？　こうしたこともあり得ない。

二八．もしも時間的に有限であることと、無限であることとの両者が〔同時に〕成立するのならば、《〔世界は〕有限であり、かつ無限である》ということが、〔どちらでも〕思いのままに成立することになろう。

二九．あるいはまた、一切のものは空であるのだから、《常住》などのもろもろの〔悪しき〕見解は、いかなるかたちで、どこで、誰に、なにゆえに、起こるのであろうか？

三〇．一切の〔悪しき〕見解を断ずるために、憐愍《れんみん》をもって正しい教えを説きたもうたゴータマに、今私は帰命したてまつる。


ついに、最終章まで来ましたよ。やっときた……。現在一八時半か……ここを読み進んで、少し質疑応答して、という感じで行けそうですね。最後にナーガールジュナはありがちな誤った見解をまとめて否定して『中論』を締めくくっています。第二七章「悪しき見解の考察」の【二七－一】です。

一．「過去世において私は存在した」、「過去世において私は存在しなかった」、「世界は常住である」などの見解は、過去（過去際）があったという想定に依拠している。

ここは「過去世」というものが何か主語的なものとしてあるという想定によってこういう主張が出てくるわけですよね。当然出てくるんですが、これは「過去世」を主語とした四句分別の最初の二つにあたるものですね。ナーガールジュナとしてはそういう主語を立てて四句分別をやっても当然すべて成立しない。問いそのものが保留です。

だから逆に輪廻については肯定するまでもなく否定するまでもない。縁起が老死から無明へとぐるぐると繋がっていくことは、空の論理においてこそ「完全に途切れてもいない」という形で肯定されるのですが、主語的に何かを立てるという意味ではそれは滅されるし、そこに解脱もあるわけです。

ブッダが「世界は常住なのか、それとも無常なのか」といった問いに対して、回答を保留したことが、無記（avyākata）という態度であると言われていますが、どちらとも答えないし、第四レンマですら答えないというのは、こういうことなんだとナーガールジュナは理論的に闡明したわけです。

【二七－二】は「未来」についてです。

二．「未来世において私は存在するだろうか？」、「未来世において私は存在しないだろうか？」、「世界は有限である」などの見解は、未来（未来際）があるという想定に依拠している。

「世界には終わりがあるのか」、「世界には終わりがないのか」という四句分別も、「未来世はあるのか」、「未来世はないのか」といった問いも同様ですね。不常不断は語りえても、そこに「世界」という主語はいらないわけです。

そして【二七－三】【二七－四】もまた、一異門破ですね。

三．「過去世において私は存在した」ということは、成立しない。というのも前の生においてあったものは、そのままこの私ではないからである。

過去世においてあったものは、そのままこの私でないというのは、一異門破の「同一である」ことの否定ですね。過去世と現在の生が繋がるのか、繋がらないのかという問いを、ここからアートマンと五蘊の関係にいったん置き換えてナーガールジュナは論じていきます。過去世の五蘊と現在の五蘊では、生存環境が違ってくるが、しかも輪廻によって「私」が続くのだとするとどうなるのか？

四．前の世にあったアートマンが、今この私になっているのだとすると、五蘊とアートマンは区別されてしまう。では五蘊を離れたいかなるアートマンがあなたにあるのだろうか？

もし前の世にあったアートマン（我）が、そのままこの私になっているというのなら、執着の対象である五蘊とアートマンとは区別されてしまう。アートマンが独立で恒常的に輪廻し続けていることになる。ここからはアートマンと五蘊の一異門破を展開していくことになります。まず出てくるのはアートマンが五蘊と完全に別異で、独立して想定されるのはおかしい、という議論です。一異門破の「異なっている」の否定です。

アートマンが五蘊と離れて輪廻するという仮定をしてみたうえで、では五蘊と離れた、いかなるアートマンがあなたにあるのか、それはおかしいだろうと言っていますね。次に【二七－五】です。

五．「五蘊を離れたアートマンは存在しない」ということが成り立つのなら、アートマンは五蘊であるということになる。だとすると汝には「アートマンは存在しない」ということになろう。

それなら五蘊はすなわちアートマンであるということなのか？　これは一異門破の「同じである」という仮定で、これも否定されることになる。それだと汝にとって、アートマンは存在しないということになる。つまり五蘊になってしまうということですね。アートマンは「自性」があることが前提なのに、「五蘊還元論」みたいになってしまって、アートマンが成立しないではないか。

そして、一異門破の「同じである」の否定が【二七-六】もう一度繰り返されます。より説得力が増してきますね。

六．また五蘊はアートマンとそのまま同じではない。五蘊は滅したり、また起こったりするからである。どうして五蘊が、五蘊を取る（執着する）者（＝アートマン）と同一であるということがあり得ようか？

輪廻を考える以前に、五蘊はそもそも絶えず変化していくものだから、それだけでもうアートマンと同じではない。また五蘊が、五蘊を取る（執着する）者と同じであるわけがない。一異門破による、五蘊＝アートマン説の否定ですね。そして返す刀で、【二七―七】では五蘊と別異な「五蘊を取る（執着する）者」（＝アートマン）があるということもあり得ないと言います。

七．しかし五蘊と別異なものとしてアートマンがあるということもあり得ない。というのも、もし両者が別異であれば、五蘊を離れた「五蘊を取る（執着する）者」（＝アートマン）が把捉されるはずだが、〔そうしたものは〕把捉されないからである。

もし両者が異なるならば、五蘊を離れた「五蘊を取る（執着する）者」（＝アートマン）が認識されるはずである。そんなものがあるとしてもいかようにしても把捉され得ない。一異門破の「異なっている」の否定です。

そして【二七―八】で、アートマンと五蘊で一異門破が成立したことが宣言されます。そしてここでアートマンについてどのような発言が可能なのかが示されたことで、過去世や未来世にまたがる私や輪廻について独断的に何らかの見解を述べることが不可能であることが明らかになります。これが無記（avyākata）ということのナーガールジュナ的な定義なのです。

八．かくしてアートマンは五蘊と別異でもないし、同一でもない。五蘊なくしてアートマンは存在せず、しかし存在しないとも決定することはできない。

続いて【二七―九】です。

九．「過去世において私は存在しなかった」ということは、成立しない。というのも前の生においてあったものとまったく別異なものが、この私ではないからである。

過去世の私と今の私がまったく別異なものではないことがまず主張されますが、議論としてはこれはアートマンと五蘊の一異門破から来ています。なのでいきなり結論だけが述べられていますね。ここでは過去世の私と今の私がまったく別異なものであることがまず否定されます。続いて【二七―一〇】です。

一〇．もしも今のこの私が、前の生とまったく別異なものであるとしたら、前の生におけるアートマンを捨てて私は存在するのであろう。するとと以前のアートマンはそのままで存続することになろう。あるいは不死のものとして、また〔どこかで〕生まれてくることになるだろう。

もし今の私が、前の生とまったく別異なものならば、私は前の生のアートマンを捨て、前の生のアートマンはそのまま存続するだろう、というのは面白い発想ですよね。そのまま存続するか、輪廻するとしても別の者に繫がるかたちで生まれてくるか。ならばそもそも前世ではないことになりますよね。

続いて【二七－一一】です。

一一．だとすると、断滅が起こって業は果報をもたらすことなく滅することになり、あるいは他のものの業の報いを別のものが受けることにもなろう。

今の私と前の生が「別異」なものであるとすると、業が果報に結びつくことなく滅してしまうことになり、他のものの業の報いを別人が受けるといったことが起こってくると。一異門破の「異なっている」の否定がより説得的になってきました。【二七－一二】です。

一二．アートマンはかつてなく、今生じてきたものではない。もしそうならば、次のような不都合がともなうことになる。――アートマンは〔条件によってたまたま〕作られたもの（有為法）になってしまうか、あるいは原因なく生じたもの（無為法）になってしまう。

アートマンはかつて存在しないで、今生じてきたものではない。もしもそうだとすると、生きていること自体が果なので、原因がなくなってしまう。原因がないのに生起したものか、有為法になってしまうと述べています。

自分が業を作って果を受けているのではない、一方的に作られたもの（有為法）になってしまうというおかしな説が生じると。それだともともと自性などないことになりますね。このあと、過去世について四句分別をして、【二七－一三】では「過去世の私」という問題を宙吊りにします。無記（avyākata）の態度ですね。

一三．かくして、「過去世において私は存在しなかった」とか、「過去世において私は存在した」とか、「両者であった」（「過去世において私は存在し、かつ存在しなかった」）とか、「両者でなかった」（「過去世において私は存在したのでも、存在しなかったのでもない」という見解は、成立しない。

また、「未来世の私」という問題についても【二七－一四】で同じように宙吊りにしています。

一四．「未来世において私は存在するだろうか？」、「未来世において私は存在しないだろうか？」という見解も、過去世の場合と同様に成立しない。

まず「過去世の私」という問題について四句分別をして、それを宙吊りにしました。そして「未来世の私」という問題についても同様に宙吊りにしていますね。これは輪廻を肯定するでもなく、否定するでもない形にまで肯定することができる絶妙な論理なんです。そこが大事なところです。

そして【二七－一五】からの展開が不思議なんです。なんと「デーヴァ（神）」と「人」の一異門破をしてくるのですよ。

一五．もしも人がデーヴァ（神）であったとするなら、その見解は常住を執することになろう。またデーヴァ（神）は生じないことになるだろう。というのも、常住なるものには生じることがないのだから。

デーヴァ（神）とは常恒なアートマンのようなものだと思います。常住なるものは生ずるということがないと述べて、まず人とデーヴァ（神）が「同一である」ことを否定し、【二七‐一六】で「異なっている」ことを否定します。

一六．もしも人がデーヴァ（神）と別異であったとするなら、その見解は断滅を執することになろう。もしもそうだとすれば、個体の連続性（相続）はあり得ないのだから。

人とデーヴァ（神）が「異なっている」ならば、個体の連続性（相続）はあり得ないということで別異を否定しました。

ここでなぜデーヴァ（神）がいきなり出てきたのか、ということなのですが、「常恒なるアートマン」のようなものを考えた場合に、それもまた一異門破的に扱われるのであれば、そういう形で議論の中にただ否定されるだけでなく回収されることも可能だということです。言ってみればインドにおける神仏習合みたいなことをナーガールジュナはもうこの時点ですでに理論的に試みているんですよね。

なのでここまで議論が展開されたら、もう密教から何からのちのものが全部出てくるということが予期できる。しかもナーガールジュナが言ってることはよくよく考えると、初期仏典を読むことによって、「なるほど、仏教の初期からこのような思想だったんだな」ということが理解できる。そこがまたすごいところですよね。

さて、人とデーヴァ（神）の一異門破が続いています。【二七―一七】は両者が「同一であり別異でもある」という第三レンマの否定です。

一七．もし連続する個体の一部分が（＊第三レンマ的に）神に属し、一部分が人間に属すると言うならば、〔同時に〕常住でもあり、無常（断滅）でもあることになろう。しかしそのことは理に合わない。

一部分が神的で、一部分が人間であったり、一部分が生成し、一部分が滅ぶというような考え方は、第三レンマ的かつ説一切有部的な発想なので、それを今ここで否定しました。今ここで否定はしましたが、実のところ第四レンマ的にはこういう異なるもの同士が「すいっ」と吸いついて連続するというところがある。【二七―一八】です。

一八．もしその両者がともに成立するならば、《常住でもあり、無常（断滅）でもある》ということが、〔どちらでも〕思いのままに成立することになろう。

第三レンマが同時に成立するということは、ナーガールジュナはちゃんと否定する。この箇所はその好例です。《常住でもあり、無常（断滅）でもある》というのは時間的に、また「何ものか」について言われることですが、実際は第四レンマの「不常不断」、「不生不滅」ということ〔編註：構造〕自体が言えて、それでもういいんだということだと思うんです。そして、これは資料で説明した初期仏典の中にもありました。【二七―一九】です。

一九．もしも何ものかがどこかから来て、またどこかへ去るというのであれば、それゆえ輪廻は始まりを持たないものになるだろう。しかしそうした何ものかは存在しない。

ある人が、どこかから来てどこかへ行くというのであるならば、そのゆえに輪廻が無始のもの、始まりのないものとなるだろうが、そのようなものは存在しないと言っていて、これは始まりがないということで論じていますが、火が消えた時どこへ行ったのかという話（「火は消えたり」）と同じことを語っているということです。

ここではすでに「不来不去」が意識されていて、また如来（tathāgata）という表現なども意識されていると思いますね。ナーガールジュナを経由して読み直すと、この最後のほうの表現はもう「大乗仏教」そのものであるという感じがします。

そして【二七―二〇】です。

二〇．もしも①いかなる常住なるものもあり得ない、ならば、②いかなる無常なるものがあり得るであろうか？　また③いかなる常住でありかつ無常なるもの、④いかなる常住でもなく、無常でもないものがあり得るであろうか？

これはもう分かりますよね。「何ものか」という主語を立てたら、それは成立しなくて、「不常不断」という構造だけがもう先に成立してしまう。

ここでは最後にブッダが、無記（avyākata）の態度を示した議論の例が立て続けに挙げられます。先にも述べましたが、これは「仏教が形而上学的議論を避けた」という風に説明されがちですけれど、そうではなくて、徹底して考えるとこういう風になることを、ブッダは実際に分かっていてやっているんですね。【二七－二二】です。

二一．もしもこの世界が〔時間的に限られていて〕有限ならば、どうして他の世界（来世）があるだろうか？　もしもこの世界が〔時間的に限られていておらず〕無限ならば、どうして他の世界（来世）があるだろうか？

「この世界が有限であるか無限であるか」、これもいわゆる十無記と呼ばれる典型的な議論で、過去世とか未来世の話から一貫してここでは無記の議論が扱われています。しかしここでは過去世、未来世と世界の有限、無限の話を組み合わせてすべて保留にしているのが面白いですね。【二七－二二】に続きます。

二二．もろもろの五蘊の連続（相続）は、灯火の炎の連続のように（＊ちらほらと無秩序に）現われる。それゆえ世界が時間的に有限であるとか無限であるとか言うことは理に合わない。

ナーガールジュナがここで、「灯火の炎の連続」と呼んでいるのは何だろうと思うんですけどね。僕はミシェル・セールの研究者なのですが、実はセールがよく使う「炎の舌の譬喩」というものがあるんです〔編註：『北西航路』三八頁〕。炎の舌というのは、ぱっと燃え上がったり、先端が分岐したり、下がったり、火先がランダムに出ては退くのを瞬時に繰り返しますよね。この「灯火の炎の連続」というのも、おそらくそうしたランダムネスのことだと思うんですよね。五蘊の連続が未来から過去へ一本調子でずっと続くというのは第三レンマ的な説一切有部の考え方なのですが、そうではなくて、「先」も「後」ももはやないわけなんですよ。それが灯火の炎の連続のように続いている。

ミシェル・セールのそういう譬喩というのは、仏教で言うと「海印三昧」とか、ああいった海の波頭が、華厳の「因陀羅網」の結節点の一つ一つになっていくように蠢いているイメージじゃないかと思ってきたのですが、まさにそれに近い表現が出てきたという印象です〔編註：第一回大会の際に、華厳の「因陀羅網」とアクター・ネットワーク理論の「結節点」と、プラトン＝ソクラテスの「想起説」とライプニッツの「予定調和説」が、レヴィ＝ストロースが見出した「構造」のように、すべて無始無終（≒非還元）の「構造」の中で起きていることを示していると講義されたが、『中論』の最終章でわれわれの生は五蘊の相続という一瞬一瞬が独立しながらも連続している「灯火の炎の連続」に譬えられているということである〕。

そして、「時間的に有限である」とか「無限である」とか言いますが、むしろそれ以前に「長い」とか「短い」とかいう概念が、「最大に長いもの」があって「その部分」があって……という形では成立してないいんだと思うんですよ。結節点のそれぞれが相互包摂的であって、少なくとも同じものが引き延ばされるような連続ではないということです。断続と連続が背中合わせであるとはどういうことか。

それで【二七－二三】です。

二三．もしも過去世の五蘊が壊滅し、この五蘊を縁として後の五蘊が生起しないのだとすると、この世界は時間的に有限であるということになるだろう。

ここでこの世界の時間的有限説が、五蘊の壊滅の問題と結びつけられるとどうなるかという仮定をさらに掘り下げています。五蘊の壊滅によってこの世界の時間的な有限性が帰結する。【二七−二四】です。

二四．もしも過去世の五蘊が壊滅しないで、この五蘊を縁として後の五蘊が生起することがないのだとすると、この世界は時間的に無限であるということになるだろう。

過去世の五蘊が壊滅しないでずっと続くのであれば、この世界は時間的に無限になってしまうということですね。有限と無限の話についてはすでに無記の立場が採られたので、過去世の五蘊が壊滅するのか、しないのかについても同じく保留ということになるでしょう。そして有限と無限の第三レンマの検討が【二七−二五】です。

二五．もしも世界の一部分が時間的に有限で、一部分が無限であるとすると、世界は時間的に有限でもあり、無限でもあることになろう。しかしそのことは理に合わない。

これも成り立たない。「時間的有限」と「時間的無限」の第三レンマ的な共存は否定されますが、このあたりは説一切有部の三世実有法体恒有と刹那滅の思想が共存するあり方そのものの否定にもなっています。

次の【二七－二六】もやはりそうした批判で、より具体的になっています。

二六．まず五蘊を取る（執着する）者（＝アートマン）の一部分が滅して、一部分が滅しないということがどうしてあり得るだろうか？　このようなことも理に合わない。

第三レンマ的に生成と滅を同時に考えていくというのは、要するに「部分的には形として崩れたけれど、本質の部分が残っている」という論理なので、それこそが説一切有部で、それはあり得ないということです。彼らは結局五蘊を取る（執着する）者＝アートマンについても掴み損ねています。そして【二七－二七】です。

二七．また五蘊の一部分が滅して、一部分が滅しないということがどうしてあり得ようか？　こうしたこともあり得ない。

これは執着する者の側ではなくて、五蘊の側から、同じことを語ったものですね。そして【二七－二八】でははっきりと第三レンマそのものが否定されています。

二八．もしも時間的に有限であることと、無限であることの両者が（同時に）成立するのならば、《〔世界は〕有限であり、かつ無限である》ということが、〔どちらでも〕思いのままに成立することになろう。

〔どちらでも〕思いのままに成立する、という表現は【二七－一八】でもすでに出てきました。「あるときはA、あるときは非A」という風にどちらも成立するというのは、何も語っていないのと同じです。議論が収束していないわけです。これに対して第四レンマの結論は即時的に示されるのでしたね。

そして、【二七－二九】です。

二九．あるいはまた、一切のものは空であるのだから、《常住》などのもろもろの〔悪しき〕見解は、いかなるかたちで、どこで、誰に、なにゆえに、起こるのであろうか？

これはもうすでに論争相手を想定した否定や、帰謬法ではありません。一切は空であるのだから、もろもろの悪しき見解はいかなるかたちで、どこで、誰に、なにゆえに起こるのか？　ナーガールジュナの中で論敵や誤った見解そのものが滅してしまいました。

そして【二七－三〇】です。最後に語りかけるのはやはりゴータマ・ブッダに対してです。もろもろの悪しき見解や論敵を滅したものとしてのナーガールジュナ自身の姿も、ゴータマの底知れぬ瞑想のうちに静かに消えてゆくかのようです。

三〇．一切の〔悪しき〕見解を断ずるために、憐愍《れんみん》をもって正しい教えを説きたもうたゴータマに、今私は帰命したてまつる。

これですね。最後に、「ブッダが語ったのはこれだった」と述べて、ゴータマ・ブッダに「帰命する」ことを宣言して『中論』が終わっている。冒頭の帰敬序に再び戻ったかのようです。

やっと最後まで来ましたね。これだけの長さで精読にこれほど体力を使うテキストはないし、初期仏教と完全に成熟した段階の仏教がここまで深く繋がるということが、ナーガールジュナによってはっきりとわかるということが、大きな発見であり感動です。

ここで少し皆さんとの質疑応答の時間を設けたいと思います。

齋木さん、司会をお願いします。

【質疑応答①十二支縁起と原因・結果と必要条件・十分条件】

齋木：清水先生に三回に亘り『中論』を最後までお話ししていただきました。ありがとうございました。今日は夜の七時半から宴会ということなので、質疑の時間は、あと二〇分ほどあります。今回も懇親会と深夜の座談会と、明日は西田幾多郎の「現実の世界の論理的構造」を補助線に考える講義を含めて、明日まで徹底的に講究しあい、考え続けるという方針でいきたいと思います。

まず私から質問させていただきます。今回は前回講義を受けて、いくつか聞きたいこともあるのですが、まずは私たちの苦しみの原因ということで第二六章の「十二支縁起」のところがやっぱり大事なのかなと感じています。

清水：第二六章ですよね。ここは重要ですよね。

齋木：【二六－二】で「識」が出てきます。そして【二六－四】でまた「識が生じる」という風にありますよね。それで、先ほど先生が「解像度が上がっていく」という表現で言われていましたが、ちょっと聞きながら、「蘊・処・界」、つまり五蘊、十二処、十八界という仏教の考えがあります。ここは、こういう形で、分類が細かくなる形で解像度が上がってきているんじゃないかなと思いました。

そして関連して、前回講義で理解が追いつかなかった第一四章の「集合の考察（中村元訳、清水訳は「合一と別異についての考察」）」です。「見られる対象」と「見るはたらき」と「見る主体」とあった時の「見る主体」っていうのは、この「識」という風に考えてもよいのでしょうか。

清水：これは一異門破の三段階活用をしているのですが、見られる対象は「眼境（色）」、見るはたらきは「眼根」、見る主体は「眼識」でしょう。

眼根が「見るはたらき」、「色」が「見られる対象」であって、【二六－五】では「色」と「識」と「眼」との三者の和合なるものがすなわち「触」であるとあって、この第一四章は「和合（合一）」が成立するかという話なんですよね。二重化が二重に起こっているので完全には合一しません。一方で、【二六－四】は、「根」や「境」の側から「識」を説明しているんですよね。「識」の側から「根」や「境」へのはたらきもある。そしてループが起こっている状態が何重にも重なっていて、そしてこれ全体がまた「触」と「受」というループを作っていくという形なんじゃないですかね。

でも、ここまで開いてくれると、第一四章は、ああ、そうだったのかという風に思えてきますよね。何故「認知」と「認知主体」の話をあれほどしつこくやっていたのか、前回はその意図が分かりきらなかったけれど、本当は「十二支縁起」を掘り下げて読みたいという下準備だったんですね。なるほど「十二支縁起」そのものがこういう風にしか実際読めないですよね。

あえてブッダが俗諦と勝義の教えを分けたと考えたり、大乗仏教の側から見ると十二支縁起も重要ではあるが初期仏典に出てくるものだという印象が強いですよね。しかし、こういう風に本当に開いた形で具体的に分かってみると、（ブッダは）やっぱりここまで考えているなという風に、僕は思いましたね。

齋木：あと、やはり、この十二支縁起になってくると、一個一個の支分の中でこのループが起こっている。それを一個一個で一異門破していくっていうところと、「他因」とこの「自己原因」が縁起関係となっているというようなところを考えたらいいのでしょうか。そして、第二〇章「原因と結果の考察」のところで、今回資料を用意していただきましたが、五求門破の中で「必要条件」と「十分条件」について考察されています。

清水：第二〇章「原因と結果の考察」はすごくややこしかったです。「他因ループ」というのは依他起性の一異門破、これも考えている。五求門破の中に依他起性の一異門破という技がすでに含まれていて、また三時門破もあったけれど、三時門破の一異門破もして、そして過去、現在、未来に自性を持たせないことによって輪廻をやんわり温存しつつ解脱する、そういう道を示しているんだろうなと思いますね。

そこさえ語れてしまえば、その点がロジックとして完全に成立すれば、その内容について「火」とか「薪」とかいう議論の「材料」にこだわらなくても構造そのものが語れる。「むやみに主語を立ててはいけない」と、さまざまな議論を通じてナーガールジュナは巧みに構造的に説いているんだけれども、『中論』の注釈者たちは、譬えを出してきて説明しようとするじゃないですか。それによって議論がまた「主語化」されてしまう側面もあるのではないかと思います。それで今一つ構造がわからなくなっていったという歴史があるように思うんです。

齋木：「十分条件」と「必要条件」をお互いに一異門破し合うっていうところをもう少し詳しくお願いします。

清水：五求門破の最後の三つですが、この第二〇章の最初の方で実際にそういうことを行ってるんですよね。

【二〇‐一】で、「もしも原因〔直接的な他因〕と諸縁〔補助因〕との和合によって結果が生ずるのであれば」と「よって」というのが出てきますよね。これは五求門破の④を最初に仮定して、「結果はそれらの和合のうちにすでにある」。ここも④「必要条件」が言えるのであれば、③「十分条件」が成立しているはずであるという一見不思議な仮定ですよね。

これは、十分条件が成立しているのに、なんで必要条件・他因によって説明するのですかという批判です。〔編註：『中論』第二〇章「原因と結果の考察」の文脈では他因によって一方的に結果は説明し得ないということ〕。

この「十分条件」と「必要条件」というのは本当に重要で、ゼノンのパラドクスもここから出てくるということは説明しました。

小アジアのエレアからアテナイまでゼノンが旅をしたとすると、そのアテナイ－エレア間は、「旅をしたのだから途中の半分の距離は通ったはずだ」、「そのまた半分の距離も移動したはずだ」と、当然言えるんですが（十分条件）、それを逆に考えると、「まず途中の半分の距離を通らないといけない」、「その半分の半分の距離を移動しないといけない」となってしまって、「アキレスが亀に追いつけない」ように、永遠にアテナイに辿り着けないパラドックスが生じてしまうというものです。

これは、十分条件はもう結果が成立する条件を満たしているはずなのに、そこから逆に必要条件を想定してそれらを順に満たしていくことを考えると、必要条件というのは内部で無限に作れてしまうので、パラドックスに陥ってしまうということなんですね。

前回研究会をやった時に、ライプニッツの「フシェ氏の異義についての備考」（『単子論』岩波文庫、一〇五頁）という論文は、たったの二、三ページしかないんだけれど、非常に重要だということを説明しました。ライプニッツはそこで、「ものが二等分できるとか四等分できるとか言うのは、ある全体の部分どうしの関係に過ぎないので、分割そのものは無限にできる。しかし無限小のものを足していって全体を作ることはできない。まずそうした操作が行われるものが全体として先にあるのでなければならない」ということを語っています。部分から全体をそのまま考えてはいけない。また部分同士の関係は必要条件と同じく無限に考えられるので、そこに原因を求めたら無限に遡行してしまう。だからあらゆる複合に先立つ

《一なるもの》としての全体、モナドから発想しようとしたのがライプニッツです。そうは言ってもモナド同士は華厳思想のように相互包摂し合っているんですけどね。ここでの「十分条件」と「必要条件」も、「必要条件」を原因に想定してボトムアップで考えてはいけないという話だと僕は思うんですよね。余計に難しくなってしまったならすみません。

この【二〇 - 一】で、あらゆる方向から考えているのは、「十分条件」と「必要条件」も「認知の対象」と「認知主体」のようにお互いを成立させ合っているのに、「必要条件」なり「十分条件」なりが、一方的に「他因だった」、「自己原因的にあった」という風に最初から設定されているのがおかしいよということを言ってるんじゃないですかね。

齋木：「十分条件」も、それで最終的には否定していくわけですよね。

清水：【二〇 - 二】では、「必要条件」が立てられるのであれば「十分条件」としては未成立だという主張がなされます。そもそも「十分条件」だけを一方的に原因に置くと、むしろ「遍計所執性」に近いんじゃないですかね。素朴目的論と言うと、未来に置かれた原因のようなんですが、過去にすでに「十分条件」的に原因性を満たしたものがあるという想定についてもナーガールジュナは議論するので、そこがちょっと用語的に難しいところですが。

齋木：こうなったら必ずこうなるみたいな関係っていうのは、その場合の十分条件になるわけですか。

清水：もう満たしているということですよね。満たしているということは、十分条件だけど、それが何か同じ動きが延長していったように解釈されると、「遍計所執性」つまり「素朴目的論」になるんじゃないですか〔編者考察：ゼノンが実際歩いた時は「半分」とかではなかったのに、事後的に「半分歩いたはず」である、と十分条件になり、それが逆に「半分歩かなければならない」と必要条件になる〕。

またそれ（素朴目的論）を現在見られるあり方から考えるのではなく、目的論を立てるにしてもライプニッツの最善律のようにいわば脱色してやらないといけないというのが大事ですね。この「最も多様な定量的な自然記述が成立する世界を神は選んだはずだ」というざっくりとした目安（最善律）は、目的論ではあるけれども何ら特定の現状を引き延ばしたものではありません。このあたりは非常に慎重に、現状をそのまま延長して考える傾向を忌避していかなければならない。十分条件も必要条件も容易にそうした傾向に陥ってしまうものなんですよね。

現状から考えないという意味では、ライプニッツは運動なら運動の変化の頭を押さえて数理的に記述するということもやっています。そのように変化の側から運動を捉え、変化そのものの連続を微細に捉えていくというのは、慣性的にしか運動を捉えられなかった彼以前とは大きく違うのですが、「連続律」というのはそのような意味で連続を捉えるという考え方です。またライプニッツには「十分な理由の原理」、「充足理由律」（充足律）というものがあるのですが、それによってまた彼なりに「偶然」とか「自由」を担保してもいるんですよね。【事前確認事項その1　ライプニッツの連続律・矛盾律・充足律】にも出てきましたが、『モナドロジー』(『単子論』)の三一、三二でライプニッツが、「矛盾を含むものの片側を偽と判定したときにその反対が真となる」という「矛盾の原理」と対比して挙げているのが「十分な理由の原理」(充足理由律)というものです。これは、時間的な推移を持ったもののように、矛盾を許容する系がばらばらに複数あるときに、なぜそうであるのかは神くらいにしか分からないが、他の系との関わりにおいてそれらがそうあるべき理由がおそらくあるのであろうという、ざっくりとした目安で、最善律と連動しています。こんな風にライプニッツだと「最善律」、「連続律」、「充足律」と大きな原理が三つあって、原因と結果の関係を人間が現時点で知っていることから延長的に考えないための工夫が入念になされているのですが、よくよく考えると、仏教も同じように硬直性を避けるための言論を練り上げていて、(現代の)サイエンスもそうなっているなと僕は思っているところなんです。

齋木：「変化の頭を押える」というのは微分で接線の傾きを数字で出すということですか。

清水：「無限小の運動が静止だ」という風に考えたように、変化が連続する場合にも「ここからわずかに加速度が上がる」という、その無限小の変化が起こっている(角度が上がる)部分を記号や数で形式化して記述し、量化するのがライプニッツなんです。連続を「同じ運動〔編註：慣性運動〕」を引き延ばすように考えている、彼以前とは全く方向からして違っているし、量化・形式化もさまざまなものが彼以降編み出されるわけです。

そして物理学だ、微分だと言ったらもうそれだけで話が終わったかと思うのですが、もっとなにか変なことを考えてるんですよ。本当はもっと形而上学そのもの、原因と結果の関係そのものをもライプニッツは考えているはずなのですが、その点は誰もがピンと来ていない。逆にそこを具体的にものすごく論理的に展開したのが、むしろナーガールジュナなのではないかなという風に僕は思いました。

【質疑応答②有限と無限とアトミズムとアートマン】

齋木：それでは、参加者の皆さんのほうで質問はいかがでしょうか。

大竹：一つだけすいません。最終章「悪しき見解の考察」の【二七－二三】【二七－二四】のところですが、「もしも個体を構成している、以前の諸要素が壊滅し」（中村訳）というところなのですが、私たちが習った「原子」みたいな話なのでちょっと違和感があったのですが…。

清水：これはね、でもね、前をみると「五つの要素」と書いてありますよね。もともとこれは「五蘊」と呼ばれるものですね。中村訳で「執着の元になる五つの要素」と書かれているので、「要素」という表現が、なにかアトミズムっぽくなってしまうのです。

五蘊というものは この十二支縁起に出てきた各支分を微妙に入れ替えたようなものですよ。「色」と「受」と「想」と「行」と「識」、これを五蘊というのですけれど、そういうものです。

五蘊の「色」は十二支縁起だと「名色」。他のものと区別される名前があって、知覚されて姿が出てくる。また十二支縁起でも（五蘊と同じく）「受」（感官による感受）が起こると言ってましたよね。それで、「想」（表象作用）は（十二支縁起にはないが）五蘊の中だと入っているんですよ。「行」もサンスカーラで（十二支縁起では二番目）、そこから「識」（十二支縁起では三番目）が出てきています。これらが生きてる間にはもういろんなふうにはたらいているのですが、死ぬと一回壊れていくというのが通常の説明です。

大竹：そしてそれが壊れた後に、この話は、それぞれ【二七－二三】、【二七－二四】で有限か、無限かの話に繋がっていくわけですが、そうすると、第二三偈はその一回壊れた要素がもう一回生起しないのであったら、要は消耗されていくわけなので、有限であろうと。第二四偈は、「一回壊れたのがまたもう一回組み直されて新しく生起するのであるならば、要は、常にずっと繰り返し、消耗されることなく繰り返しているので、無限となるであろう」という文章だったら理解できるんですけど、ここのところが、「生起するのでないならば」とあります。今の「生起しない」が「生起する」だとすごく納得がいくのですが。

清水：これは五蘊がまた新たに生起しないで、もうとどまってしまっているんですよ。同じ五蘊がずっと続いているという設定なんです〔編註：「自性」という考えの特徴である〕。

大竹：そうか。壊滅はしない。壊れないで、新しくはならないということなんですね。

清水：壊れてないんですよ。ここはね、「旗上げゲーム」みたいなロジックが次から次へと出てくるところですね。（笑）

大竹：私はさっき五蘊ではなくて普通に原子（アトム）的なものだと思っていました。そして、その前に出てくるこの「アートマン」をどのように考えたらいいのか。西洋の心身二元論の物質的なものと精神的なものに分けた時の、この「精神的なもの」を言っているのか。

それとも、そういう西洋的な考え方ではなくて、全くそういう心身二元論ではない考え方によるものなのでしょうか。または、何か物質的ではないものなのでしょうか。

清水：最終章でも「アートマン」が出てくるのですが、要するに「認知主体」として出てくるんですよね。その文脈で出てくるんですよ。

「アートマン」と「ブラフマン」というのはむしろインドのヴェーダンタ哲学的なものなので、世界と一体の「我」といわれるものですよね。それを「主語的」に立てるのは、仏教は否定しているのですけれど、一周回ってどこか肯定しているというところもあるわけです。

輪廻などのように一つ一つ、「言えもしないし、言えなくもない」という感じで保留して、そういう形である意味それらを救済しているのではないでしょうか。『仏教論／空海論』で言及した通り、空海も最後、「梵我一如」的な考えを『吽字義』でも少し出してきますね。またこの部分（【二七－二二三】、【二七－二二四】）の「有限と無限」の問題は西洋でもずっと引きずっていますよね。

それこそメイヤスーの話を先ほどちょっとしましたが、書題が『有限性の後で』ですもんね。そしてまさに、「自分はなにか「別様なもの」として、また死後に生存するであろうか」と本当にそんなことをメイヤスーは考察しているんですよ。ヨーロッパ人も、いまだにやっぱり仏教やナーガールジュナが語っていることを大真面目に考えていますよ。

森尻：一八章でも「アートマン」がでてきましたが、「プドガラ」と「アートマン」は何が違うのでしょうか。

清水：「プドガラ」と「アートマン」は何が違うのかですよね。

最初プドガラと五蘊は何が違うのかという話をしていましたね。まず輪廻主体としての「プドガラ」は彼は復活させてやるつもりがない感じですね。とはいえ「アートマン」は、宇宙そのもの、一切としての「ブラフマン」と一対で一体の概念なので、その意味では特定の主語というものとも次元が異なっています。二七章で「アートマン」を語るナーガールジュナは、だんだん「常恒なるアートマン」を「デーヴァ（神）」と置き換え、最後はインド版の神仏習合の議論を試みていますから、その意味でももっと本質的な語彙として出してきているのは確かだと思います。〔編註：「アートマン」の語源はさまざまな説が立てられ、有力なのはan-（呼吸する）から派生したものとなす説。『リグ・ヴェーダ』以降次第に哲学的な意味を帯びるようになり、再帰代名詞としても使用され個体を他の個体から識別する「人格」を意味する語としても用いられるようになる。（服部正明『古代インドの神秘思想』参照）〕。

ところで第一八章「アートマンの考察」の直前の、第一七章「業と果報の考察」の最後で「幻人」が出てくるじゃないですか（【一七－三二】「業の主体」はそうした幻人のようなものである）【☞第一七章 業と果報の考察を見よ】。この「幻人」はアバターみたいなものなのだと説明しました。十二支縁起の支分を作ったり、散らしたりしているのが「幻人」〔編註：【一七－三二】「幻人を作りだし、その幻人がさらに別の幻人を作り出すように」」。だから「アートマン」という言葉について言えば、もうちょっと本質的な議論をしたかったんじゃないですかね。アバターのアバターではなく。

そうですね。今回講義したところだと、第一九章「時間の考察」、第二〇章「原因と結果の考察」、第二七章「悪しき見解の考察」が重要だったのでしょうね。あと、第二五章「ニルヴァーナの考察」、これも引っかかるところだったんですよね。

そして各章の最後の方に、ナーガールジュナの勝利宣言的独り言が「ゴツッ」と入るというのが印象的でしたね。

中村元『龍樹』に直接書き込んだりしているのですけれど、こういう風に三回に分けて講義すると、最後の方が、こんな風に線が入って手垢がついて黒くなっているんですね（笑）。真っ黒になるくらい、書き込むんですよ。

最初の講義（みのや大会）は原稿が一気に出来上がって、自分でも手を加えて直して、二番目の会（嵐渓荘大会）の文字起こしも齋木さんに結構立派にしていただいて、前二回がこれだけあるので、第三回もやっぱり盛り上げて終わらなければいけないので、そう思って精読していくと、非常にいろんな構造が分かってきて……、ただ随分骨も折れました（笑）。

たとえば今回詳しく論じた「〜のうちに」（十分条件）、「〜によって」（必要条件）という表現も実は第一章から出ているので、また事後的に考えて、再考しながら読み直していく必要

があるかもしれないですね。【☞第一章　因縁の考察を見よ】

（例えば【一－一二】もろもろの縁のおのおののうちにも、もろもろの縁がすべて合したうちにも結果は存在しない。もろもろの縁のうちに存在しないものが、どうしてそれらの縁によって生じることがあろうか？）

初めのうちは「～によって」、「～のうちに」という表現で、何を言いたいんだろうと不審に思いましたが、全体を精読するとやはり全て構造的に考えられていますね。

あとまだ一つ僕がわからないのは、インドの論理学というのは、仏教だけではなくて、ニヤーヤ学派などと繋がっているはずなんですよね。だから、「五求門破」とか「一異門破」は、もしかして他のインドの論理学者も使っているのではないかと思います。そういうことが言えるのであれば、またアートマンを蒸し返してきたりすることの意味も分かりますよね。そういう予感がしますね。

大竹：先ほど、第二五章「ニルヴァーナの考察」の中村訳の註のところで、「＊ニルヴァーナを説明するためには否定的言辞をもってするよりもほかにしかたがない。」とありました。いわゆる「否定神学」とよくいわれるものがありますが、これはそういう類の思想ですか。これは否定神学みたいだなと思いました。〔編註：例えば中世ドイツの神学者マイスター・エックハルト（一二六〇－一三二八）等〕。

清水：ヨーロッパの「否定神学」について言えば、仏教よりもっと単純ですよね。要するに有限〔編註：人間〕と無限〔編註：神〕の境が彼らの思想でははっきりしているじゃないですか。有限だったり相対的だったりするものが、無限や絶対のものについて語ることはできないが、その有限性や相対性を示すことで逆に無限や絶対を反対側から語るしかないというものですよね。しかしナーガールジュナの論理は少し違うんですよ。先ほども述べたように反対のもの同士が「同じでも異なってもいない」という構造のなかで「すいっ」とくっついていくような独特のロジックがある。

大竹：なるほど。ではさきほどの註についてはどう考えられますか？

【質疑応答③改めて構造主義の無始無終的発想とナーガールジュナのテトラレンマについて】

清水：この部分について、中村訳は読みが浅いと思いますね、インドのウパニシャッドの哲学者で、ウッダーラカ・アールニとヤージュニャヴァルキアという二大哲学者がいます。それでウッダーラカ・アールニは「汝はそれなり（tat tvam asi）」という言葉で有名なんですよ。

息子を呼んで、「ちょっと塩を水の中に入れなさい」そして「なめてみろ」と言って、息子が「塩からし」と答える。「塩が見えるか」と尋ねると息子は「見えない」と答える。見えないけれど、塩はそこにはありますよね。ウッダーラカ・アールニは「汝はそれなんだ」と息子に言います。これはアートマンとブラフマンが一体になっていることを表しています〔編註：「見えない」という否定を経ているが一体である〕。

一方で、ヤージュニャヴァルキアはそういう真理については「ネーティ、ネーティ（……に非ず、……に非ず）」と否定的にしか言えないという説の人で、中村さんの注釈を見る限り、それに類似する思想としてナーガールジュナを捉えているかもしれないんですが、実際は、ナーガールジュナはもっと複雑なことを考えています〔編註：「ニルヴァーナ」という主語については「どちらでもない」という見解すら否定することで、帰謬的に第四レンマの構造だけを浮かび上がらせている」。

大竹：今ご紹介いただいた二人の哲学者は、時代的にはどのくらいですか。

清水：紀元前八世紀ぐらいです。ちなみに、ウッダーラカ・アールニがヤージュニャヴァルキアの師匠なんですよ。そして、〔編註：第一回講義で話した通り〕ウッダーラカ・アールニは構造主義者の源流なんです。

大竹：それは面白いですね。それはどういう本を読むと出てくるのですか。

清水：「チャーンドーギヤ・ウパニシャッド」などですね。ちょっと説明してもいいですけどね。ウッダーラカ・アールニの世界観はこういう風ですよ。（図12）。「三分結合説」というんです。「水」と「火」と「食物（土）」という三要素による世界を語っていて、例えば、「火」の中にある白っぽい部分が「水」であり、黒っぽい部分は「土」であり、その三者が三者とも同じように他の三者を包摂し合うんですよ。

ウッダーラカ・アールニ（三分結合説）

火と水と食物（土）の三要素が、他の二者をそれぞれ含むようにして世界が成立している

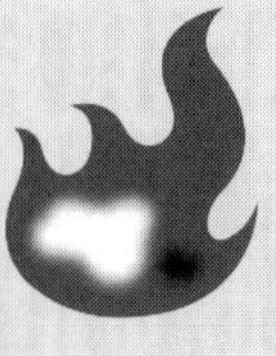
炎の中の白い部分は「水」であり、
黒い部分は「食物（土）」である

図12

またこの「水」と「火」と「食物」の起源の話は、レヴィ＝ストロースが大好きなんですよ。ある一極のものが対立的な残りの極二つを兼ねるという関係。これが構造主義ではすごく大事なことなんです。ここでは「クラインの四元群」などでもレヴィ＝ストロースのモデルを簡単に説明してきました。

要するにね、色を変えるとか、形を変えるとか、バイナリーの二種類を足すと、たとえば四角〔編註：形〕を中心にすると、それが黒でも白でも（■でも□でも）あり得るんですよ。逆に白〔編註：色〕っていうものを中心にすると、それは丸でも四角（○でも□）でもあり得るんです。バイナリーというか二項対立は、別の二項対立の一極に属するようにすると調停されるわけです。しかも、例えば先住民の婚姻法則などが実際にこうなっていることをレヴィ＝ストロースは発見したわけですよ。

結婚すると、父親の方の住居に行って、母系の姓をもらうという「カリエラ型婚姻法則」というものがあるわけです。例えばフランスに置き換えると、「パリのデュラン家」、「ボルドーのデュラン家」、「パリのデュポン家」、「ボルドーのデュポン家」といった感じになるのですが、この法則に厳密に従って婚姻が行なわれると、人の流れがぐるぐる回ってどこかに偏らないのです。それと同じなんですよ。

二項対立を足していって、その組み合わせを換えていくと、媒介者の位置を一巡させることができる。このテトラレンマの発想というのは、この場合、この一極一極が第三レンマになっている。反対のものを兼ねているから。そうすると反対のものを兼ねたものをぐるぐる回していくと「特定の始まりはないという形」になってくる（どこかに「還元」されず、すべての極が肯定される。またそうするとそこで「どちらでもない」という第四レンマが即時成立する）。

〔編者考察：ここに私たちはどこから来てどこへ行くのかという大きな問いに対する回答を考える端緒があると再確認した。〕

こういうことが「野生の思考」では考えられていて、やはり仏教でも考えられている。それをロジックにしたのが「四つのレンマ」なのではないかと僕は思っています。

ウッダーラカ・アールニの哲学もなかなかうまく考えてありますよ。こういう理論が三分結合説になったりするわけです。要するに、たとえばこの図の中で「土」と「水」が「火」の中で属性になって兼ねられている。

大竹：ギリシャでもその四大元素説とかはありますね。

清水：ウッダーラカ・アールニは紀元前八世紀じゃないですか。それで、まずこんな風に「水」と「火」と「土」という、この三つがある。「火」と「水」と「土」がでてきたら当然、「土」の反対を考えるわけですよ。それで、出てくるのが「風」なんです。

そんなわけで、エンペドクレスの四大元素説もよく考えられているんです。（図6‐2）反対のもの同士を組み合わせて、これも第一回大会の講義で説明しましたが四大元素に着目する。これも「元素」というよりは熱いとか冷たいとか乾いているとか湿っているという「性質」であると考えると、乾いたものが「火」でもありうるし「土」でもありうるし、湿ったものは「水」でもあるし「土」でもありうるというように、（「乾」が「土」と「火」の、「湿」が「水」と「土」の、「熱」が「火」と「風」の、「冷」が「風」と「水」の）媒介者になっていて、一方で「火」と「水」は第二レンマ的に反対になってるんです。反対になっている二種類の対を、媒介者を通じて一巡させるというのが四大元素説なんですよ。

ですからこれは、インドでの形が二〇〇〇年後ぐらいになってさらにギリシャでも再考されたということです。インドもギリシャも哲学者はみんな「反対のものたち」について考えています。アナクシマンドロスとかヘラクレイトスとかみんな考えているんですけれど、その背景になっているのは、こんな風にそれらを組み合わせて「構造を循環させる」という彼ら以前からある考えなのです〔編註：そのあたりは第二回講義で詳説された〕。

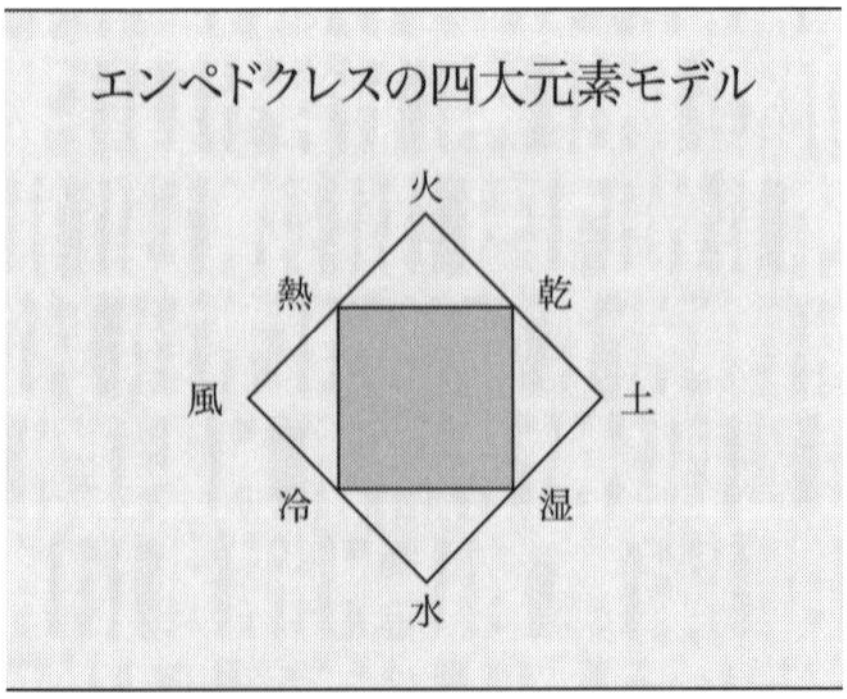

図 6-2

【質疑応答④「陰陽五行説」と「易」とコンピュータ】

齋木：他に質問あるでしょうか。

TOMOE：私は先生がさっきおっしゃった「野生の思考」みたいな、感覚で生きているタイプの人間です。それなので、「木」「火」「土」「金」「水」の「五行論」は結構大事にしていて、思想の根っこにあるんです。先生は「五行論」についてはいかがでしょう。

清水：五つの要素があってそれぞれ相手を生みだしていく「相生」の関係と、相手を滅ぼしていく「相剋」の関係があるとか、発想としては近いところから出ていると思いますね。四大元素説よりは要素が増えています。一方で中国思想だと「五行論」以外にも、『易経』みたいな考え方があるじゃないですか。

「八卦」があって、これは繋がった爻（陽）と間が空いてる爻（陰）を三段に組み合わせて複雑な運命を考えるというのがありますよね。あれなんかはもう完全に最小限のバイナリーの組み合わせで多様性を出すものです。〔編註：ライプニッツはイエズス会宣教師ブーヴェの影響で「伏犠六十四卦図」に注目しており、二進法に対応する構図を見出していたという（酒井潔『ライプニッツ』）。ライプニッツは計算機にも関心を持ち続けたが、コンピュータはON（1）とOFF（0）のバイナリーが相補的にはたらく二進法で複雑な多様性を実現している。ちなみに易では陰と陽の組み合わせを上中下の三段組にして（二の三乗＝八卦）、それを二つ上下に重ねて六四種類もの組み合わせで占いを行う」。

そしてこの四つぐらいあるもの（四大元素）がだんだん増えていってややこしくなってしまうと嫌なんだけれど、中国人は五行でやや増やしてしまったところもあるし、逆に「易」でもっとシンプルにしているところもあるのですよ。

ただ、ここで大事なのは、「表音文字（アルファベット等）」と「表意文字（漢字等）」で文明の感覚が大分違うということです。

例えば有限数の反対のもの同士を組み合わせていったら、複雑なものがいくらでも作れるという発想は、表音文字の文明ではわかりすいんです〔編註：アルファベットが有限なので〕。しかし（表意文字を使用する）中国だと文字を無数に作ってしまうので、なかなかこういう風に「くるっ」と収束しないところもありますね。

たとえば、禅の人の言っていることもわかるし素晴らしい表現も生んでいるのですが、どこか「マウント合戦」になって収束していないところもあるんですよ。逆説に次ぐ逆説が展開されてしまうんです。

そういう意味で一回ナーガールジュナのように完全にがっつりと論理的に考えてしまって、それから初期仏典や、あるいはもっと後代の論書などを考えていくと、無理なく腑に落ちるのでないかなと僕は思っています。もっとも五行については、僕はあんまり詳しくないので、すみません。

齋木：五行の「行」と「サンスカーラ」は関係があるんですかね。
清水：「サンスカーラ」は働きかけとその結果のループを含意する言葉ですが、五行の「行」は一応それ自体は真っ直ぐ作用している感じですね。
TOMOE：確かに五行だと収束しないですし、あまり「和」にはならないですよね。
清水：どちらかというと、相生より相剋のほうが複雑な感じはしますね。
実は仏教というものを一度思いっきりインドに寄せたいという思いがあって〔編註：第二回大会の深夜の座談会における書籍の打ち合わせの際に、中国的な「龍樹」のイメージではなく、インド的な思考の「ナーガールジュナ」を突き詰めて考えたいと話された〕。仏教を徹底的にインドという原点から考えると、インドとソクラテス以前のギリシャに相当共通の発想や精神的土壌があることに気づくんですよね。この四大元素説もそうですし、共通の問題意識や限界があり、またそれが現在まで西洋でうまく解決されていないということにも留意する必要がある。
たとえば反対の性質のイデア同士でも、何らかの個物の属性にすると同時に成立するのではないかということは、『パルメニデス』でソクラテスが主張するのです〔編註＊具体的な個としての私は、「私の左の部分」と「私の右の部分」があるというように「多」を分有しているとも言えるし、「七人の人間のうちの一人である」というように「一」を分有しているとも言える、とソクラテスは主張する〕。『パルメニデス』は、こういう第三レンマまではでてくるものの、それを一巡する思想〔編註：無始無終の第四レンマ〕が出て来ないために、ソクラテスが徹底的に論破されてしまうという対話編なんです。

時代が下ると東西でそういう形が崩れてくるんですよ。仏教は仏教でまたそういうもの〔編註：説一切有部的な第三レンマ〕を限界として残していて、ナーガールジュナがそれを鮮やかに論破していく。アポリアに陥ったプラトンと比べると、ナーガールジュナにはブレイクスルーが感じられ、最後の独白にもそれが明らかに現われています。

齋木：清水先生ありがとうございました。まだまだ講究したいことがありますが、今回は講義前にみなさん温泉に入っていただいたということで、早速一九時半から懇親会になります。これで一回終わらせていただいて、懇親会を含めて、深夜まで、さらに詰めていくということでお願いいたします！

▼『中論』をとりあえず通読したということで、懇親会及び深夜の座談会ではひとまず祝杯をあげた。しかし私たちは油断せずに、翌日は西田幾多郎「現実の世界の論理的構造」を読み、ナーガールジュナの「時間論」について継続して考察した。時間的な「縦」の概念と空間的な「横」の概念について、時間のモメントを横に並置する説である。われわれは素朴に縦の時間論を前提に考えて、その境遇を嘆き行く末を悩んでいるが、私の命の時間は炎のように連続し、灰を撒き散らしながら、それでいながら一瞬一瞬がすべて異なり独立してい

る。そして我々一切の生は過去・現在・未来と連続しながらも、なおかつ差別なく、すべて独立していてあらゆる生が横に現前しているのかもしれない。「私たちはどこから来て どこへ行くのか」について、ますます講究は進んだのであった。
いや、最初からどこにも進んでいなかったのかもしれない。

WEBにて補論・絶対矛盾的自己同一編 公開中！ 魂を燃やせ！ 私たちの講究は始まらないし、終わりもしない！ https://iaabedit.com

あとがき

清水 高志

ナーガールジュナ（龍樹）の『中論』（Mūlamadhyamaka-kārikā、『根本中頌』）は、われわれ日本人にとって馴染みの深い大乗仏教の思想を、華々しく起爆させたもっとも重要な書物であり、東アジアの歴史的文化の多くの部分が、その思索の沃野で豊かに育まれたといっても過言ではないだろう。

とはいえ、特異なロジックをとことん執拗に駆使して展開されるその最高度に複雑な議論は、実際にはまるで理解されず、《この世のあらゆるものが空であること》を結論づけるための、奇想天外な逆説、もしくは超論理という風に受け取られるのがせいぜいであった。これほど歴史的な影響が大きく、しかも理解しがたい書物というのは、この世に二つとして存在しないだろう。

一八〇〇年以上にわたって、人類にとって巨大な謎であり、あらゆる理解を拒み続けてきたこの『中論』を、それでも哲学的に読み解きうるのではないかというかすかな予感を、私が抱くようになったのは、実はここ数年のことである。仏教と哲学の対話の試みに加えて、空海の「吽字義」を読み解いた前著『空海論／仏教論』（以文社、二〇二三年）に対する反響もあり、新潟県の真宗大谷派（東本願寺）の僧、齋木浩一郎氏らに招かれ、仏教をめぐる講演をすることになった私は、そのおりナーガールジュナの『中論』についても講じて欲しいという要望を受けていた。これは意外なことではなかった。というのも、すでに刊行された共著『モア・ザン・ヒューマン』で、仏教学者である花園大学の師茂樹さん、文化人類学者である立教大学の奥野克巳さんを相手に、ナーガールジュナについて語るなど、すでにたびたび私はこの古代の哲学者とそのロジックについて言及していたからである。

そんなわけで、新潟・弥彦村の、弥彦温泉 みのや旅館で行なわれた第一回の大会では、私はつねづね思うところのある『中論』の第一章、第二章について論じたのだが、その後その文字起こしを進めるうち、やがて続けて大会を開いて、『中論』のすべてを読み解くべきだという方針が齋木氏とのあいだで定まった。かくして三条市の素晴らしい景勝の地にある旅館・嵐渓荘で第二回大会が開かれ、さらに蓬平温泉 和泉屋で第三回の大会が開かれて、回を重ねるごとにその内容は具体的に、明解に、また長くなってゆき、『中論』の全容を完全に詳細に読み解くという目的がついに成就したのであった。この三回の大会の記録に大幅に加筆、修正して成立したのが本書である。

ここで読者に一つの目安をもうけたい。『中論』という書物が読み解けるということは、本書にとっては次のもろもろの疑問をすべてクリアすることを意味する。

①ナーガールジュナが『中論』第一章で「縁起」を否定しているように見えるのに、第二六章でふたたび十二支縁起を採り上げたりするのはなぜなのか？
②最初の「帰敬序」に登場する「八不」(不生不滅、不常不断、不同不異、不来不去)は、なぜあの四種類でなければならないのか？　また「Aでも非Aでもない」という第四レンマのロジックが、その四種にだけ適用されるのはなぜなのか？
③初期仏教と大乗仏教との関係やその連続性はいかなるものなのか？
④輪廻や輪廻主体についてどう考えたらいいのか？
⑤第二章の議論と、その後『中論』で展開される認知論や、時間論、原因と結果についての議論などとの関わりはどのようなものか？
⑥第二章と八不との関係はどのようなものか？
⑦一異門破や三時門破、五求門破というナーガールジュナの独特のロジックは何を意味するのか？
⑧ナーガールジュナ以後に発展した大乗仏教が、ナーガールジュナの思想からどのように芽吹いているのか？

これらすべての命題に申し分のない解が与えられて初めて、『中論』は真に読み解かれたと言えるのだ。本書の考察を通じて、私たちはナーガールジュナの思想が、今日でもわれわれが陥りがちな独断的前提を一切置かない、きわめて繊細で関係主義的な経験論哲学であることを理解する。またそうしたものとして、それが哲学的に完全に成立しているばかりか、ナーガールジュナを介することで、初期仏教と大乗仏教が完全に繋がっていることにも改めて首肯させられるのである。

＊　＊　＊

すでに述べたように、この書物が成立したきっかけとなったのは、新潟での三回の講演であったが、その三度の大会のいずれもが味わい深い温泉旅館の宴会場で開催され、数時間語ったあとには主催者の方々とともに温泉を楽しんだ。また新潟の美味い酒とごちそうを頂いて、なおも何時間も歓談し議論し続けるというのがならいであった。ときには朝まで語ったり、講演と講義の合間に、齋木さんの四歳のお嬢さんらくさんと追いかけっこをするなど、体力的には大分追い込まれたが、実に愉快で楽しいひとときであった。

ちなみにこれらの大会では『中論』のテキストとして、中村元『龍樹』（講談社学術文庫、二〇〇二年）の翻訳を参加者の皆さんに読んで来て頂いたが、その後『龍樹『根本中頌』を読む』（桂紹隆・五島清隆、春秋社、二〇一六年）、鳩摩羅什による漢訳、英訳の *Mulamadhyamakakarika of Nagarjuna: The Philosophy of the Middle Way*, David J.

Kalupahana, Motilal Banarsidass Publishers; Reprint edition (January 1, 2015). などを参考に、基本的には中村訳に準拠しながら、日本語表現や漢訳の用語の選択などを整理し直したテキストを作成し、本書ではそれを訳文として付している。新訳というのはやや大げさだが、翻訳には原文の意を汲んだうえで、日本語の表現として整理された、明晰なものとして磨き上げるために推敲するプロセスが重要であり、ナーガールジュナの論理の強調点が曖昧にならないようにしたり、同じパターンの議論の場合は同じであることを分かりやすく示すといった工夫が、まだまだ加えられると思ったのである。実際に論旨はかなり明瞭になったと思われるが、ナーガールジュナの議論にはもちろん癖があるので、それをさらに全編丁寧に解説したところかなり浩瀚な書物となった。

この本の成立にあたっては、いつものように多くの人々に大変お世話になった。大会の主催、会場設営から計画の立案、文字起こし、編集まで担当された新潟三条の齋木浩一郎さん、森尻唯心（ＤＪパクマン）さん、齋木さんの奥さんのＴＯＭＯＥさん、誠にありがとうございました。また大会の参加者で、話しやすい環境を作っていただいた安原陽二さん、嵐渓荘社長で哲学愛好家の大竹啓五さんら、参加者の皆さんにも心から謝意を捧げます。早い段階で本書の原稿を共有し、特別寄稿と表紙のアートワークまで快く引き受けてくれた落陽一氏とは、今回ナーガールジュナを介して文字通り多くの喜びを共有することができた。改めてお礼を申し上げます。デザイナーの関川さん、本書のすばらしい装幀とデザインを実現して下さってありがとうございます。また本書の刊行を心待ちにして頂いていたしんめいPさん、素敵な帯文をどうもありがとうございました。

それにしても、さほど長くない期間のあいだにこのような書物が成立したことは、実に驚くべきことと言うほかない。『今日のアニミズム』で道元について言及し、『空海論／仏教論』で空海を論じて、この『空の時代の『中論』について』で、いよいよ爆発的に仏教の思想的可能性が膨らみ、おのずと溢れだしたという感を覚える。ナーガールジュナと仏陀の根源思想を回復すること、それはこの「空」の時代に、東洋文明に咲いた哲学の無尽蔵な富を取りもどすことである。

令和六年　一二月　二七日

清水　高志

About IAAB

『アイアムアブディスト』とは

2019年7月7日に発行された新潟県の真宗大谷派僧侶有志を中心としたフリーペーパー。第1号は編集長齋木の結婚の引き出物として作成され、第2号よりデザイナー関川一郎氏（K・ART）にデザインを依頼。

■第1号『七夕婚特別号』（2019年7月7日発行）
■第2号『新型コロナウイルス特別号』（2020年7月7日発行）
■第3号『続・新型コロナウイルス特別号』（2021年7月7日発行）
■第4号『愛特別号』（2022年3月7日発行、副編集長DJパクマンの結婚式引き出物）
■第5号『THE QUIZMASTER特別号』（2022年7月7日発行）

新型ウイルス感染症流行下において、苦しんでいるわれわれに届かない仏教は仏教ではないという問題意識で、編集作業の傍ら、ほぼ週1回ZOOM飲み会を現在にいたるまで開催している。

（前三条市長が提唱した#三条エール飯に賛同し、2020年4月8日緊急事態宣言発令の翌日より毎日外食を始め、ZOOM飲み会では地元の料理屋からテイクアウトしていた。このプロジェクトは2023年5月に感染症の分類が五類に引き下げられるのに伴い完了した）

2022年よりクリスマス直前のイベントとして5夜連続ZOOM飲み会ー真冬の大クイズ大会ーを開催。本づくりの試作版として議事録を作成した。

バックナンバー

第1号

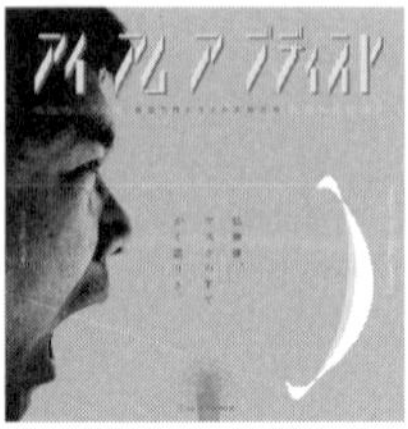
第2号

第3号

■『議事録5夜連続ZOOM飲み会ー真冬の大クイズ大会』(2023年7月7日発行)
『群像』新人文学賞評論部門優秀作『平成転向論』の小峰ひずみ氏も特別ゲストとして参加してくれている。

そして、2023年12月に開催された5夜連続ZOOM飲み会の記録の一部から思いがけぬ展開を遂げたのが本書『空の時代の『中論』について』である。

2024年4月2日に「自らが読みたい本を自ら編集する」の理念のもと、編集部門を独立させ株式会社IAAB EDITを設立した。記念すべき第一号として本書は完成した。

編集委員は流動的であるが編集長齋木・副編集長DJパクマン・顧問安原・ハセロー・TOMOE・R、執筆陣はYouTuber koba・たむらだいすけ・その他毎回ゲストに執筆いただいている。

また、エール飯要員として編集長の職場である三条別院関係の僧侶たちも参加している。撮影班はJ・松浦はじめ、動画部門のにいがた映画塾の宇佐美基氏は編集長が運転しながら世相を語る『BUDDHIST DRIVER』を配信している。

▶ https://www.youtube.com/@nicedreamnet7179/videos

公式ホームページ　www.iaabedit.com
付録PW　iaabtokyo1(前編)　iaabtokyo2(後編)　iaabtokyo3(資料編)

バックナンバーが欲しい、ZOOM飲み会に参加したい、活動に参加したいという方は下記に本名と所属と連絡先を明記の上ご連絡をいただきたい。

✉ we@iaabedit.com

第4号

第5号

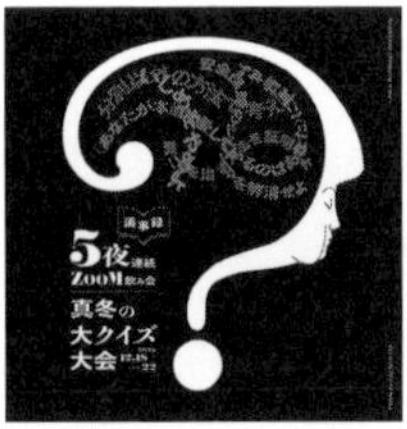

議事録 真冬の大クイズ大会

【著者】

清水高志（しみず・たかし）

東洋大学教授。専門はフランス現代哲学。代表的な著書に『空海論／仏教論』（以文社、2023年）、『実在への殺到』（水声社、2017年）、『ミシェル・セール 普遍学からアクター・ネットワークまで』（白水社、2013年）、共著に『今日のアニミズム』（奥野克巳との共著、2021年）、『脱近代宣言』（落合陽一・上妻世海との共著、2018年）、訳書にミシェル・セール『作家、学者、哲学者は世界を旅する』（水声社、2016年）などがある。

空の時代の『中論』について

2025年3月16日　初版第1冊発行

著　者／清水高志

発行者／齋木浩一郎

発行所／株式会社IAAB EDIT

〒955-0021 新潟県三条市下保内3720

https://iaabedit.com/

電　話／0256-46-0225

印　刷／モリモト印刷

表紙アートワーク／落合陽一

デザイン・装幀／関川一郎（K・ART）

Printed in Japan　ISBN 978-4-911335-00-0